初 心

The First Promise

재미동포 작가의 글

국내에서 접할 수 없는 다양한 소재를 가지고 동서양의 문화가 접목된
문학적 표현으로 국내 기성작가의 작품과 차별화되는 창작과 수기

初心

The First Promise

S. J. Peter Lee

수필과비평사

■ 책머리에

밖에서 살아온 날이 안에서 지내온 날보다 많아지면서 고국을 찾으면 나의 소속이 어딘지에 헷갈리기 시작하였다. 된장찌개와 김치로 키우고 굵어진 나의 뼈마디에 버터와 햄버거로 기름칠을 해 놓은 탓인지 생각의 방향도 느낌의 차이도 다르게 보였다.

국내에서와는 다른 다양한 소재들을 가지고 내가 보고 체험한 것들을 독자들과 나누어 보고자 하는 뜻에서 이 책을 엮어보았다. 미국에서 독일에서, 그리고 남미에서 프랑스에서 느낀 것들을 기록해 보았다. 동서양 문화를 접목시켜 문학적 표현으로 전달하려고 노력하였다.

밖에서 보는 조국과 멀리서 그리워하는 고향의 정서를 적어보았다. 다민족사회에 동화되면서 살려고 몸부림치는 어느 재미동포의 생활수기는 이민생활의 한 장면을 알려줄 것이다. 그리고 영원한 이방인으로 살고 있는 독일교포사회의 오늘도 살펴보았다. 콜라를 마시며 전쟁과 평화의 진원지 베를린을 돌아보며 인간사회의 양면성을 절실히 느낄 수 있었다. 한두 번의 여행으로는 보고 느낄 수 없는 오랜 세월을 살아오면서 모은 이야기들이다.

진보와 개혁 그리고 과학문명의 발전으로 빠르게 변하고 있는 오늘 이곳에서 지난날의 정서에 초점을 맞춰 고향을 찾아보는 마음은 또 다른 하나의 느낌을 전달할 것이다. 그리고 젊음이 지나면 찾게 되는 양로원에서 보내는 삶의 마지막장을 그려보았다. 이러한 정서들을 국내의 문학세계에 접목시켜 표현해 보았다. 어릴 때부터 좋은 글을 써야겠다는 초심의 방향을 따라 꾸밈없이 쓴 글이다.

2009년 여름

지은이 이성재

| 차례 |

제3장 에세이 광장

제4장 레인보우 패밀리

제6장 라인 강변에 피운 한강의 꿈

제7장 베르린의 교훈

제8장 코카콜라의 위력

제1장

누가 정해 준 운명인가?

인간의 운명

운명을 이겨낸 사람들

자살과 운명

억울해서 함께 삽니다

첫사랑의 운명

인간의 운명

기구한 운명, 이것이 나의 피할 수 없는 운명이라면 조용히 받아들여야지. 박복한 운명을 타고난 그는 끝내 허리 한번 펴고 살지 못했다. 우리는 가끔 이런 말을 듣는다. 그럼 운명이란 도대체 무엇이며 누가 정해 준 것인가? 운명은 왜 성공이나 행복보다는 불행과 실패와 연관시켜 말하는 것인가?

운명이란 인간의 정신적이나 육체적인 지혜와 힘을 초월한 좋고 나쁜 것들의 만남이라 말한다. 인생에 중대한 영향을 미치는 개별적인 사건들이 그 당사자에게는 우연으로 나타나지만 사건 그 자체는 필연적이라고 보아야 하는 원인 그 자체가 운명이다. 운명이라는 말의 근원인 그리스어 Moira는 원래의 뜻이 "육신에 할당된 몫"에서 "몫"이라는 부분이다.

우리는 가끔 죽음과 운명을 같은 뜻으로 혼동하여 쓰고 있다. 죄에 대해서는 벌이 따른다는 인과법칙은 신도 깰 수 없는 운명일 것이다. 운명은 인간보다 한 차원 높은 곳에서 원죄나 또는 인간이 모르고 범한 죄에 대하여도 응보를 내린다 했으니 여기서 운명의 부조리와 비극이 생기기도 한다.

인간의 운명은 하느님이 정해 주었다고 말한다. 그리고 하느님은 인간에게 그 운명을 극복할 수 있는 지혜도 함께 주었다고 들었다. 우리는 이 지혜를 발굴하여 참되고 행복한 삶을 추구하는 것은 오직 내 자신의 몫이라고 지극히 철학적인 말을 하고 있다. 즉 부조리한 자신의 우연에 직면하여 망연자실하는 인간에게, 눈으로 볼 수 없는 필연과 자기를 초월한 이법理法을 통해서 자신의 우연을 파악하라고 운명은 권유한다. 이것이 하느님이 인간에게 준 지혜이다.

이 진리에 순응할 때 자신의 개별성과 우연성에 집착하던 인간은 정화되어 가고 있는 것이다. 자유가 필연으로부터 벗어나려고 하면 필연은 자유를 쫓아다닌다. 운명을 인정하는 지혜는 자유와 필연을 화해시킬 수 있다. 이것이 운명을 극복하는 길임을 알아야 한다.

운명을 결정짓는 것은 내가 처해 있는 시간과 공간의 개념이 아니다. 운명은 인생에서 벌어지는 사건에 달린 것이 아니고, 그 사건을 어떻게 해석하고 처리하는가에 따라 달라지는 것이다.

그런데 인간은 성공한 삶이나 위대한 업적을 칭송하는 데는 운명이란 말을 쓰지 않는다. 꼭 실패한 삶이나 불행과 고난의 생애는 운명이라고 말한다. 그러면 하느님은 부정적이고 불행한 길만 정해 주고, 바르고 좋은 결과는 내가 해낸 것이란 말이 되겠다. 잘되면 내복이고 못 되면 조상의 탓이란 말과 상통하는 것같이 들린다.

인간은 모든 일이 잘되었을 때 조상이나 하느님의 덕분이라고 생각하지 않는다. 그러나 갑자기 닥쳐온 불행이나 재난에는 하느님이나 조상을 원망하며 운명이라는 말을 쓴다. 무엇을 해내기 어려웠을 때 우리는 운명이라는 것에 맡겨버린다. 지혜롭게 운명을 극복하려고 애써 보지 않고서 최후의 순간에 다다랐을 때 이것이 나의 운명이었다고 자포자기하고 마는 것이다.

운명을 이겨낸 사람들

우리는 운명을 바꾸거나 이겨낸 사람들을 종종 볼 수 있다. 피눈물 나는 노력으로 자신의 운명을 극복한 사람이 있는가 하면, 국가와 같은 사회공동체나 어느 특정 단체의 운명이 한 개인이나 소수집단에 의해 바꾸어지는 경우도 많이 볼 수 있다. 또한 그로 인해 그 사회나 공동체에 속해 있는 사람들의 운명까지도 달라지는 사례를 볼 수 있다. 이 세상 한때의 지도자들 이름을 들춰보면 그들이 바꾸어 놓은 단체나 사회의 운명을 어렵지 않게 볼 수 있다. 그들의 대부분은 남의 운명까지 인위적으로 바꾸어 놓은 결과를 초래하였다.

히틀러에 의해 죽어간 유태인들은 과연 그들의 운명이었을까? 아니면 그 잔인한 인위적인 행동에 의해 하느님이 정해준 운명마저도 짓밟히고 만 것일까? 또한 1968년의 "프라하의 봄"은 체코의 운명을 바꾸어 놓을 수 있었던 한 세대의 삶을 좌절과 파멸로 끝내고 말았다. 역사를 돌이켜보면 수많은 것을 운명으로만 해석할 수 있는 것들이 많이 보인다. 자유와 인간의 존엄마저 인정받지 못하고 굶주림에 죽어가는 북한 땅 동포들의 운명은 처음부터 그렇게 정해진 것일까? 정말 그렇다면 하느님은 너무도 불공평하게 운명을 정해준 것인가? 아니면 운명을 정해주신 하느님마저도 정말로 전지전능하신 분인지 의심이 생긴다. 사람은 모름지기 자기 인생의 흐름에 따라 살아야 한다고 했으나 내 인생의 흐름은 내가 통제하기 어려운 외적요소에 의해 너무나 많은 지배를 당하고 있는 것이다.

하느님의 존재를 인정하지 않는 무신론자도 어느 순간에는 운명에는 순종하는 연약함을 보인다. 그들은 단지 신의 존재를 알 수 있는 능력이나 기회가 없었을 따름이다. 그들은 어쩌면 신을 믿는 사람보다도 더 하느님의 가르침을 알게 해달라고 갈망했는지도 모른다. 그래서 그들이 죽음에 처하면 이것이 나의 운명이라고 말한다.

그들의 운명이 누구에 의해 정해진 것인지를 끝내 모르고 갈 뿐이다.

하느님을 섬기는 종교단체도 어느 한 지도자에 의해 신앙의 길과 그 공동체의 운명이 바꾸어졌었다. 소위 말하는 마틴 루터의 종교개혁을 좋은 예로 볼 수 있겠다. 왜 하느님은 이러한 종교적 구데타를 그냥 보고만 있었을까? 왜 마틴 루터는 내적인 개혁을 이루어 내지 못하고 외적인 분리와 반목을 초래하고 하느님의 사업을 인위적으로 바꾼 것일까? 신앙의 운명이 신의 뜻에 따르지 못하고 인간의 행위에 의해 방향이 달라진 것이다.

단체의 운명을 인위적으로 바꾸어 놓은 사람보다는 기구한 운명을 타고난 사람들이 극복한 운명은 우리들의 존경을 받는다. 자신의 운명을 극복한 사람은 또한 남을 위해 무엇인가를 남겨놓았다. 맹인 루이 브라이는 자신의 운명을 이겨내면서 점자 알파벳을 발명하여 후세의 장님들이 글을 읽을 수 있게 하였다. 자신은 듣지 못하는 귀머거리가 되어 수많은 명곡을 작곡한 베토벤은 자신의 운명만을 극복한 것이 아니라 이 세상의 수많은 사람들에게 아름다운 음악을 선사하였다.

또한 우리들의 시인 한하운 씨도 운명을 이겨낸 분이다. 그리고 그는 아름다운 글들을 우리에게 남겨놓았다. 그는 불치의 문둥병에 걸려 고생하다 죽게 될 운명이 자신을 절망의 구렁텅이로 밀어 넣고 있음을 알았다. 그러나 그는 살아야 한다는 집념으로 절망과 고독을 딛고 시를 쓰며 천형이라고 불리는 문둥병과 싸웠다. 그의 시는 제2의 생명이 아니라 전생명을 지배하고 있었다. 천형의 병고를 애조 띤 가락으로 읊으며 운명을 이겨내는 길을 찾으려고 했었다.

그는 불치의 병을 이겨내면서 주어진 운명을 극복한 사람이다. 벌이란 내가 저지른 죄에 대한 형이라 할 수 있는데 아무 죄도 없는 그에게 내려진 문둥병 환자라는 천형을 하느님이 정해준 운명이라고 했던가? 하느님은 왜 너무도 잔인한 운명을 그에게 내렸을까? 한하운은 부조리한 운명에 직면하여 망연자실하는 인간에게 눈으로 볼 수 없는 필연과 자기를 초월한 하느님의 지혜를 통해서 자신의 우연, 즉 운명을 파악하였다.

그는 천형의 대가를 치르는 몸부림으로 우연같이 나타난 필연을 극복하였다. 그래서 그가 쓴 한 글자 한 문장이 어찌 보면 슬픔이었고 한이었으며 고통이기도 했다. 시를 쓰면서 이 천형의 운명을 극복해야겠다는 그의 집요한 노력은 눈물겹기만 하였다. 그의 살아야겠다는 집념이 글을 통해 메아리치고 있었다. "버들가지 철철 늘어진 초록빛 계절 앞에서 겨웁도록 울다 가는 청춘이여 눈물이여, 그래도 살고 싶은 것은, 살고 싶은 것은 한 번밖에 없는 자살을 아끼는 것이랍니다." 지옥보다 더 힘든 병마와 싸우면서 파랑새가 되고자 하는 그의 이상과 동경을 시로 적어보았다.

얼마나 살고 싶다는, 이렇게 죽을 수는 없다는 절규요 몸부림인지 알 수 있다. 이 넓은 지구상에 천형의 문둥이가 살 곳, 버림받은 소록도로 가는 황톳길 길목에서 흙투성이의 신발을 털어 내는데 또 썩어서 떨어진 발가락 한 개가 흙과 함께 털려나왔다. 이제 남은 두 개의 발가락도 소록도까지 가다보면 또 썩어서 떨어져 나갈 것이다. 그 순간에도 그는 보리피리나 전라도길 같은 애절한 시를 쓰면서 한 번밖에 없는 자살은 아껴두고 살아야겠다고 몸부림쳤다.

이 세상으로부터 버림받은 그는 고향과 인정을 너무도 그리워한 나머지 "원한이 하늘을 찢고 우는 노고지리도 험살이 돋친 쑥대밭이 제 고향인데, 인목人木도 등 넘으면 알아보는 제 고향 인정"을 찾아 헤매었다. 그래서 한하운에게는 인정만 있으면 어디든지 고향이 될 수 있다고 하였다.

한하운은 끝내 운명을 극복할 수 있는 힘과 지혜를 시에서 찾아 문둥병을 이겨내었다. 그는 자신의 운명을 이겨내었을 뿐만 아니라 수많은 친구 나병환자를 회생의 길로 인도하였다. 고향과 인정을 소록도에서 가꾸고 길러 제2의 고향을 만들고 시를 읊었다. 하느님이 정해준 운명을 알고 이겨낼 수 있는 지혜를 찾아서 짧지 않은 삶을 보내고 시를 써 이름을 남긴 사람이다. 시를 통해 그가 우리에게 남긴 교훈은 운명을 극복하고 문학을 사랑하는 좋은 길잡이가 되고 있다.

자살과 운명

이렇게 한 번밖에 없는 자살을 아끼며 살아야겠다는 피눈물 나는 노력으로 운명을 이겨낸 사람이 있는가 하면 자살을 함부로 하는 사람도 많이 볼 수 있다. 물론 삶에 얼마나 자신이 없었고 험악한 세상이 한스럽고 버림받은 처지에 놓였기에 자살이란 최후의 길을 택한 것인지는 모르겠다.

자살은 운명이 아니다. 운명은 하느님이 정해준 것이다. 자살은 본인이 선택한 것이기에 운명이 아니다. 자살은 자학이다. 자살할 수 있는 용기를 긍정적으로 승화시킬 수 있는 인간은 다른 선택의 길을 찾을 수 있었을 것이다.

예로부터 자살에 대한 평가는 다양했으며 종교적인 의미와도 깊이 관련되어 있다. 성경과 코란이나 탈무드에서는 자살을 죄악이라고 하며 금지하고 있다. 한편 힌두교에서는 자기의 의사로 자신을 해방

시키는 것이라 하여 자살을 칭송하고 있다. 고대 그리스에서도 죄수가 스스로 목숨을 끊는 것을 인정해 주었다.

자살은 심리학적, 사회학적, 생물학적, 그리고 법률적인 면에서 많은 논란을 불러 일으키고 있다. 자살은 직접적인 동기와 자살경향(준비상태)의 함수관계를 가진다고 한다. 먼저 자살경향, 즉 준비상태가 발생하고 거기에 직접적인 동기가 가해짐으로써 자살은 실행에 옮겨진다. 자살의 경향에는 사회적 · 환경적 요인, 생물학적 요인 그리고 심리학적 요인, 세 가지를 준비상태로 볼 수 있겠다.

사업에 실패하여, 사랑에 배신당하여, 불치의 병을 이겨내기 어려워, 그리고 삶이 두려워 자살을 한다. 자살하는 사람은 여러 가지 사정도 이유도 많지만 거기다 유서까지 남기고 죽는다. 자살한 사람들의 동기나, 이유, 그리고 나이, 성별, 지역, 직업 등의 자료를 분석하여 통계를 내고 연구한 논문이나 자료도 많이 볼 수 있다. 그러나 그들은 하나같이 용납되기 어려운 이유로 자살을 택하고 말았다.

자살은 꼭 물질적 가난에서 오는 것만은 아니다. 미국을 비롯한 영국, 독일 등 부유한 서구사회에서도 많은 자살을 볼 수 있다. 세계적인 유명 인사들의 자살도 많이 볼 수 있다. 어네스트 헤밍웨이나 빈센트 반 고흐, 그리고 마크 트웨인 같은 예술이나 문학가도 자살하였다. 앨런 튜링이나 루트비히 볼츠만 같은 세계적인 과학자도 자살로 생을 마감하였다. 물론 하느님의 심판이 두려워진 아돌프 히틀러의 최후도 자살이었다.

우리는 한두 가지의 슬픈 자살의 예를 들어볼 수 있다. 통계에 의하면 미국, 영국, 독일에서 자살률이 가장 높은 전문직종이 법관과 치과의사로 나와 있다. 왜 이런 일이 있을까 궁금해진다.

청운의 뜻을 품고 법관의 길을 출발한 변호사가 3~4년 안에 많이 자살을 했다. 이들의 자살이 있을 때마다 신문에, 그리고 방송에서 대서특필 떠들고 야단이었다. 그들의 자살은 우리가, 우리 사회가, 좀 더 구체적으로 말하여 그들이 꿈꾸어온 법조계가 초래한 것이라고 말한다. 즉 자살이 아닌 타살이라고 해석해 보는 것이다.

그들은 청운의 뜻을 품고 법과, 윤리와, 도덕의 기준으로 올바르게 법을 지키고 집행하며 누구보다도 바르게 살려고 법관의 길을 택한 것이다. 그런데 막상 법관이 되어보니 누구보다도 법을 제일 많이 악용하는 사람들이 법관들 자신이었다고 한다. 법의 해석, 이현령비현령이란 말이 있지 않은가? 그렇지 않으면 그 사회에서 도태되고 만다. 그래서 그들이 느끼는 것은 '이것은 아닌데. 이것이 내 꿈은 아니었는데.'이다.

이상과 너무나 먼 현실에 회의를 느낀 법관은 드디어 목숨을 끊고 말았다. 정의가 아니면 죽음을 달라고 외치는 것같이 들렸다. 너무 안타까운 일이다. 우리 사회가 그들을 죽인 것이기에 가슴 아프다. 양심에 호소한 그들의 자살이 나름대로 동정받고 있는 이유가 여기에 있는 것이다. 그러나 그들은 고시를 합격할 수 있는 엘리트였지만 하느님이 정해준 운명도 또 그것을 극복할 수 있는 지혜도 찾아보지 않고 가버린 소극적인 인간이었다.

이 이야기는 한국의 법조계와는 대조적인 현상이다. 하기야 세상이나 인생을 모르는 철부지가 법조문이나 달달달 외워서 시험에 합격하면 판사 검사를 시키는 곳이 한국이니 그들은 법 위에 윤리와 도덕이 있음을 모른다. 인륜과 천륜에 대해 아는 것이 없다. 철학이 없다. 그들은 변화무상한 인간사회의 부조리를 케케묵은 법조항에만 끼워맞추려고만 할 뿐이다. 그래서 이들은 자살도 할 줄 모른다. 그저 안타까울 뿐이다.

2006년 사법고시 면접시험 때 소동이 벌어졌었다. 사상최대의 면접시험 불합격자가 생겼다. 면접을 하는 사람(법관)이나 면접을 받는 사람(예비법관?) 그리고 면접의 문제와 방법에 시대착오적인 오류가 생긴 것이다.

대한민국의 주적主敵이 누구냐는 질문이 나왔다. 대부분이 북한이라고 말했다. 몇 응시자는 미국이라고 말했다. 이것이 문제가 된 것이다. 이 문제는 우리에게 많은 생각을 하게 만든다. 그러나 이것은 전근대적인 시대착오의 질문으로 믿어진다. 위선 법관의 자질을 평가하는 자리에서 이 문제는 이념적으로 적합한 문제가 아니다. 정의와 평화를 추구하기 위해 법이 필요한 것인데 적이나 원수를 논한다는 자체가 모순이다.

다음으로 주적의 개념이나 답도 시대의 변화에 따라 달라진다는 것을 알아야 한다. 6·25 전쟁 당시는 주적이 분명했다. 그러나 50년이 지난 오늘에 동족인 북한을 우리의 주적으로 간주해야 되는지 생각해 봐야 할 문제다. 물론 오늘 현재의 미국이 우리의 주적이 될 수도 없겠다.

그래서 문제의 발단은 이 논술 시험문제 그 자체에 있었다. 적은 원수다. 그리고 영원한 적도 동지도 없다는 진리를 법관들이 잘 깨닫지 못하고 있었다. 그것을 알았다면 이런 문제를 가지고 면접시험을 본다는 자체가 심히 부적절하게 생각되었을 것이다. 이런 사람들이 자살도 못하고 법복의 가면을 쓰고 설치는 곳이 한국이다. 정치적인 사안을 법관면접 시험문제로 낸 것이 모순이다. 정치에는 정답보다 독재나 다수의 횡포가 지배하는 것이다.

이 질문에 현명한 답변은 북한이 아니다. 미국은 더더욱 아니다. 더불어 살아야 하는 시대에 주적을 논하지 말아야 한다. 꼭 답을 강요받는다면 우리나라와 원수의 관계는 차라리 일본이 아닐까 생각해 보아야 한다. 과거와 현재를 관찰해보면 일본은 우리의 동지가 되기 어렵다. 좀 긴 부연설명을 부쳐서 일본을 택한 이유를 시험관에게 설명해야 할 것이다. 국가관이 뚜렷하고 긴 안목으로 동지와 적을 분간할 줄 아는 율사들이 요구되는 세상이다. 길을 가는 사람들을 잡고 물어 보아라, 미국과 일본, 그리고 북한 중에서 누가 우리의 적이고 누가 동지인지를!

변호사의 자살에는 동정이 간다. 그들의 자살은 나에게도 간접적인 책임이 있는 것이다. 오늘의 부조리한 사회가, 법조계가 그들을 자살하게 만든 직접적인 동기인 것이다. 훌륭한 법관이 될 수 있는 사람은 그 자신도, 우리 사회도 포기하고 가버렸다.

한국에서는 최근에 전직 대통령이 자살을 하는 충격적이고 전대미문의 사건이 벌어졌다. 자신을 중심으로 일어난 부정한 일들로 인해 받게 된 고통과 나름대로 양심의 잣대에 견주어 본 충격이 자살의 원인이었다면 그보다 수백 배가 넘는 뇌물을 챙긴 고관대작이나 부정하게 재산을 축적한 사람들이 잘도 살고 있는 곳이 한국이다. 너무 소인배적인 생각으로 하느님이 준 생명을 끊어버린 사람도 이해하기 어렵지만 자살도 하지 않는 또 다른 사람들의 존재는 우리들의 심정을 착잡하게 만들고 있다. 둘 다 양심의 기준을 너무 주관적으로 해석하는 것 같아 보인다. 자살은 어떠한 이유로도 정당화 되지 못하지만 그에게는 동정과 연민 그리고 또 다른 쪽으로는 분노와 저주의 만감이 교차되고 있다.

그럼 다시 본래의 글로 돌아가서 미국의 어느 치과의사는 왜 자살을 택하는지를 살펴보자. 변호사의 자살과는 정반대되는 현상이다. 물론 한국에서는 치과의사도 법관도 자살을 하지 않으니 별로 문제될 일이 아니겠다. 서구사회에서의 치과의사는 콤플렉스 속에서 산다고 들었다. 그들의 원래 꿈은 치과의사가 아니다. 그러나 불행이도 다른 길을 택하지 못하고 차선책으로 치과의사의 길을 택한다. 여기서부터 그들은 열등감과 자존심의 콤플렉스에 사로잡힌다.

치과병원을 개업하고보니 골목 하나 건너마다 치과병원이다. 그리고 그들의 하는 일이 중노동이다. 도와주는 보조원이나 사무실 직원은 자기의 배우자들이다. 이러다 보니 24시간을 다람쥐 쳇바퀴 돌다시피 항상 정해진 공간에서 매일 보는 똑같은 얼굴만 쳐다보게 된다. 새로운 것이 너무도 없다. 삶에 싫증을 느끼게 된다. 치과의사는 열등감으로 인한 콤플렉스를 긍정적으로 승화시키는 길을 찾지 못하고 있다.

이렇게 살려고 치과의사가 된 것은 아닌데, 하면서 드디어 그는 목매어 죽고 말았다. 열등감의 콤플렉스는 결국 치과의사를 죽이고 말았다. 너무 바보 같은 길을 택한 것이다. 그의 죽음은 운명도 아니고, 그는 운명을 극복할 지혜도 찾아보지 않았다. 한하운 시인의 자살을 아끼며 운명을 극복하고 살아온 글이라도 한번 읽어 보았더라면 혹시 자살은 하지 않았을지 모른다. 치과의사의 자살은 법관의 자살과도 지극히 대조적이다. 법관의 자살에서는 그의 숭고한 이상과 양심이라도 찾아볼 수 있었다.

사람이 죽으면 "그의 운명이 이것이었다."라는 말을 자주 듣는다. 그리고 우리는 어느 한 사람이 죽었을 때 그는 "돌아가셨다"라고 한다. 종교인들만이 쓰는 말이 아니다. 즉 인간은 어디로부터 왔었기에 그 곳으로 다시 돌아갔다는 뜻이다. 이 말은 우리 인간이 속세에 오기 전에 그 어떤 전생이 있었다는 것을 암시하는 말이다.

원죄와 전생에서 지은 죄를 갖고 태어난 인간은 이 세상에서 벌을 받게 된다고 한다. 이 형벌은 하느님이 정해주었고 우리는 그것을 운명이라고 부른다. 인간은 원죄를 회개하며 살아야 한다고 신앙적인 측면에서 가르침을 주고 있다.

인간이 죽음과 만나는 공간과 시간, 죽음이 찾아오는 길과 죽음으로 가는 과정은 천차만별하다. 골프장에서 벼락에 맞아 죽는 사람, 하필이면 내가 차를 타고 강위를 지나는 순간 다리가 무너져 수장된 사람, 나자마자 길거리에 버려진 고아들…… 다.

그들이 타고난 운명이다. 운명은 내가 선택한 것이 아니고 내가 막을 수도 없었던 불가항력의 길이었다.

나는 한 발작 늦는 바람에 비행기를 놓쳤다. 그런데 그 비행기는 이륙하자마자 기체고장을 일으켜 추락하고 탑승객의 모두가 죽었다. 나는 살았다. 수억 원의 복권에 당첨되어 졸지에 큰 부자가 되었다. 이런 일들을 우리는 운명이라고 부르지 않는다. 이것은 벌이 아닌 상을 받은 것이다. 이들은 아마 전생에 죄가 없거나 작은 죄를 지은 사람들이었을 것이다. 우리는 이것을 행운이라고 부른다.

억울해서 함께 삽니다

운명은 너무 불공평한 것이라고 믿어진다. 왜 나도 모르는 전생에서 지은 죄의 대가를 이 세상에서 내가 치러야 하는지 모르겠다. 값비싼 형벌을 받기에는 너무 억울하다고 느껴진다. 그래서 기구한 운명을 타고난 사람은 더 오래살면서 그 운명을 극복해야 한다고 말한다. 즉 억울해서 오래살고, 억울해서 함께 살면서 행운의 상을 받는 날까지 노력해야 한다고 말한다.

어느 종교기관에서 주관한 부부생활 피정행사에서 "억울해서 함께 삽니다."라는 주제로 강의하는 한 교수가 있었다. 모범이 되는 부부를 강사로 초대하여 살아온 이야기를 들어보는 시간이었다. 이미 칠순을 넘은 그들은 부부 금실이 무척 좋고 행복해 보였다.

그런데 "억울해서 함께 삽니다."라는 강의 주제가 내 가슴에 흥미롭게 다가왔었다. 그들은 부부간에 무슨 문제가 있을 때마다 너무 억울하다는 생각으로 해결의 실마리를 찾으려고 노력했다고 말했다. 부인은 남편에게 남편은 부인에게 모든 것이 서로 너무 억울하다고 생각하였다.

"당신의 슬픔을, 지난날의 어려움을, 서로의 부족함을 이해해 주지 못한 바보 같은 자신의 억울함을 느끼고 더 많이 사랑해주지 못했던 그리고 더 많이 사랑받지 못했던 그 세월이 억울해서 이것이 다 해결될 때까지 함께 살 것입니다."

"못나고, 가난하고, 출세하지 못한 나를 만나고 당신을 만나 고생하며 살아온 긴 세월이 너무 억울해서 그것이 해결될 때까지 같이 삽니다." "내가 억울하다고 생각하지 말고 당신이 얼마나 억울하기에 나에게 이런 말을 하는 것일까?" 이렇게 살아온 50년 부부생활은 지금도 서로의 억울한 심정의 연속이라고 말했다. 지팡이를 짚고 가다 넘어졌을 때 지팡이를 나무라며 팽개쳐 버리고 나니 지팡이 없이는 걸을 수가 없음을 알게 되었다.

"오늘도 싸웠습니다. 아내는 남편이 자기에게 배려해주는 마음이 부족하다고, 남편은 아내가 내 마음 너무 몰라준다고…. 한 길 사람 속 알려고 하지 말고 나의 진실이 알려질 때까지 함께 살기로 마음먹었습니다. 상호신뢰와 존경은 함께 사는 데 필수조건이다. 부부 사이는 칼로 물 베기라고 하는데 너무도 틀린 말이다. 칼에 얻어맞아 물이 받게 되는 상처는 칼로써 살을 도려내는 것이나 다름이 없이 아프고 슬픈 것이다.

사랑이란 단어로 엮어진 결혼생활이 결코 쉬운 것만은 아니다. 불만과 억울함은 너와 내가 다 가지고 있는 것이다. 부부는 하나의 운명으로 정해진 사람과 사람이 서로 만난 것이다. 처녀 때 그렇게 아름답고 착한 사람이 예쁘게 보이지도 않고 독하기 짝이 없는 부인으로 변해버렸다. 그러나 이미 때는 늦었다. 내가 선택한 길이다. 선택하기 전에 알았어야 할 문제였다. 아니 내가 당신을 그렇게 만들지 않았는지 돌아봐야 하는 것이다.

"부부생활은 상호경쟁이 아닌 상호보완이라고 말한다. 그래서 함께 삽니다. 살다보면 잊히는 것도 많이 있다고 하였다. 이혼은 운명을 극복하는 잘못된 길이 아니라고 말한다. 그래서 그 사람의 억울함을, 나의 억울함을 서로 이해하고 풀릴 때까지 우리는 함께 삽니다. 그것이 끝내 다 풀리지 못하는 날이 올지라도 후회하지 않고 갈 수 있게 노력하며 같이 삽니다. 이것은 하느님이 정해준 운명이며 또한 그가 준 지혜를 찾아 원만하게 살아가는 부부생활이다."

첫사랑의 운명

요즘 세상에 첫사랑을 말하면 많은 젊은이들이 웃을 것이다. 신세대 젊은이들은 첫사랑의 감정이나 첫사랑이 누구이었는지도 기억하지 못할 정도로 많은 사랑과 연애를 즐긴다. 사랑이라는 것이 계속 바뀌는 상호매체를 타고 빨리 움직이는 시대인 것같이 느껴진다. 그래서 첫사랑의 의미가 별로 로맨틱하게 들리지 않는다.

그러나 첫사랑은 한때의 사랑으로, 그리고 추억으로 끝난다는 징크스는 오늘도 하나의 속담처럼 전해 내려오고 있다. 모든 추억이 아름답게 보이듯이, 그래서 첫사랑도 아름답게 보일 수 있는 것만은 아니다. 연애가 아닌 첫사랑은 가져본 사람만이 알고 있는 하나의 가슴 아픈 추억으로 남게 된다. 남녀 간의 사랑의 결실이 결혼이라면 첫사랑은 끝내 함께하지 못하는 운명으로 남는 것이다.

누구에게나 한번쯤 찾아오는 첫사랑, 너무나 순진한 시절에 갖게 된 순수한 사랑이기 때문에 첫사랑은 불같이 타오르다 헤어지면 죽을 것 같고, 상대방을 위해 뭐든지 해줄 수 있을 것 같고…, 또 그렇게 행동하곤 한다.

그런데 세월이 흐르면서 세상이 변하면서 순수한 사랑에 불순한 요소들이 끼어들고 있다. 절대적으로 순수해야 할 사랑이 상대적이고 비교되는 사랑으로 변하기 시작하였다. 이러한 요소들을 받아들임으로 갈라진 사랑은 첫사랑의 추억으로 남지 못한다. 오직 순수하게 사랑하는데도 사랑 외적인 요소에 의해 연속되지 못했을 때 우리는 그것을 첫사랑의 추억으로 간직하려고 한다.

그저 이루어질 수 없는 사랑이기에, 가슴속에 처음으로 시린 아픔을 겪은 사랑이기에 첫사랑의 추억으로 남겨두는 것이다. 처음 사귄 사랑을 첫사랑이라고 하지만, 처음으로 많이 좋아했지만 이루어질 수 없어서, 아쉬운 마음이 남는 사랑을 첫사랑이라고 부른다. 한 사람만 떠난 사랑을 그리워하는 사랑을 첫사랑이라고도 말한다. 물리적으로는 벌써 몇 번을 해본 사랑이라도 어느 특정한 사랑을 첫사랑이라 부를 수 있다. 그것이 진정하고 순수한 정신적 사랑이었다면 첫사랑이 될 수 있는 것이다.

첫사랑이 이루어질 수 없는 이유는 태어나서 처음으로 하게 되는 순수한 사랑이기에 서툴기 때문이다. 첫사랑을 파괴하려는 불순한 사랑 외의 요소를 제거할 줄도 모른다. 사랑만으로 살 수 없는 것이 인생이라는 말이 귀를 더럽히고 가슴을 두들긴다. 당황해서 어찌할 바를 모르고 어떻게 보내주어야 할지도 모른다. 슬퍼하는 방법조차 서투른 것이 첫사랑이다.

사랑으로 끝나게 된 첫사랑은 대부분이 외적인 요소나 타의에 의해 이루어진 것이다. 배신자라는 말은 첫사랑이란 아름다움과 같이 하지 않는다. 말없이 내 곁을 떠난 첫사랑, 그래서 첫사랑의 장본인은 그 추억의 애절함을 더 오랫동안 간직하게 된다. 지극히 동양적인 정서와 지나간 세대의 소극적인 멜로드라마인지도 모른다. 그러나 사랑을 사고팔려는 한 세대와 공간의 현실에 역겨워하는 당신이라면 첫사랑의 아름다움을 같이 느낄 수 있을 것이다. 팔고 팔리는 사랑이나 첫사랑의 아픔, 이 두 가지 다를 맛보지 못한 당신이 부러울 뿐이다.

한때의 사랑으로 마감한 첫사랑은 먼 훗날에도 서로 멀리 떨어져 있게 된다. 서로 가까이 있으면 또 한번 마음의 상처를 받을 수 있기 때문이다. 첫사랑은 혼자서 가지고 되새길 것이지 또 다른 두 사람이 나누면서 더듬어볼 추억이 아니다.

우연히 지나가는 길목에서 10여 년 전의 첫사랑을 만났다. 서로 인사를 나누고 머뭇거렸다. 차라도 한잔 마시며 같이 이야기라도 나눌까? 아니면 그냥 헤어질까? 조금 수척하게 보이는 그녀의 모습은 그를 불안하게 만들고 있다. 그의 못나고 용기 없는 지난날이 이렇게 내 앞에 다가선 것인가? 죄의식 비슷한 느낌이 아쉽기도 한 이 순간을 엄습해 오고 있다.

행복하시죠? 그냥 가겠습니다. 그리고 항상 건강하세요. 그녀는 돌아서고 있다. 그녀의 뒷모습을 바라보고 있는 그의 시곗바늘은 재빨리 10여 년 전으로 돌아 돌고 있다. 뛰어가 그녀의 손목을 잡는다. 그는 이야기나 좀 나누자며 애원하다시피 말한다. "쓰나 다나 추억은 아름다운 것. 우리 그냥 각자 지니고 사는 것이 좋겠지요! 안녕히 가세요." 첫사랑의 미로를 따라 멀어지는 그녀는 천사가 안개 속으로 사라지는 모습으로 한번 다시 그의 가슴에 자리 잡는다.

첫사랑 생각에 하루를 보낸 그는 고개를 푹 숙이고 말없이 집에 들어섰다. 아니, 아무 일도 없었어. 부인이 묻는 말에 대한 대답이었다. 저녁상 앞에서 누구와 같이 이야기하지 않고는 도저히 참을 수 없는 가슴을 부인에게 열고 말았다. 금기의 철칙을 넘고 말았다. 아니, 그 원칙을 알면서도 첫사랑의 아픔과 추억을 혼자서만 감당할 길이 없어 늘어놓는 고백이었다.

용서받을 일도, 동정받을 일도 아니었다. 그냥 말하지 않고는 배길 수 없었다. 순진한 그의 행동은 첫사랑을 울렸고, 자신을 슬프게 한 후 드디어 가까이 있는 사람에게 상처를 주고 말았다. 서로 좋아했지만 자신들이 통제할 수 없는 사연에 의해 이별한 첫사랑은 다시 이루어질 수도 있는 위험한 기회를 갖고 있다는 것마저도 그는 모르고 있었다.

그러나 화난 부인의 얼굴이, 토라진 가슴이, 꼬치꼬치 묻는 말들이 그에게는 오히려 도움이 되었다. 어느 누가 나에게, 그리고 그녀에게 관심을 가져주는 것으로 받아들여지고 있었다. 부부 사이에 숨기고 살 것이 있느냐고 말하면서도 말해 주지 않기를 바라는 것이 이른 것인가? 그 남자는 거짓말을 한 것이 아닌데.

이루어지지 못한 사랑을 운명의 장난이라고 한다. 영주는 어느 날 갑자기 떠나버린 첫사랑을 양지바른 무덤 앞에서 만나고 있었다. 영주가 대학에 다닐 때의 첫사랑 진이는 말없이 영주 곁을 떠나고 말았다. 불치의 병은 그들 두 사람의 사이를 영원히 갈라놓았다. 영주는 운명이라며 받아들이기에 너무 큰 상처를 안게 되었다.

갖가지 아름다운 첫사랑의 추억을 갖고 사는 영주에게 찾아온 또 하나의 사랑은 진이의 언니 민이었다. 민이는 동생의 죽음으로 애틋한 첫사랑을 마감한 영주를 감싸주려고 노력했었다.

첫사랑의 아픔은 나누고 달램을 받을수록 더 커지기만 하는 것이다. 영주의 첫사랑이 아름다운 추억으로 자리 잡고 있었다면 민이의 첫사랑은 이혼으로 끝난 그녀의 아픔으로 남아있었다. 민이는 영주보다 한 살 위였다. 진이에게 오빠 같은 사랑을 보냈다면 영주는 민이로부터 누님 같은 사랑을 받고 있었다.

착하고 예쁘게 길러온 두 딸, 진이는 이미 가버렸고 민이는 결혼에 실패한 부모의 마음은 편치 못했다. 그런데 그들의 마음 곁을 맴돌고 있는 것이 진이의 첫사랑 영주였었다. 영주의 아픔을 달래주는 민이의 마음이 차츰 사랑으로 변하고 있었다. 동생을 통해 이루지 못한 사랑의 아쉬움을 민이를 통해 펼쳐보라는 신호였었다.

영주가 베풀어주는 즐거움이 진이와의 사랑이었다면 이제는 끌려가는 사랑이 민이와의 사랑으로 변하고 있었다. 처음부터 진이와의 첫사랑을 알고 있는 민이기에 그들의 사랑에는 아무런 문제가 없었다. 민이는 같이 슬퍼하고 영주를 위로해주었다. 진이의 무덤에도 같이 가보았다.

민이로부터 사랑은 공유하는 것이 아니고 독점하는 것이라는 것을 영주가 알게 되는 데는 오랜 시일이 걸렸다. 그것을 민이는 벌써 알고 있었지만 무척 참고 살아온 고통의 세월이었다. 두 사람은 서로 다른 사랑의 아픔을 갖고 살고 있었다.

영주가 첫사랑의 아픔과 추억을 혼자 갖고 살아야 한다는 것을 느꼈을 때 민이는 영주의 사랑을 처음으로 받을 수 있게 되었다. 진이와의 첫사랑이 멀어질수록 민이와의 사랑은 가까워지고 있었다. 그래서 첫사랑이 가까이 머물고 있어서는 안 된다고 말했다. 차가운 밤하늘의 별처럼 멀리 있어야 하는 것이다. 그 별이 민이도 사랑하는 별이 될지라도. 하느님은 첫사랑의 운명을 극복할 지혜를 영주에게 가리켜 주지 않았다.

제2장

소풍 가는 날

대마도가 보인다

따뜻한 햇살이 강의실 옆 복도를 따라 그림자를 그리며 밝혀주고 있었다. 바다안개도 다 걷힌 봄날 이른 오후, 창밖으로 구름 한 점 없는 푸른 하늘이 내 마음을 부르고 있었다. 나는 잠깐 발걸음을 멈추고 저 멀리 바다 너머로 쳐다보았다. 맑은 날 이곳 해운대에서는 대마도를 볼 수 있다는 말을 들었다. 먼지가 묻은 창문을 열어젖히고 손수건으로 안경을 닦아 다시 쓰면서 가슴은 창밖으로 내밀어져 있었다.

시원한 바람이 콧등을 간질이고 있었다. 아무리 보아도 대마도는 보이지 않았다. 방향을 잘못 잡았나? 이곳 부산에서 불과 50여 킬로 떨어진 곳, 제주도 크기의 절반에 가까운 꽤 큰 섬이라는데! 고개를 좌우로 조금씩 돌리며 살펴보았다. 드디어 저 멀리 바위산 하나가 시야에 조금씩 들어오고 있었다. 아, 저 섬이 대마도인가?

"이 교수님, 뭘 그렇게 열심히 보고 계세요?"

강의를 마치고 나오는 최 교수가 내 옆에 와 섰다.

"아, 최 교수님, 저기 저 섬이 대마도인가요?"

"어디, 대마도가 보이나요?"

"이렇게 날씨가 맑은 날에는 대마도를 볼 수 있습니다."

"예, 맞습니다. 일 년에 서너 번 정도는 여기서 볼 수 있는 대마도지요. 이 교수님 눈도 밝으시네. 저 산 밑으로 마을인지 건물 비슷한 것들이 보이지요?"

대마도에서 한국을 보는 경치가 더 좋습니다. 대마도 최북단 해안에 있는 한국전망대에 올라 우리나라를 향하면 부산이 손에 잡힐 듯 보인다고 하였다. 해질녘이면 부산의 야경이 빛나고 카메라 줌을 당기면 부산의 명물 광안대교의 불빛까지 선명하게 찍힌다고 그는 설명해주었다.

"독도 못지않게 우리에게 중요한 섬인데. 우리나라에 아주 가까이 있는 우리 섬을 왜 일본이 차지하고 있는지." 중얼거리는 나에게 최 교수는 대꾸도 하지 않았다.

"이 교수님, 오늘 오후에 강의 있습니까?"

"아니, 없습니다."

"그럼 우리 바람도 쐬일 겸 점심식사 하러 바깥으로 나갈까요?"

날씨도 이렇게 좋으니 식사 후 바닷가를 산책이라도 하면 좋겠습니다.

그러지요. 내 방에 잠간 들렀다 올게요. 아래 주차장에서 만납시다.

해운대 비치가 바로 보이는 횟집에 들렀다. 언제 불렀는지 동료교

수 세 명이 이미 와서 기다리고 있었다. 오후 강의도 없고 내일이 토요일이니 소주 한잔하자는 모습들이었다.

싱싱한 광어회가 커다란 접시에 담겨 나왔다. 접시 한복판에 살이 다 잘려나간 광어는 아직도 입을 뻐끔거리고 있었다. 싱싱한 생선회에 소주 몇 잔이 일주일의 피로를 풀어주고 있었다. 매운탕까지 먹고 나서야 이쑤시개를 하나씩 물고 바닷가 산책을 나섰다. "요즘 이 교수님 인기가 너무 좋더라고요. 이러다가 완전히 귀국하여 교단에 설 의향은 아니신가요."

"염려 마세요. 김 교수 자리는 누구도 침범하지 못할 영역이니까요."

"그런데, 이 교수님, 어저께 최고경영자 과정 대학원 학생들에게 강의하셨다는 그 이야기 좀 들려주세요. 아주 훌륭한 강의였다고 소문이 쫙 퍼졌던데요."

"과찬의 말씀입니다. 다행이 제가 연구하고 회의에 참석하는 등 토론한 주제가 강의의 내용이 되고 보니 쉽게 다룰 수 있었습니다. 또한 이곳에서 자주 접하지 못하는 미국 기업의 경영철학에 관한 지식을 나누어 가진 것입니다."

시원한 바닷바람이 옷소매 밑으로 서며 들어와 피부에 닿는 촉감이 좋았다. 육지에 딱 들어붙은 동백섬이 앞에 서 있고 오륙도가 눈앞에 보인다. 역시 다섯 섬인지 여섯 개인지 정확하게 보이지 않았다. 조용필의 〈돌아와요 부산항에〉를 새긴 바윗돌이 서있는 바닷가 산책길을 지나니 이은상의 시 〈오륙도〉를 새긴 바위가 보인다. 저녁 손님을 기다리는 포장마차 거리는 아직 조용하기만 하다.

체험학습

"웬 학생들이 바닷가에 이렇게 많이 몰려다니고 있어요?"

초등학교 학생에서부터 중고등학교 학생들이 해운대 아쿠와리움 앞으로 3~40명씩 떼를 지어 다니고 있었다. 주말도 아닌 평일인데. 학교는 안 가고 여기서 뭘 하는 거지?

"체험학습 나온 학생들인가 봐요." 같이 걷던 최 교수의 말이었다.

"체험학습? 그게 뭡니까?"

"아니, 간첩도 아는 현장학습을 무슨 말인지 모르세요?"

아, 이 교수는 한국을 떠난 지가 오래되고 보니 그럴 수도 있겠구나.

우리 옛날에 학교에서 소풍 갔었잖아요? 그렇게 생각하면 됩니다. 요즘은 학생들이 배울 것이 있는 곳을 찾아가 답사도 하고, 또 바깥 구경도 하고, 그것을 체험학습이라고 합니다. 학생이나 선생님들이 다 좋아하지요. 일 년에 두세 번씩 자주 나갑니다.

오늘날 체험학습이 옛날의 소풍이라! 세상도 많이 달라졌고 말도 따라서 바뀌고 있었다. 나의 기분 좋았던 하루는 소풍이라는 말 한마디에 걷잡을 수 없는 알레르기 반응을 나타내고 있었다. 소풍, 수학여행, 용돈 등의 단어는 나의 가슴에 상처로 남아있는 말들이다.

소풍이라는 말이 내 가슴의 상처에 소금을 뿌리는 것이라면, 내가 오늘도 가장 먹기 싫어하는 것이 보리밥이다. 가을에도 꽁보리밥을 먹고 고기는 일 년에 한두 번 먹으면 많이 먹었다. 지워버리고 싶은 어릴 때의 기억들은 아직도 내 가슴에 머물고 있었다. 그래서 고기는 콜레스테롤이 많으니 많이 먹지 말라는 의사에게 "나는 옛날에 고기 구경도 하지 못했으니 일생의 평균치를 내면 매일 고기를 먹어도 문제가 없다."라는 억척같은 수학공식을 가지고 열을 올린다.

사람들이 쓰나 다나 추억은 아름답다고 한다. 아프고 쓴 추억이 내 것이 아닐 때는 그럴 수도 있겠다. 누구나 상처받은 추억은 지금에라도 지워버리고 싶지만 그럴수록 더 마음 깊이 자리 잡고 있는 것이 아픈 추억들이다. 즐거웠던 오늘 하루도 이미 과거가 되어 또 하나의 추억으로 만들어지고 있었다.

나는 집에 돌아오는 길에 백화점에 잠깐 들렀다. 바닷가에서 본 학생들이 백화점 음식코너에 그룹을 만들고 앉아 햄버거나 스파게티를 시켜 먹고 있었다. 아이스크림을 사먹고 콜라를 마시며 웃고 떠들며 이야기를 하느라고 정신이 없었다. 아, 이른 것들이 체험학습이라! 너무 재미있어 보였다. 나는 기둥에 몸을 기대고 한참 동안 물끄러미 그 학생들을 쳐다보고 있었다.

갑자기 그들과 이야기를 나누고 싶은 마음이 서서히 나를 움직였었다. 나는 주스를 한잔 사들고 초등학교 5~6학년쯤 되어 보이는 학생들 옆 테이블에 자리를 잡았다. 그리고 한동안 그들이 떠드는 소리를 나 혼자만의 생각에 잠겨 듣고 있었다.

"얘, 너희들 어느 학교에 다니니?"

"범일초등학교에 다닙니다."

"몇 학년이야?"

"오학년입니다."

"그런데 너희 반 학생 하나가 오늘도 안 보이네."

"누구 말씀입니까?"

"왜 그 학생 있잖아. 체험학습 때마다 항상 빠지고 놀러갈 때도 같이 가지 못하는 그 학생 말이야."

"이름이 뭐더라!"

"아, 김영수 말입니까?"

"그래, 김영수, 맞아."

"영수는 가정형편이 어려워 체험학습이나 놀러갈 때면 항상 빠집니다."

"오늘도 우리가 점심도 사줄 것이고 같이 가자고 했는데 나오지 않았습니다."

"영수 부모님은 뭘 하시는데?"

"아버지는 막노동을 하시고 어머니는 병석에 누워 있다고 들었습니다."

"아저씨는 김영수를 아십니까?"

"응, 영수 부모님을 조금 알아. 어릴 때 영수를 한두 번 본 적도 있고."

나는 영수를 통해 옛날의 나를 보고 있었다.

코끝이 찡해왔다. 상처받은 동심, 오늘 여기 또 한 소년이 다시는 만나고 싶지 않은 가난의 슬픔을 가슴에 심고 있었다. 영수는 지금 어디서 무엇을 하고 있을까? 도서관에 가 있을까? 영수도 그 옛날 나처럼 집에서는 나왔을 것이다. 학교에 간다면서.

잠시 자리에서 일어나 지갑을 꺼내 보았다. 지갑에는 만 원짜리 지폐 대여섯 장이 들어있었다. 교통비 만 원을 남겨두고 오만 원을 봉투에 넣고 "김영수에게"라고 적었다. 반장 학생을 찾아 김영수에게 전해주라는 부탁을 남기고 백화점을 나왔다. 지하철역까지 걸어가는 나의 발걸음이 너무 무거웠다. 내가 할 수 있는 일이 고작 이것뿐인가 생각하며 걸었다.

집에 돌아오니 의자에 앉는 것보다 방바닥에 방석을 깔고 앉는 것이 편했다. 양말을 벗어던지고 두 다리를 쭉 뻗고 벽에 기대어 앉아 신문을 주워들었다. 소풍이라는 말과 체험학습에 같이 가지 못한 한 초등학생의 생각에 나는 눈을 지그시 감았다. 이름이 영수라는 학생을 통해 사진에도 없는 50여 년 전 나의 추억들이 그림처럼 펼쳐졌다. 그런데 갑자기 몇 년 전에 읽은 미국의 한 초등학교 학생과 그의 담임선생님 이야기가 떠올랐다. 나의 초등학교 선생님과는 너무 대조적인 이야기에 나는 분노에 가까운 감정을 달래면서 눈을 감았다.

테디와 톰슨 선생님

테디의 5학년 담임선생 톰슨은 학년 첫날 조례시간에 '나는 우리 반의 모든 학생들을 차별 없이 사랑하고 지도하겠다.'고 다짐하였다. 그러나 그것이 쉽지 않다는 것을 그녀도 잘 알고 있었다. 처음 교단에 설 때의 초심은 오래전부터 지켜지지 않았고 습관적으로 하는 소리였다. 해마다 학급마다 다 있는 일이지만 아니나 다를까 이번에도 맨 앞줄에 앉은 문제아 테디를 오늘 5학년 1반에서 만나게 되었다. 그녀는 그 문제아에게 좀더 관심을 갖고 지도하기보다는 공부도 잘 하지 않고 선생님의 말을 잘 듣지 않는 테디가 처음부터 보기 싫고 미워지기 시작하였다.

오늘은 모든 담임선생은 담당학급 학생들의 지난 1학년에서부터 올해까지의 생활기록을 모두 검토하고 학생 개개인에 필요한 지도목표를 세워 가르치라는 교장선생님의 지시를 받았다. 톰슨 선생님에게도 예외는 아니었고 테디를 비롯한 자기 반의 모든 학생들의 과거 생활 기록부를 검토하고 있었다. 톰슨 선생님은 테디의 기록부를 펼쳐보면서 이 아이는 아마 골칫거리의 문제아라고 적혀있으리라 생각하였다. 그러나 테디의 기록은 그녀의 상상과는 완전히 틀렸다.

테디는 1학년 때부터 3학년까지 성적도 상위권에 속하고 품행이 바르며 친구도 많은 훌륭한 학생이라고 적혀 있었다. 그러나 테디의 4학년 담임선생님은 테디의 어머니가 금년 봄에 암으로 죽은 후 테디는 성적도 떨어지고 친구들과 놀지도 않으며 모든 것에 관심을 보이지 않으니 특별한 지도가 필요하다고 기록해 놓았다. 드디어 톰슨 선생님은 테디의 문제점을 알게 되었고 좀더 관심을 갖고 지도해 주지 않은 자신이 부끄러워졌다. 한창 사춘기였던 고등학교 1학년 때 어머니를 잃고 방황하다 훌륭하신 담임선생님의 도움으로 사범학교에 진학하게 된 그녀의 기억들이 주마등같이 머릿속을 지나가고 있었다.

오늘은 크리스마스 전날 오전 수업만 있는 날이다. 종례시간에는 모든 학생들이 가져온 선물을 받고 함께 풀어보는 시간이었다. 많은 선물들이 예쁜 색종이에 리본을 달고 포장되어 있었다. 그런데 테디의 선물은 슈퍼에서 물건을 사 담았던 구겨진 누런 종이봉투에 무엇인가 담겨 있었다. 선물포장을 풀어볼 때마다 박수와 놀라는 소리들이 교실을 울렸다. 톰슨 선생님이 테디의 선물이 담긴 구겨진 종이봉투를 잡는 순간 학생들의 비웃는 소리가 여기저기서 나오고 있었다. 톰슨 선생님은 조용히 하라는 눈짓을 보내며 손가락을 입에 갖다 대었다. 테디가 선물한 수정 팔찌는 보석이 몇 개 도망간 것이었고 또 바르다 남은 향수가 담긴 조그마한 병 하나가 종이봉투 안에서 나왔다. 이것을 본 학생들의 웃음소리가 여기저기서 들렸다.

톰슨 선생님은 학생들을 조용하게 자리에 앉히고 테디가 선물한 팔찌를 손목에 끼었다. 그리고 향수를 한 방울 손목에 바른 후 냄새를 맡으며 정말 너무 예쁜 팔찌고 너무 좋은 향수라며 자랑하고 테디의 손을 잡고 고맙다는 인사를 보냈다.

종례를 마치고 학생들이 다 집으로 돌아간 후에 톰슨 선생님은 복도에서 머뭇거리고 있는 테디를 보았다.

"테디, 나에게 무슨 할 말이 있니?"

톰슨 선생님이 물었다. 테디는 톰슨 선생님,

"나는 오늘 선생님으로부터 나의 어머니의 냄새를 맡을 수 있었습니다. 감사합니다."

테디는 고개를 숙이고 천천히 복도 끝 문밖으로 나가고 있었다. 테디가 사라지는 모습을 바라보며 톰슨 선생님은 가슴이 터질 것 같은 심정에 한없이 울었다. 그리고 그날로 톰슨 선생님은 국어나 수학 그리고 역사를 가르치는 것을 뒤로 미루고 진정한 사랑으로 아이들을 가르치기 시작하였다. 그리고 테디에게 관심을 가지고 지켜보았다.

테디는 아주 빠르게 착하고 훌륭한 학생으로 다시 자리잡았고 톰슨 선생님의 많은 사랑을 받게 되었다. 일 년이 지난 후 톰슨 선생님의 사무실 문 밑으로 종이쪽지 하나가 밀려 넣어져 있었다. 테디가 보낸 쪽지에는 "톰슨 선생님, 선생님은 제가 지금까지 만난 선생님 중에 최고의 선생님입니다."라고 적혀 있었다. 그리고 테디는 상위권 성적으로 초등학교를 졸업하였다. 그 후 6년이 지나고 톰슨 선생님은 테디로부터 또 한 장의 편지를 받았다. "선생님 제가 금년에 고등학교를 3등으로 졸업하였습니다. 그러나 톰슨 선생님은 아직도 저에게 최고의 선생님입니다."

그 후 테디는 대학을 수석으로 졸업하였고 좀더 공부를 하기로 결심했다는 소식과 함께 보내온 또 한 장의 편지엔 "아직도 톰슨 선생님은 저의 우상이고 최고의 선생님입니다."라고 적혀 있었다. 그리고 다시 4년이 지난 후 또 한 장의 편지를 받았을 때도 "선생님은 내가 20년 동안에 만난 선생님들 중에서 최고의 선생님."이라 적혀 있었다. 그런데 그 편지의 마지막에 사인한 그의 이름에는 그냥 테디가 아닌 좀 긴 이름이 보였다. 거기에는 "의학박사 테오도르 에프 스토다르드(Theodore F. Stoddard, MD)"라고 적혀 있었다.

그리고 이 이야기는 여기서 그치지 않았다. 몇 년 후 테디는 아버지마저 잃었지만 좋은 신부를 만나 결혼을 하게 되었다. 테디는 톰슨 선생님께 청첩장을 보내면서 "결혼식장에 신랑 어머님이 앉는 자리에 톰슨 선생님을 모시고 싶은데 선생님이 저의 청을 받아주시면 너무 기쁘겠습니다."라고 적혀 있었다.

톰슨 선생님은 테디의 청을 흔쾌히 받아들였고 그 옛날 테디가 준 이 빠진 수정 팔찌와 어머니의 향기가 담긴 향수를 바르고 결혼식장에 나갔다. 톰슨 선생님과 의학박사 스토다르드는 서로 얼싸안고 인사를 나누었고 테디는 톰슨 선생님의 귀에 대고

"선생님 저를 믿고 지도해 주신 데 감사합니다. 그리고 선생님은 내가 한 인간으로서 소중한 존재이며 이 세상을 위해 할 일이 있다는 것을 가르쳐 주셨습니다."

톰슨 선생님은 눈물을 글썽이며

"테디, 너의 말은 틀렸어. 너는 나에게 내가 하는 일이 얼마나 중요한 것이며 또한 무엇을 어떻게 해야 되는지를 가르쳐 주었어. 선생은 국어와 수학을 가르치기 전에 올바른 사람이 되게 가르쳐야 된다고 알려주었어. 내가 너를 만나기 전까지는 내가 선생으로 어떻게 학생들을 가르쳐야 하는지를 나는 모르고 있었어."

고향의 모습

나는 태어나 고등학교까지를 한 시골 마을에서 다녔다. 신작로를 따라 마을에서 십 리 정도 떨어져 있는 학교를 걸어다녔다. 그것도 사내아이로 태어났기에 얻을 수 있는 하나의 특혜였다. 계집아이로 태어났으면 초등학교나 가는 것이 고작이었을 것이다. 가난한 농부인 아버지들은 딸들을 농사일이나 시키지 학교에 보낼 여유가 없었다. 딸들은 언젠가는 농부의 아내가 되어 평생 허리 한번 펴지 못하고 농사일에 찌들어 살아가야 했다. 그리고 그들은 또 딸을 낳아 길렀다.

죽마고우 동창 몇 사람이 아직도 고향을 지키며 살고 있다. 고향을 빛내며 사는 친구들도 인근 부산이나 멀리 서울에서 자주 찾아온다. 나는 그 옛날 동무들과 놀던 곳, 그리고 조상님 뼈가 묻힌 산소가 있는 고향을 가끔 찾는다.

그곳에서 철없이 초등학교를 다닐 때의 일이다. 남학생과 여학생끼리는 서로 이야기를 하지 않는 시대였다. 남녀칠세부동석이니 남녀끼리는 내외를 해야 된다는 시절이었다. 그러나 다른 동네 남학생들이 우리 마을 여학생을 놀리면 철저히 보호해주는 기사도 같은 정신을 갖고 있었다.

남학생들은 길가의 꽃을 꺾어 여학생들에게 전해주었다. 그것도 우리보다 아래 학년 학생을 통해 전해주는 것이다. 그러면 여학생들은 다음에 그 꼬마 학생을 통해 과자나 떡을 남학생들에게 보내주었다. 이런 것들을 강아지 사랑이라고 했던가! 우리에게는 지금도 아름답게만 느껴질 뿐이다. 지금은 할머니가 된 그때의 코흘리개 여학생을 만나면 웃음이 나온다.

"그때 내가 뭘 보고 너를 좋아했을까?"

"얘, 너는 억세게 미남이나 되는 줄 알았어?"

다시 한번 폭소가 터져 나왔다.

이렇게 50여 년이 지난 오늘에도 동창들의 모임에서 실컷 웃고 돌아오면 나 혼자만 간직하고 있는 추억의 앨범을 들춰본다. 다른 사람과는 나누어 갖고 싶지 않은 추억, 혼자만의 비밀 비슷한 것들이 누구에게나 있을 것이다. 상처받은 동심이나 울음을 삼킨 지난날들이 남겨준 발자국들은 혼자만이 지니고 사는 추억들이다.

우리 친구들 중의 대부분은 가난한 농부의 아들딸이었다. 수업료를 제때에 내지 못하는 학생들에게 선생님은 벌을 내렸다. 가난한 학생들이 이중삼중으로 받는 고통이었다. 집에 돌아가자마자 들에 나가 농사일을 도와야하는 나는 학교 가는 것이 즐거운 일만은 아니었다. 겨울방학 때 산에 올라가 한나절을 보내고 땔나무를 많이 해오면 벌은 받지 않았다. 된장국에 수북이 담은 밥 한 그릇을 차려주는 어머니는 나를 칭찬하고 많이 사랑해 주었다.

가을에는 쌀밥이 담긴 도시락을 메고 학교에 갈 수 있었다. 김칫국물이 빨갛게 물들여진 밥이지만 꿀꺽 먹어 치운다. 흉년이 들면 다음해 보릿고개 봄철에는 꽁보리밥도 먹기 어려운 때가 많았다. 또 다시 수업료를 낼 수 없었고 벌을 받아야 했다.

학교에서 봄에는 소풍을 가고 가을에는 운동회가 있었다. 나는 소풍을 간 기억을 더듬어보지 않으려고 항상 애써 노력한다. 그러나 정말로 생각하기 싫은 단 한 번의 소풍 기억은 지금도 나를 괴롭히고 있다. 초등학교 3학년 때의 소풍이었다. 소풍을 갈 때면 학생들은 선생님께 드리려고 음식이나 선물을 준비해 온다. 그래서 나도 어머님께 부탁하였다. 어머니는 가져갈 것이 없으니 삶은 고구마라도 가지고 가라며 모양이 좋고 통통한 고구마 몇 개를 골라 보자기에 싸주었다.

학생들은 선물로 준비해온 삶은 달걀과 소주를 선생님께 바쳤다. 또 한 친구는 구운 오징어를 선생님께 갖다 드렸다. 선생님은 기뻐하였다. 양말과 담배를 선물하는 친구도 보였다. 나는 망설이다 삶은 고구마 중에서 예쁜 것만 네댓 개 골라 선생님께 드렸다. 그 순간, 선생님은

"애, 이런 것은 너나 먹어."

하면서 도로 내 앞으로 던져버려 고구마가 잔디밭에 내동댕이쳐졌다. 친구들은 낄낄대며 웃었다. 나는 울며 먼지 묻은 고구마를 주워

담았다. 너무나 부끄럽고 큰 충격에 쥐구멍이라도 찾아 들어가고 싶은 심정이었다. 한없는 아픔과 외로움을 느낀 그날의 소풍은 오늘도 나를 슬프게 한다. 톰슨 선생님같이 훌륭한 선생님은 아닐지라도 동심에 상처를 안겨주는 선생님이 없기를 바라면서 철없이 자란 어린 시절이 이제는 아주 멀리 자리잡고 있다.

그 이후부터 나는 소풍을 가지 않았다. 그러나 나는 초등학교 4학년 때부터 갖게 된 혼자만의 소풍을 지금도 기억하고 있다. 삼 년 연속 같은 곳으로 혼자서 소풍을 간 추억이 바로 그것이다. 그리 아름답지 않은 추억이라 아무리 지워버리려 해도 지워지지 않는 혼자만의 추억이다.

나 혼자만의 소풍

오늘도 학교에서 봄 소풍을 가는 날이다. 벌써 6학년이니 초등학교에서는 마지막으로 가는 소풍이다. 그러나 나에게는 소풍이라는 것이 아예 없었으면 좋겠다고 생각하고 있었다. 오늘도 나에게는 괴로운 소풍 가는 날이다. 여느 때나 다름없이 오늘도 아예 부모님에게 소풍 이야기는 꺼내지 않았다.

소풍을 못 가는 슬픔도 있었지만 부모님 마음까지 아프게 하고 싶지는 않았다. 뭐 그렇게 철이 들었던 것은 결코 아니다. 졸업을 앞둔 가을에는 경주로 3박4일의 수학여행을 간다고 들었다. 나는 수학여행만은 한번 갈 수 없을까 생각하면서 고개를 저었다. 그러나 돈 없이도 가질 수 있는 것은 꿈이 아닌가?

내일은 학교에서 십 리 정도 떨어진 강가에 공원이 있고 뒤로는 진달래꽃이 온 산을 빨갛게 물들이는 곳으로 소풍을 간다고 들었다.

시골 장이 서는 날이면 나룻배 사공이 바쁘게 움직이는 나루터도 그 옆으로 보이는 곳이다. 나루터 옆 주막에서 막걸리를 마시며 쉬어가는 나그네의 모습에서 시골 선비의 한가함을 느낄 수 있는 곳이다.

그곳으로 4, 5, 6학년 학생들이 함께 소풍을 간다고 하였다. 친구들은 며칠 전부터 소풍 준비 이야기로 부산을 떨고 있었다. 용돈은 얼마나 가져갈 것이며 무엇을 선생님께 선물할 것인가를 이야기했다. 맛있는 것을 많이 가져오라고 친구에게 말하는가 하면 새로 나온 장난감이 그 공원 옆 가게에 있다고 알려주는 친구도 있었다.

나는 오늘도 여느 때나 마찬가지로 도시락을 책보자기에 집어넣고 학교에 가는 척 집을 나설 준비를 했다. 즐겁게 소풍 가는 친구들을 피하기 위해 일부러 꾸물대고 있었다. 아무런 눈치도 못 챈 어머니는

"다른 아이들은 다 갔는데 넌 왜 뭉그적거리는 거야. 오늘 왜 무슨 일이 있냐? 그러다가 학교에 늦겠다. 빨리 가거라."

어머니는 부엌에서 나를 힐끔 쳐다보았다.

"걱정 마세요. 오늘은 공부를 좀 늦게 시작합니다."

도시락이 든 책보자기를 어깨에 둘러메고 친구들이 동네 앞을 거의 다 떠났을 무렵 나도 집을 나섰다.

"어머니 다녀오겠습니다."

"오냐, 차 조심해라."

집 앞을 나서며 혹시 어느 친구가 보이지나 않을까 하고 한 번 더 살펴보았다.

집을 나와 30분쯤 걸으면 내 눈에 익은 큰 소나무 한 그루와 양지바른 잔디밭이 산등성이 아래로 보인다. 일 년에 한 번씩, 소풍날이

면 만나는 소나무가 오늘도 찾아오는 나를 물끄러미 쳐다보고 있었다. 삼 년 연속으로 만나는 상봉의 날이었다.

"금년에도 또 왔어? 내 같은 늙은이가 너에게 친구가 되어 주지도 못하고."

소나무는 말했다. 그래, 잠이나 실컷 자고 가거라. 내가 그늘이 되어주지."

소나무에게는 소풍도 못 가는 내가 좀 애처로워 보였을 것이다.

책보자기를 풀어 놓은 나는 팔베개를 하고 잔디밭에 비스듬히 누워 하늘을 쳐다보았다. 별로 슬프지는 않았지만 외로움이라고나 할까, 고요한 적막 속에 혼자 버려진 것 같은 느낌을 받았다. 지금쯤 친구들은 오늘의 소풍 장소에 도착하였으리라. 재미있는 오락 프로그램이 곧 시작되겠지. 따뜻한 봄 햇살은 생각에 잠긴 나의 눈을 감겨주었다.

얼마나 지났을까, 콧등에 내려앉은 나비가 단잠을 깨웠다. 나무그늘과 해가 떠 있는 위치로 보아 아직 점심때는 되지 않은 듯 느껴졌다. 몸을 일으켜 세우고 맨손체조로 몸을 풀어보았다. 주위를 살필 필요도 없이 마음대로 잔디밭에 오줌도 누었다. 오줌을 맞고 도망가는 메뚜기 한 마리를 따라가며 사워 세례를 시켰다. 옆에 있던 사슴 네댓 마리가 내가 뛰는 소리에 놀라 도망을 쳤다. 아니, 저놈들이 내 것을 보았단 말이지. 나는 얼른 바지를 올려 입었다.

소나무 밑을 몇 바퀴 뛰면서 돌았다. 정신이 조금 들고 몸이 가뿐해졌다. 나는 동화책을 꺼내 들고 나무 밑에 앉았다. 나도 모르게 마음껏 큰소리로 읽어 보았다. 보는 사람도 듣는 사람도 없으니 거칠 것이 없었다. 동화읽기는 별로 재미가 없었다. 내가 벌써 6학년이니 솔로몬의 지혜 같은 동화는 초등학교 3~4학년이나 읽는 책인 것 같은 기분이 들었다.

집안 형으로부터 받은 중학교 1학년 영어책을 꺼내 들었다. 형이 가르쳐 준 발음이 생각보다 어려웠다. 10분 전에 외워본 단어가 생각이 나지 않는다. 들어본 적도 없었고 읽어본 경험도 없는 영어는 너무 생소하기만 하였다. '중학교에 가게 되면 배우게 되겠지.' 하면서 책을 접었다.

점심때가 되었는지는 잘 모르겠는데 배가 살살 고파왔다. 도시락을 꺼내어 뚜껑을 열어 보았다. 김칫국물이 불그스레 물들여진 보리밥이 시큼한 냄새를 풍기며 눈앞에 보였다. 갑자기 내가 먹을 것은 이것뿐인가 하는 생각이 들었다.

봄바람과 따뜻한 햇볕 탓인지 김치를 걸쳐 먹는 보리밥이 꿀맛이었다. 마실 것도 없이 도시락 하나를 금방 먹어치웠다. 빈 도시락을 들고 계곡을 따라 10분쯤 걸어 내려갔다. 냇물이 소리를 내는 개울옆으로는 약수터 같은 우물에서 물이 넘쳐흐르고 있었다. 고개 너머 마을에 가는 길손이나 나무꾼들이 목을 축이는 샘물이다.

빈 도시락으로 샘물을 실컷 퍼 마셨다. 얼굴도 씻고 옷소매로 대충 닦았다. 바위틈으로 뛰어나오는 청개구리 한 마리가 나를 깜짝 놀라게 했다. 말 안 듣는 저놈의 청개구리는 어디를 가나 미움받을 짓만 하는구먼. 잡아서 바위에 때기질을 쳐주려다 그냥 놓아주었다. "다시는 엄마를 개울가에 묻어두고 너는 높은 산에 올라와 울지 마!" 하고 타일러 주었다.

계곡을 따라 올라오는데 저만치 건너편 산 중턱에서 인기척이 들려왔다. 나무꾼들이 벼를 심을 논에 거름으로 넣기 위해 새로 나오는 떡갈잎 나무순이나 부드러운 풀잎들을 잘라 모으고 있었다. 누군가 하고 살펴보니 나보다 나이가 서너 살씩 많은 이웃동네 아이들이었다. 그들은 초등학교도 가지 못했거나 중퇴하고 부모님 밑에서 농사를 짓고 있는 아이들이다.

나무꾼 아이들은 마냥 웃고 떠들며 열심히 나뭇가지나 풀을 베고 있었다. 그들이 비록 행복하지는 않을지라도 나름대로 평화롭게 보였다. 그들이 할 수 있는 것과 아는 것이 이것뿐이니 다른 생각 없이 주어진 운명에 따라 사는 것이다. 도시사람들은 이런 것들을 주제로 소설을 쓰고 그림을 그리겠지. 고르지 못한 세상이란 생각이 들었다.

소풍을 마친 친구들이 집에 돌아오는 시간에 맞춰 내려가려면 아직도 반나절 정도는 더 이곳에서 머물러야 한다. 산 속에서 혼자 하루를 보내자니 너무 심심하고 힘이 들었다. 나는 수학책을 꺼내 어려운 문제들을 다시 풀면서 복습도하고 수학공식들을 외워 보았다. 그래도 내가 공부는 잘하는데 선생님은 나를 우리 반에서 10등 안에도 넣어주지 않으니 항상 불만이었다. 그리고 내 나름대로 그 이유도 알고 있으니 더 속이 상했다. 상처받고 있는 동심, 가난의 유산들이었다.

또 우리나라 역사책을 펴 놓고 이것저것 마음에 집히는 대로 읽어 보았다. 문득 조선왕조 때 세조의 왕위 찬탈과 어린 단종의 유배 기록이 눈에 들어왔다. 삼촌이 어린 조카의 왕위를 빼앗고 그것도 모자라 강원도 영월, 깊은 산골로 귀양을 보냈다. 무슨 죄가 있다고? 삼촌에게 모든 것을 다 맞길 테니 살려만 달라며 애원하는 큰형님의 아들이었다. 더욱이, 같이 있어주어야 할 왕비마저 홀로 다른 곳으로 귀양을 보냈으니 그들의 외로움과 슬픔은 이루 말할 수 없었으리라.

나는 갑자기 단종의 귀양살이와 오늘의 나를 비교하며 말도 안 되는 생각을 하고 있었다. 두 사람 사이에 무엇이 같은 점이고 다른 점인지를 생각해보았다. 물론 한 사람은 왕이었고 나는 비교가 안 되는 천민이라는 것은 제쳐두고 말이다. 물론 두 사람이 다 외로운 처지에 놓여 있음이 비슷해 보였고 험악한 앞날이 기다리고 있는 것도 같아 보였다.

그러면 또 다른 것은 무엇일까? '그래, 이게 달라. 단종은 있는 자가 졸지에 아무것도 가진 것이 없는 자로 전락한 것이고, 나는 처음부터 가진 것이 없는 자가 미래에 있을 수 있는 희망을 꿈꾸고 있는 것이다. 또한 나는 내일을 향하여 열심히 노력하고 있는 것이 다른 점이다.' 단종은 절망과 고독밖에 볼 수 없었지만, 더 이상 잃어버릴 것이 없는 나에게는 내일을 향한 꿈이 있다.

이런저런 공상들을 해 보지만 혼자 보내는 하루는 역시 지루하기만 했다. 잠을 자고, 책도 읽고, 나뭇가지에 매달려 턱걸이도 해 보았다. 산 중턱까지 한두 번 달음박질도 쳐 보았다. 배가 조금씩 고파오는데 먹을 것이나 마실 것은 아무것도 없었다. 송기를 하나 꺾어 보았지만 단물이 별로 나지 않았다.

나는 이렇게 하루를 보내고 해가 기울어질 무렵에야 산에서 내려오기 시작하였다. 집으로 오는 길은 적막할 정도로 조용하기만 했다. 이곳저곳에서 농부들의 손길만이 부지런히 움직이고 있었다. 쑥개떡이라도 만들어 배를 채우려고 논두렁을 타고 쑥을 캐는 아이들의 모습이 멀리 보였다. 어미 소의 젖을 빨던 송아지가 껑충껑충 춤을 추듯 뛰어다녔다.

동네 입구에 들어서자 한 반 친구의 아버지가 버스에서 내렸다. 면의원인 친구의 아버지는 우리 동네 유지 중의 한 분이었다.

"어디 다녀오십니까?"

나는 고개를 꾸벅 숙이며 인사를 하였다.

"오냐, 읍내에 갔다 오는 길이다."

"벌써 오냐? 오늘 소풍 재미있었냐?"

"예, 잘 놀았습니다. 재미있었습니다."

"그래, 그런데 다른 애들은 안 보이고 너 혼자 오노?"

"예, 모두 다 곧 올 겁니다. 저는 집에 할 일이 좀 있어서 빨리 달려왔습니다."

"그런데, 지금 몇 시나 되었습니까?"

그는 조끼 주머니에서 줄시계를 꺼내며 나에게 말했다.

"왜, 무슨 약속이라도 있냐?"

"네 시 정각이로구나. 빨리 가 보아라."

"네 시밖에 안 됐습니까?"

나는 조금 일찍 산에서 내려왔구나 하는 생각이 들었다.

집에 들어서니 부엌 앞에서 채소를 다듬고 있던 어머니가 힐끔 돌아보았다.

"벌써 오니?"

"오늘은 좀 일찍 오네."

"예, 별로 이르지도 않은데 뭐요."

나는 대답을 하는 둥 마는 둥 하고 방으로 들어갔다.

"아버지는 저 건너편 밭에서 일하시는데 한 번 가볼래?"

"엄마, 나 좀 피곤해요."

"어디 아프냐?"

"아니에요. 그냥 좀 고단해요."

"그래, 몰라, 나는 모르겠다. 나중에 일 안 한다고 야단이나 맞지 말아야 한다."

어머니는 광에서 보리쌀을 한 바가지 담아 나오면서 저녁준비를 하고 있었다.

이야기로 즐기는 소풍

그 다음 월요일, 나는 학교에 가기 싫었다. 소풍 간 이야기로 꽃을 피울 친구들이 별로 마음에 들지 않았다. 아니나 다를까! 학교에 들어서니 온 교실이 그저께 소풍 이야기로 왁자지껄했다. 듣지 않으려 하면서도 듣고 싶은 이야기들, 나도 모르게 소풍 이야기에 귀를 기울이고 있었다. 나와는 좀 거리가 먼 이야기들이기에 더 듣고 싶었는지도 모른다. 나 혼자만이 그려본 소풍 풍경을 확인해보는 순간이기도 하였다.

맛있게 먹은 음식 이야기, 선생님께 드린 선물 이야기, 오락시간에 일어난 이야기, 그리고 노래자랑 이야기들이 연속되고 있었다. 반장이 가져온 불고기와 소주를 선생님이 제일 좋아했다. 시골학교 선생님도 불고기는 자주 못 먹는 세월이었다. 우리 반 1등 우등생이 가져온 장조림과 계란 프라이에 찰밥도 선생님이 맛있게 먹었다고 이야기했다. 그러니까 반장이고 1등이지, 누가 그걸 모르니!

선생님은 담배와 양말을 전해준 여학생들의 머리를 쓰다듬어 주었다. 선생님이 떡을 별로 먹지 않아 가져온 여학생이 울었다고 하였다. 나를 별로 좋아하지 않는 한 학생이, 야, 그래도 몇 년 전에 고구마를 집어던지듯 떡을 팽개치지는 않았다며 나를 힐끔 쳐다보았다. 나쁜 자식, 꼭 그 이야기로 나를 괴롭혀야 해!

오락시간에 남자들은 씨름대회를 하고 여학생들은 보물찾기를 했다고 야단이다. 씨름은 역시 힘이 최고라고. 몸무게가 60킬로가 넘는 5학년 뚱보가 전교 1등을 하고 공책 5권의 상을 받았다.

"글쎄, 숙자, 제 말이야, 보물찾기를 하는데 뛰어다니다가 넘어져서 치마가 홀랑 뒤집어졌지 뭐야, 하하하."

남학생들이 소곤거리자 눈치를 챈 숙자의 얼굴이 빨개져 있었다. 나는 어느새 소풍 이야기에 도취되어 함께 신나게 웃고 있었다.

"얘, 나는 노래자랑 시간이 제일 좋았어. 그래, 네가 1등 한 것 다 알아. 상으로 받은 연필이나 나눠 가지자. 그런데 영자, 제, 유행가를 어찌 그렇게 잘 부르냐? '임께서 가신 길은…' 하면서 노래를 불러 대는데, 선생님들도 깜짝 놀라 입을 다물지 못하는 거야. 황진이나 되는 것처럼. 야, 제는 나중에 기생이 되려나." 영자의 부모님은 술집을 겸한 식당을 하고 있었다. 철없는 아이가 밤마다 듣는 것이 유행가 소리고 보니…….

친구들의 소풍 이야기는 수업시간에도 계속되었다. 종이쪽지에 뭔가를 적어 친구에게 건네주다가 선생님께 들켜 야단을 맞아도 이야기는 계속되었다. 옆에 앉은 친구가 쪽지 하나를 나에게 건네주었다.

"점심시간에 잠깐 보자. 도서실 옆으로 와"라고 적혀 있었다. 나는 무슨 일인지 궁금했다.

기다리던 친구가,

"왜 이렇게 늦게 와? 나는 또 오지 않는 줄 알았지."

라고 말하며 새 필통 하나를 건네주었다. 필통 안에는 플라스틱 삼각자와 연필 네댓 자루, 그리고 지우개가 소복이 담겨 있었다.

"야, 어저께 소풍 갔을 때 너 생각이 나서 하나 사왔어. 너무 적은 것이라 미안해."

나는 갑자기 울음이 터져 나올 것 같았다. 울음을 참느라고 고맙다는 말을 할 수 없었다.

"야, 내년 소풍 때는 너도 같이 가자."

"응, 그래, 고마워."

친구는 올해가 초등학교 마지막 소풍이었던 것을 미처 생각하지 못했던 것 같았다. 너는 도시의 일류 중학에 진학할 것이고, 너와 나는 앞으로 서로 다른 인생의 길을 걷게 될 것인데…….

나는 더 이상 말을 이을 수 없었다. 친구는 머뭇거리는 나를 쳐다만 보고 있었다. 친구를 그 자리에 세워두고 나는 어디론가 뛰어가버렸다. 앞에 보이는 화장실에 들어가 문을 잠갔다. 벽에 기대어 서자 눈물이 주르르 흘러내렸다. 플라스틱 필통이 창문으로 스며드는 햇볕을 받아 무지개 색깔을 내고 있었다.

필통 뚜껑을 한 번 다시 열어보았다. 필통 안의 빨간 삼각자가 너무 아름답게 보였다.

고향을 찾아서

오랜만에 경상도의 한 조그마한 시골마을 나의 고향을 찾아보았다. 부산에서 지척의 거리이고 옛날 가락국의 역사를 말해주는 수로왕릉이 조용히 자리잡고 있는 김해 시내에서 북쪽으로 내가 어릴 때 학교를 다닌 그 길을 따라 산 고개를 하나 넘으면 나의 고향이 보인다. 김해시내에서 남쪽으로 한때 영남의 곡창으로 불리었던 김해평야는 그린하우스와 공장 그리고 아파트에 묻혀 그 모습을 찾아보기 어려울 정도로 변해 있었지만 진영 쪽으로는 예부터 유명한 진영단감이 오늘도 그 맛을 자랑하고 있었다. 김해시내와 진영 중간지점에 맑게 흐르는 냇물을 가운데 두고 양 옆으로 아담한 집들이 자리잡고 있는 "망천마을"이 나의 고향이다.

이 마을은 통일신라시대에 형성된 것으로 추정되고 있다. 마을 뒷산 옛 암자가 있었던 탑골에 남아 있는 삼층석탑과 암자의 주춧

돌 몇 개가 그 역사를 말해주고 있었다. 신라시대에 만들어진 것으로 추정되는 것으로 내가 어릴 때만해도 논 언덕 사이에 있었던 서너 개의 주춧돌은 어디로 갔는지 보이지 않지만 석탑은 그 위치를 조금 비켜 앉아 건너편에 신축된 흥덕사 정원에 지금도 자리잡고 있다. 또한 탑골에서 10여 분 걸어서 마을로 내려오면 기와를 구운 옹기 굴의 흔적이 아직도 남아 있고 고려 말기에 만들어진 것으로 보여지는 기와조각들을 지금도 찾아볼 수 있다. 이렇게 1,500여 년의 역사를 지닌 이 마을은 옹기와 기와를 굽고 장사를 하던 구씨仇氏 집안과 농사를 짓는 선비 허씨許氏 가문에 의해 오랫동안 지켜 내려오고 있었다.

지금은 탑골에서 흔적을 찾아보기 어려운 조그마한 암자에는 가락국의 막내왕손 허씨가 머물고 있었다는 야사의 기록과 구전설화가 있었다. 가락국이 망한 후 이곳에 기거한 적이 있는 왕손 허씨는 암자가 있는 뒷산에서부터 흘러내려오는 맑은 냇물에 발을 담그고 흥망성쇠의 세월과 개울물에 비친 자신의 초라한 모습을 쳐다보며 시를 읊었다는 구전설화를 따라 망천사望川寺란 암자 이름을 지었고 이 마을 이름도 망천望川이라고 부르게 되었다. 그로부터 이 마을은 해방 후까지도 김해허씨의 집성촌이었다.

그때 우물이 없었던 옆 동네에서는 이 마을의 샘물을 길어다 먹었다. 우물 옆 냇가에 앉아 시를 읊으며 세월을 보내던 왕손 허씨는 우물에 물 길러 나온 그 옆 동네 노씨문중 규수에게 반하여 혼인을 하게 되었다. 왕손 허씨는 우물이 없는 처가동네의 물줄기를 찾아 새로운 우물을 파게해주었고 그 마을 이름을 신천新泉이라고 지어주

었다. 지금도 이곳 주민들은 한동네와 같은 이 두 마을을 합하여 신망천이라 부른다.

고려 말기와 조선왕조 초기까지 이 마을에서 옹기와 기와를 굽고 장사를 하며 살아온 사람들은 창원구씨 집안의 선대인 것으로 알려져 있다. 그들의 성은 원래 구仇씨였는데 조선왕조 정조 때 구具씨로 사성賜姓받아 창원구씨昌原具氏로 개성改姓되었다. 그들이 고려 말기에 이곳에서 구운 기와는 멀리는 일본 등지로 수출되었다고 전해지고 있으며 이 마을의 옹기 굴은 웅천도요의 일부분으로 추정되고 있다. 조선 초기에 이들이 기와와 옹기를 만들기에 흙의 질이 좋은 진해 두동리 웅천요지 근처로 옮겨감으로써 이곳 옹기 굴은 폐쇄된 것으로 전해지고 있다.

망천마을 뒤로는 대나무 밭이 우거져 있었고 앞으로는 논두렁이 이 빠진 층층대처럼 보이는 산간 전답이 풍년을 기다리고 있었다. 6·25전쟁 당시 우리가 북한에 밀려 나라의 운명이 풍전등화같이 되었을 때 낙동강 하류에 최후의 교두보를 치고 유엔군의 지원을 기다린 곳도 이 마을이 있는 한림면에서 멀지 않은 곳이다. 봄이면 하얗게 피는 이팝나무꽃이 우리 동네 우물을 덮고 있었고 우물에서 물을 기르는 우리들의 어머님과 누님들은 너무도 청순하기만 하였다.

천연기념물 185호로 지정되어 있는 이 이팝나무는 고려 말기에 심어진 나무로서 약650년에 가까운 나이로 추정되고 있다. 가락국이 망한 지 700여 년이 지난 어느 날 여승女僧 한 분이 이 망천마을을 찾았다. 그 여승은 가락국의 마지막 왕손 허씨의 후손으로 그 옛날 그녀의 조상이 머무르고 있었던 망천사望川寺를 찾아보려고 왔었다.

여승은 이미 오래전에 허물어진 망천사와 그곳에 기거한 조상의 흔적을 찾아보기 어려운 탑골에서 내려오다 동네 한복판에 있는 우물물로 목을 축였다. 그리고 여승은 왕손 허씨가 발을 담그고 시를 읊었다는 냇가 바로 이 우물 옆 자리에 이팝나무 한 그루를 심어두고 떠났다고 전해지고 있다. 오늘에 와서야 이 전설의 이팝나무를 김해시 지정 가로수로 심어 하얀 꽃이 길거리를 덮으면 아름다운 고향의 모습을 볼 수 있다고 친구는 전해주었다.

이 이팝나무와 관련된 이야기들을 살펴보면 하루는 허씨가문의 노씨문중 며느리가 제삿밥을 짓기 위한 쌀을 씻다 실수를 하여 이팝나무 밑 우물가 냇물에 쏟아버렸다. 시어머니의 꾸중을 맞고 쫓겨난 며느리는 결국 친정이 바라보이는 마을 뒤 당산나무에 목매어 자살을 하고 말았다. 이 며느리의 넋이 이팝나무꽃이 되어 봄마다 하얗게 온 우물을 덮어 피고 있었다. 그 이후 노씨 가문에서는 허씨 집안과 혼인하는 것을 꺼려한다고 전해 내려오고 있었다. 허리띠를 졸라매는 늦은 봄 보릿고개를 넘기면서 쌀밥같이 하얀 이팝나무꽃은 오늘도 그 슬픈 전설을 뒷받침해주면서 피어 있었다.

이팝나무는 이밥, 즉 쌀밥에서 연유되었다고 그 유래를 찾는다. 국내 최고령인 이 이팝나무의 키는 15미터 정도이지만 가지가 동서남북으로 20미터에 가까이 펼쳐져 있었다. 수실 같은 하얀 꽃송이가 나무를 덮으면 쌀밥그릇 모양을 그린다. 그래서 이 꽃은 그해의 쌀농사 풍흉을 점쳐준다고 한다. 그러나 지금은 망천사와 허씨 왕손, 그리고 옹기 굴이나 이팝나무의 유래도 역사의 갈피 속에 묻힌 지 오래되었고 아직도 허씨 집안 후손과 백여 년 이상을 이 마을을 지켜온

터줏대감 서너 집이 살고 있지만 대부분의 주민들은 마을의 발자취에 특별한 관심도 없이 그저 바쁜 삶을 살고 있었다.

【참고자료】

1. 성씨의 유래 – 김수로왕의 막내왕자 허씨
2. 망천 흥덕사 삼층석탑
3. 창원구씨의 유래–족보와 종친회 증언
4. 고려말기 응천도요 역사관찰
5. 천연기념물 185호–김해 이팝나무
6. 삼국유사–가락국의 수도 김해

제3장

에세이 광장

삶의 소리

내가 살아온 순간들이 바람에 날리는 것처럼 펴지고 접히는 그 갈피 사이사이에 수많은 사연들이 담긴 삶의 소리는 적혀 있다. 언제부터인가 살아갈 날보다 살아온 날들이 많아지면서 그 쓰고 달던 사연들이 아름답게 보이고 조용히 소리내면서 메아리쳐 옴을 느끼게 된다. 그 소리들은 하나의 노래가 되어 가슴을 울리고 세월을 돌려놓은 것 같은 착각에 빠지게 한다.

삶의 순간들을 담은 세월이 가고 오는 것이 아니라 세월 속에 사는 우리가 가고 오고 변하는 것이 아니겠는가. 세월이 덧없는 것이 아니라 우리가 예측할 수 없는 삶을 살기 때문에 삶이 덧없는 것으로 느껴지는 것이리라.

내 자신만이 그 삶의 소리를 듣고, 내 혼자만이 그 노래를 이해할 수 있을 때가 되면 내가 지금까지 얼마나 소중한 것들을 잊고 살았는지, 그리고 얼마나 많은 것들을 잃어버리고 살았는지를 알 수 있을 것으로 생각된다. 이 소리들은 오늘도 세월의 길을 따라 걷고 있는 나에게 밤에만 흐르는 강물처럼 꿈속에서 들렸다. 비오는 가을밤엔 바이올린 독주같이 애절하게 들렸고 화창한 봄날에는 우렁찬 화음으로 울려 퍼졌다.

이 삶의 소리들을 들으면서 가슴이 뭉클하고 코끝이 찡해지는 것은 지나간 삶에 대한 후회보다는 살아온 날들을 돌아보는 아쉬움이 많아서 일지도 모르겠다. 삶의 여정에서 기쁨은 사랑의 아쉬움으로, 눈물은 슬픔의 얼룩으로 자리잡은 소리들이 하나의 음악이 되어 다시 들려오고 있다. 계절의 뒤안길에서 꽃이 피고 지듯 우리의 삶은 이상과 현실의 꽃이 피고 지는 그 앞뒤의 갈피에서 성숙되어 왔다.

아름다운 동요가 세월의 갈피 첫 장을 장식하였고 가슴을 찢는 비참하고 애절한 소리들이 다음 갈피들 중간에 있었다. 우렁찬 북소리 나팔소리가 하늘을 진동하듯 울리는 삶의 소리가 그 다음을 이어나왔고 이제는 서글픈 가야금소리가 마지막 장을 장식하고 있다. 그러나 이 모든 음악은 어디까지나 내가 작사 작곡하고 내가 부른 노래이니 어느 누구에게도 탓할 수 없는 나의 것이요, 결과이며 나의 책임이다. 이 모두가 나에 의해서 나를 위해 부른 노래며 춤이었으니까.

이상을 접고 현실을 따라 외도하다시피 살아온 삶의 소리가 그렇게 아름답게만 들리지 않을 수도 있었고 이상의 날개를 펼치며 불러본 노래는 처절하게 실패작으로 끝난 적도 있었다. 단지 그 모든 소리들이 오늘에 와서야 아름답게 들릴 뿐이다. 그래서 후회는 없지만 아쉬움을 남긴 추억의 소리는 먼 훗날 아름답게 들린다고 하였다.

내 주변에서 함께 걷고 나와 함께 같이 소리를 지르며 노래를 부른 사람들이 가고 없는 날에는 더 많이 듣고 싶어지는 소리들이다.

얼마 남지 않은 인생의 갈피 사이사이를 아름답게 꾸며보고 싶어진다. 초심의 마당에서 꾸밈없는 삶의 그림을 그려야겠다. 너무 늦기 전에, 아쉬움을 남기기 전에 아름다운 음악으로 마무리지어야겠다. 먼 훗날 내가 모아둔 삶의 소리를 후회 없이 들을 수 있게 살기를 바라면서 오늘도 또 한 장 인생의 갈피를 넘기고 있다. 아쉬움 속에 눈을 감는 그날까지…….

면서기도 못 된 아들

평생을 시골에서 살아온 아버지의 소박한 소망은 오늘도 변함이 없었다. 혼자의 힘으로 감당하기 어려워 머슴을 두고 백 섬지기에 가까운 농사를 지을 때도 그랬고 가세가 기울어 먹고 살기가 어려울 때는 더욱더 절실하게 바라는 꿈이었다. 그래서 아들만은 고등학교라도 보내려고 허리띠를 조이며 일을 하였다. 조상님 뼈가 묻힌 곳에서 고향을 지키고 친척들이 사는 고향에서 부모님을 모시고 농사일을 돌보며 사는 자식이 아버지가 바라는 아들의 이상형이었다. 그래서 아들이 더도 덜도 말고 시골 면서기가 되어 이 지방 주민들을 위해 일하면서 아침저녁과 주말에는 농사일을 돌보아 천석꾼이 되어 가난을 면하고 가족을 지키기를 바라는 것이 아버지의 소박한 꿈이었다. 동네사람들의 존경을 받으며 자전거를 타고 면사무소를 출퇴근하고 아침저녁으로 일꾼들을 부리는 아들의 모습을 그리며 아버지는 흐뭇해하고 있었다.

소박한 꿈이 꿈으로 끝나는 것을 느낀 어느 날 아버지의 실망은 허무함을 넘어 증오에 가까운 느낌이었다. 그래서 아버지는 마지막 그날까지도 살아온 생의 허무함과 그 소망을 이루지 못하고 떠나는 세상이 너무 아쉬워 눈을 감지 못하였다. 아들은 아들대로 이루지 못한 자신의 꿈이 애절하여 내가 이 세상에 다시 태어난다면 어떻게 할 수 있을까 생각하고 있었다. 그때의 아들이 가정을 이루고 손자를 본 오늘에야 아들은 그 옛날 아버지의 꿈을 이루어 드리지 못한 아쉬움을 알고 있지만 돌이킬 수 없는 지난날과 생각하고 싶지 않은 지난 일들에 대한 기억에 괴로워하고 있었다.

나는 고향을 지키며 후배 양성에 전념하고 있는 친구를 오랜만에 찾아가 보았다. 갈 때마다 무공해 채소와 과일을 얻어 오는 재미도 있었지만 그것은 하나의 핑계일 뿐 진짜 이유는 내 친구의 모습을 통해 나의 아버지의 꿈을 읽어보는 시간을 갖는 것이었다. 나의 친구가 존경스럽고 내가 이루어 드리지 못한 아버지의 꿈에 대한 불효한 생각이 부끄러워 자주 찾아가지는 못하지만 가끔 가서 그를 만나 이야기하고 싶은 마음은 무슨 이유에서인지 나는 잘 모르겠다. 그러나 나는 오늘도 한우 쇠고기 몇 근과 소주 한 박스를 사들고 친구를 찾아갔다.

서울에서 사범대학을 졸업하고 고등학교 교사로 시작한 내 친구는 실력도 있고 인간관계가 상당히 원만한 교육자였다. 고향에 사는 세 살 아래의 초등학교 후배인 부잣집 처녀와 결혼도 하였다. 사십대 중반에 공립 고등학교 교장으로 승진한 첫해에 그는 교육감을 찾아가 지방 전출을 타진해보았고 타도전근(他道轉勤)이 어렵다는 것을 알게 되었다. 친구는 서울에서 5년간의 교장 직을 수행하면서 지방의 고등학교에서 후배들을 가르치고 싶은 꿈을 접지 않았고 끝내는 고향의 어느 사립 고등학교 교장으로 취임하게 되었다. 벌써 십 년째 부모님을 모시고 고향을 지키며 후배들을 양성하고 있는 그의 얼굴에는 항상 즐거움과 보람으로 가득 차 있었다. 나는 그때마다 죄책감 같은 것을 느끼었고 행복이 무엇이며 어디에 있는 것인가를 생각하게 되었다. 그 옛날 나의 아버지는 행복이 무엇인지를 잘 알고서 내가 당신의 뜻을 따르기를 간절히 바란 것임을 내 친구를 통해 다시 볼 수 있었다.

동네 앞 가게에서 손자의 손을 잡고 장난감을 고르고 있는 친구의 아버님께 인사를 올렸다. 연세가 대여섯 아래인 그는 이웃마을에 살았던 나의 아버지와 호형호제하는 친한 친구 사이였다. '아이고, 우리 이 박사 정말 오랜만이네. 그래 외국생활은 재미있고? 자네는 우리 마을에서 출세한 훌륭한 사람이야. 조국과 고향에 와서 활동하지 못한 것이 좀 아쉽긴 하지만!' 나는 그 말을 들을 때마다 가슴이 찡함을 느꼈다. 아들가족 그리고 손자들과 함께 행복한 여생을 보내고 있는 그분의 말씀은 어떻게 보면 나를 비웃는 것같이 들렸다.

내가 면서기로 시작하여 계장이 되고 면장으로 승진하여 친구 교장선생과 함께 부모님 곁에서 고향을 지키고 살기를 바랐던 아버지의 소망을 예전에 알지 못한 것은 아니었지만 그것을 이루지 못한 아버지의 꿈도 나의 아쉬움도 오늘따라 더욱더 내 가슴을 두드리고 있었다. 나의 발길은 아직도 옛날 그대로 남아 있는 우리가 살던 집 앞에 멈추었다. 마당 한구석에는 이제 막 추수를 한 벼가 적어도 오십 석은 저장되어 있어 보이는 뒤지가 두 개나 보이고 사랑채에서 친구들과 여담을 나누고 있던 아버지는 자전거를 타고 퇴근하는 면서기 아들을 보며 "어서 오느라." 손짓하였다.

태양의 동쪽 달의 서쪽

두 개의 둥지를 둔 기러기는 태양의 동쪽 둥지에서 밤새껏 송편을 빚고 추석을 맞이하였다. 기러기는 보름달이 지기 전에 달의 서쪽 둥지에서 자식을 기다리는 꼬부랑 할머니를 찾아 쉬어갈 섬도 없는 태평양을 날고 있었다. 일 년 중 가장 휘영청 밝은 보름달은 기러기의 항로를 서치라이트같이 비쳐주며 빨리 따라 오라고 재촉하였다. 태양의 동쪽에 새로 만든 둥지에 아이들을 두고 달의 서쪽 낡은 둥지에서 자식을 기다리는 늙은 부모님을 찾아다니는 착한 사람들의 영혼을 담아 기르기는 사람 "인人"자를 그리며 밤낮으로 날고 있었다. 뒤로는 엄마와 아들 기러기, 그리고 삼촌과 조카 기러기가 앞에서 힘차게 노래를 부르며 어서 따라 오라는 아빠 기러기를 뒤따라 날고 있었다. 아빠와 삼촌은 선두를 바꾸어가며 길을 인도하였고 그들이 부르는 고향의 노래는 가을밤 하늘을 메아리치고 있었다.

이것이 내일이면 우리가 또 한 번 고향을 떠나 맞이하는 추석의 느낌일 것이다. 우리 모두가 20년, 30년, 또는 반백 년을 조국을 떠나 살았어도 민족의 명절인 추석이 오면 너나할것없이 마음은 고향을 향해 날고 있나 보다. 조상님 뼈가 묻힌 곳에 성묘를 하고 송아지 동무들과 놀던 마을에 친구를 만나려 가는 길이다. 어머니가 해주는 햅쌀밥 내음이 코끝에 스치고 신토불이 산나물과 햇과일이 너무도 먹음직스러워 침을 꼴깍 삼켰다. 풍년이 들어 무르익어가는 벼가 황금물결을 이루고 있는 논에서 메뚜기를 잡고 있는 동네 아이들이 눈앞에 보인다. 빨간 감이 주렁주렁 달린 감나무 가지는 제 무게에 못이겨 돌담 너머로 허리를 기대고 있었고, 영글다 못해 터져버린 밤송이는 우리 가슴에 새겨진 한 폭의 그림으로 자리잡은 지 오래다.

우리가 사는 미국에는 추석에 비유할 수 있는 추수감사절이라는 명절이 있다. 오늘로부터 두어 달 정도 지나면 찬바람이 불기 시작하고 추수감사절이 찾아올 것이다. 가족들이 함께 모이고 터키요리에 펌킨 파이를 먹으며 휴일을 즐긴다. 추수감사절은 미국사람들이 일년 중 전화를 제일 많이 거는 날이라고 들었다. 나는 내 조국에 명절이 오면 귀성객의 차량 행렬이 꼬리를 물고 가는 것을 보았는데, 미국 젊은이들도 오늘만은 찾아뵙지 못하는 고향의 부모님께 전화로 인사를 드린다. 그러나 추수감사절이 아무리 좋아도 나에게는 추석의 정서를 대신해 주지 못하고 있다. 단 한 가지 좋은 것은 미국의 많은 명절이나 축하해주어야 할 날들 중에서 다른 사람에게 줄 선물을 준비하지 않아도 되는 유일한 명절이 추수감사절이다. 그저 많이 먹고 마시고 텔레비전으로 풋볼을 보며 쉬는 날이다. 명절이나 휴일은 다 좋지만 그래서 나는 추수감사절을 더욱 좋아한다.

우리는 “더도 덜도 말고 한가위만 같아라.”라는 속담을 기억하고 있다. 그만큼 추석은 풍요롭고 화목하고 즐거운 날이라는 것을 표현한 말이다. 한가위의 ‘한’은 ‘크다’는 뜻이며 ‘가위’는 ‘가운데’를 말하는 것으로 큰 보름달을 의미하고 있다. 또한 중추절이라 함은 가을을 초추, 중추, 종추, 석 달로 나누어 음력 팔월이 중간에 있으므로 붙은 이름이다. 추석에 행해지는 세시풍속으로는 벌초와 성묘, 차례에 이어 강강수월래, 씨름, 거북놀이, 소놀이, 반보기 등을 들 수 있겠다. 추석에는 농사일로 바빴던 일가친척이 서로 만나 하루를 즐기는데 특히 시집간 딸이 친정어머니와 중간 지점에서 만나 반나절을 함께 회포를 풀고 가져온 음식을 나누어 먹으며 즐기는 것을 중로상봉中路相逢이라고 하며 반보기라는 만남의 풍속이 여기에서 유래하고 있다.

이런 풍속들이 고향에서도 차츰 보기 힘들어져 가고 있으니 멀리 외국에 사는 우리들에게는 그저 추억으로 자리잡고 있는 것같이 느껴진다. 그래서 나는 내일 추석에는 중로상봉의 정서를 그리며 고향 친구와 점심 약속을 잡았다. 오늘만은 잡곡밥도 아닌 하얀 햅쌀밥과 소고깃국에 산채를 곁쳐 먹어보련다. 그리고 찻집에 들려 녹차를 마시고 송편을 맛보며 고향을 찾아보기로 다짐하였다. 이젠 달의 서쪽 낡은 둥지에서 아들을 기다리는 엄마 기러기도 가신 지 오래다. 목을 길게 빼고 태평양을 날아갈 여력도 없지만 보름달이 솟아오르기를 기다리다 고향의 노래를 부르며 추석을 지내보련다.

밤에만 흐르는 강

강물은 조용히 흘렀다. 밤에만 소리 없이 흘렀다. 낮에는 너무 빨리 변하는 세상과 너무 빨리 흐르는 세월 속에 멈추어버린 강물이었다. 그러나 꿈과 추억을 담은 강물은 항상 밤에만 잔잔한 물결을 그리며 흐르고 있었다. 이렇게 밤에만 흐르는 강물은 언젠가 바다에 접하면 드디어 마음을 비우게 된다. 은빛 멸치 떼의 환영을 받으며 굽이굽이 지나온 산과 마을, 그리고 수많은 사연들을 뒤로하고 정을 나눈 농부에게 이별을 고하는 강은 조용히 마음을 비울 것이다. 어디를 가기 위해 그렇게 빨리 흘러왔을까 뒤돌아보면서, 무엇을 갖고 왔는지 무엇을 잊고 살아왔는지를 생각해 보면서.

오랜 세월을 지구의 반대편에 서로 다른 두 개의 둥지를 두고 살아온 기러기의 마음은 밤이면 강물처럼 흐르고 있었다. 앞만 보고 달리는 삶이 바쁘게 뛰어온 낮에는 강물도 흐르지 못하고 멈춰있었지만 밤이면 강물은 고향으로 가는 길을 따라 흐르고 있었다. 어젯밤에는 늙고 병든 아빠 기러기가 살고 있는 낡은 둥지를 찾는 자식의 마음을 싣고 흘렀고 오늘밤에는 아기 기러기가 살고 있는 건너편 둥지를 찾는 엄마의 마음을 담고 흐르고 있었다. 달 밝은 밤이면 고향을 찾아 나르는 기러기의 그림자를 띄우면서 흘렀고 비오는 밤이면 그리운 친구의 사랑을 담아 흐르고 있었다. 강물은 그저 소박한 부모와 자식 사이의 소망과 사랑을 싣고 밤이면 밤마다 흐르고 있었다.

별도 없는 밤에 흐르는 강물은 기러기의 고향을 손잡아 이끌어주었다. 초저녁에 흐르는 강물은 엄마의 사랑을 담은 깊고도 넓은 강을 지나고 있었고 새벽에 흐르는 강물은 할머니의 정성이 담긴 길고도 긴 강이었다. 슬픔을 담은 강물은 비오는 밤에 흘렀고 기쁨을 실은 강물은 달 밝은 밤에 잔잔한 웃음의 물결에 퍼즐을 하나 둘 맞추며 흐르고 있었다. 봄이면 아지랑이를 피우며 흘렀고 여름밤이면 강물은 반딧불을 따라 흘렀다. 그러다 낙엽이 가을을 싣고 강물에 앉으면 풍년가를 부르며 흘러오다 겨울밤에 추억이 살얼음 밑으로 숨어버리면 매기와 숨바꼭질을 하며 강물은 흘렀다. 그러나 항상 마음의 강물은 밤에만 흐르고 있었다.

밤에만 흐르는 강, 그대는 기러기의 마음을 태운 낭만의 돛단배처럼 잔잔한 물결을 그리며 흐르고 있었다. 기러기는 이 강물과 함께 젊은 꿈을 키우고 아름다운 추억을 만들었다. 그래서 기러기는 구슬픈 노래를 부르며 밤에만 날고 있었다. 아픔을 달래고 사랑을 나누며 강물은 밤에만 흐르고 있었고 기러기도 밤에만 날고 있었다. 밤마다 흐르는 강물이 있었기에 기러기는 마음의 고향을 볼 수 있었고 두 개의 둥지를 오가며 멀고도 가까이서 그리운 부모형제와 사랑하는 자식들을 볼 수 있었다.

설날에도, 추석에도 그리고 생일날에도 함께 할 수 있었다. 흐르는 강물에 잠깐 앉아 물고기를 잡아 요기를 하면 달빛을 보고 방향을 잡아 나는 남편 기러기는 찾아가는 엄마의 노래를 불렀고 그 뒤를 따르는 아내 기러기는 두고 온 새끼들을 걱정하여 자장가를 부르며 날고 있었다.

이렇게 밤에만 강물과 벗이 되어 살아온 기러기의 생명이 다하는 순간 흐르는 강물도 멈출 것이다. 그리고 굽이굽이 흘러온 강물은 언젠가 바다로 이름을 바꾸어 이제는 흐를 곳도 없는 무서운 망망대해에서 햇볕에 타고 파도에 시달릴 것이다. 기러기가 살아온 삶의 상처는 소금물에 담길 것이고 또 한 번 아픔을 맛보게 될 것이다. 그러다 눈을 뜰 수도 없는 바다에서 가슴이 소금으로 저려지면 추억도 숨을 거두는 날이 되겠지. 그렇게 다 틀어버리는 날 드디어 나는 이 세상의 소금으로 살게 될 것이다.

늙은 기러기는 언제부터인가 살아갈 날보다 살아온 날들이 많아지면서 밤에만 흐르던 강물이 낮에도 흐르기 시작하였다. 이제는 낡은 둥지에서 자식을 기다리던 아빠 엄마 기러기도 병들어 죽은 지 오랜 세월이 흘렀고 새로 만든 둥지에서 키운 기러기 새끼들이 멀리 날아간 지도 오래되었다. 찾아오는 기러기도 없고 찾아갈 필요도 없는 두 개의 빈 둥지를 긴 강과 넓은 바다를 사이에 두고 있지만 밤에만 흐르던 강물이 낮에도 천천히 흐르기 시작하였다. 웬일일까? 돌아보면 아쉬움이 많은 지난 시간들이지만 세월의 갈피 속에 숨겨둔 추억들이 홍수에 씻겨 내려오는 것처럼 강물을 따라 밤에만 흐르는 것이 아니라 낮에도 흐르고 있었다. 이제 살아온 세월의 강물이 넘치다보니 마음의 강물은 밤이고 낮이고 쉬지 않고 흐르고 있었다. 바다에서 서로 만날 그날이 드디어 보이기 시작하면서 더 빨리 흐르고 있었다.

당신의 여보

당신과 여보는 상호관계에 있는 대명사와 감탄사이다. 국어사전에 의하면 당신은 부부가 서로 상대방을 일컫는 인칭대명사이며 여보는 아내와 남편이 서로 부르는 감탄사로 표기되어 있다. 그리고 여보와 당신은 억양의 표시에 따라 그 내용과 화자의 의도나 감정을 적절히 전달하는 절묘한 의미와 역할을 맡고 있다.

더욱 재미있는 것은 여보와 당신을 한문으로 풀이해보는 것이다. 당신은 한문으로 '當身' 여보는 '如寶'로 표기할 수 있겠다. 마땅할 당, 몸 신 그리고 같을 여, 보배 보 라는 한자로 표기하여 내 몸과 같이 소중한 당신, 나에게는 귀한 보배와 같은 사람이라는 뜻을 지니고 있다. 그 얼마나 아름다운 말이고 표현인가. 떼어 놓을 수 없는 부부의 사랑을 두 글자에 담아 운치 있게 표현한 것이다.

결혼식장에서 서로가 부부됨을 서약하는 말 가운데 하나는 기쁠 때나 슬플 때나, 병들었을 때나 어려울 때도 서로 사랑하고 함께하여 검은 머리가 파뿌리가 될 때까지 살겠다고 약속을 한다. 그 약속이 어떻게 그리고 얼마나 오래 지켜질 지는 모르지만 그 순간만은 순결하고 아름다운 약속이었다. 그리고 첫날밤엔 서로 여보, 당신이라 부르며 사랑을 나누었다.

살면서 속삭이며 부르던 여보는 가끔 언성을 높인 "여보 또는 여보시오."로 변하기도 하고 미소를 지으며 부르던 당신은 손가락질을 하며 눈을 부릅뜨고 소리 높여 부르게도 되는 것이 부부간의 삶이다. 이런 삶의 한 부분인 부부간의 다툼을 칼로 물베기라고 표현하기도 한다.

진정 우리가 잊고 있는 것은 칼로 물베기식 부부간의 다툼의 결과이다. 칼에 맞은 물은 한순간 잔잔한 물결의 여울을 지나면서 소리 없이 아픔을 감추며 상처를 달래고 있음을 알아야한다. 물속에 흘린 눈물은 칼을 쥔 사람에게 보이지 않았을 뿐이다. 칼에 맞은 강물은 퍼렇게 멍이 들어 말없이 바다를 향해 흐르고 있다. 그러나 시간이 지나면서 칼에 맞은 물이 당신 즉 나의 몸, 바로 내 몸의 한 부분이라는 것을 알게 되면서 부부의 사랑은 또 제자리로 돌아가게 되는 것이다. 늦게나마 보배같이 소중한 당신에게 상처를 준 사람이 바로 여보와 당신의 한 축을 이루고 있는 자신임을 알고 후회하는 것이 부부간의 삶이다. 바닷물이 검푸른 이유를 여기서 찾아볼 수 있겠다.

오늘도 여보와 당신으로 부르며 사는 우리는 아름다운 사랑의 동반자이다. 그래서 보배같이 소중한 당신을 더 빛나게 하기 위해 아름다운 보석 선물을 건네면서 함께 살아온 고마움과 사랑을 표시한다.

그것이 비록 칼로 멍들인 상처를 감추기 위해서 일지라도 그렇게 성숙되어 가는 것이 우리의 삶이다.

여보, 사랑해. 당신 정말 멋있어요. 오늘도 내 몸같이 소중한 당신當身, 그리고 나에게는 보배 같은 여보如寶의 손을 잡으며 걷고 있는 사람은 행복합니다.

우리의 주적主敵

몇 년 전에 있었던 사법고시 면접시험에 대한민국의 주적主敵이 누구냐는 문제가 나왔다. 그리고 응시자 중 10여 명이 우리의 주적은 미국이라고 대답하였다. 지금까지 사법고시 면접시험에서는 보통 한 두 명 이상이 탈락된 적이 없었다. 그런데 이번에는 이 사건으로 인해 10여 명 이상의 탈락자가 나오게 되었으니 큰 사회적 문제가 되고 말았다.

고시를 주관하는 부서에서는 이 문제의 정답을 북한으로 못 박고 있었고 그동안 진보성향의 교육을 받은 미래의 법관 후보들은 미국이 우리의 주적이라고 대답한 것이 문제가 된 것이다. 결국 그 사람들을 구제하기 위해 특별교육의 기회를 마련하고 다시 면접시험을 치르게 하여 6~7명은 다른 답변이 나오게 유도하여 합격시켰으나 3~4명의 응시자는 끝까지 그들의 주장을 굽히지 않아 불합격의 설움을 감수하면서 법관의 길을 포기하였다.

여기서 우리는 몇 가지 문제를 찾아볼 수 있다. 대한민국의 과거와 현재를 아는 사람은 미국이 우리의 주적이라고 말할 수는 없을 것이다. 특히나 법관이 되겠다는 그들의 역사관과 사리 판단 능력을 의심하지 않을 수 없다. 그러나 더 큰 문제는 그 논술시험 문제 자체에 있다고 본다. 국경이 없다시피 빠른 속도로 세계화되어가는 이 시대에 왜 하필이면 주적, 즉 우리의 원수가 누구냐를 묻고 있었는지 모르겠다. 너무나 시대의 흐름과 요구에 맞지 않는 질문인 것이었다. 또한 법관을 뽑는 자리에서 정치적으로 예민한 사항을 시험문제로 채택한 것도 잘못이었다.

적과 동지의 구분은 과거에 있었던 일을 기준으로 정해진다. 그리고 국제적인 관계에서는 영원한 친구도 영원한 원수도 없다는 것을 알아야 한다. 미국은 우리의 우방이며 현재로서는 주적이 아니다. 북한도 한때는 우리의 주적에 해당할 수 있는 행위를 저질렀지만 그들은 우리들의 영원한 원수가 될 수는 없다. 물론 사관학교 지망생의 절반에 가까운 학생들이 6 · 25 남북전쟁이 남에서 북을 먼저 침략한 것으로 알고 있는 것이나 미국을 주적으로 말하는 법관 지망생들의 정신교육이 잘못되었음을 우리는 알아야 한다.

그러나 수험생의 입장에서 꼭 그 질문에 대답을 해야 했다면 명석한 법관이 될 수 있는 지혜를 가진 응시자는 북한을 택하지도 않았을 것이고 미국은 물론 아님을 말했어야 한다. 최선의 답변은 좀 긴 부연설명을 부쳐 주적을 논하지 말아야 하는 논리를 전개하였을 것이다. 그래도 꼭 어느 나라를 짚어 대답하라는 요구를 받았다면 국가관이 뚜렷하고 과거와 미래를 볼 줄 아는 법관 후보생은 일본이야말로 바로 우리의 주적이라고 말했을 것이다.

일본은 기회만 있으면 독도문제를 들고 나온다. 지난 일백여 년간에 걸쳐 일본이 우리에게 저지른 일들과 오늘날 그들이 우리 대한민국을 대하는 행위는 우리의 주적 1위에 해당한다고 본다. 유대인학살과 이차대전의 전범 독일은 그 나라 수상이 무릎을 꿇고 이스라엘 국민에게 사죄하였다. 그러나 일본은 아직도 우리를 얕잡아 보고만 있다. 우리와 일본은 상생하기 어려운 존재임을 한번 다시 확인할 수 있게 되었다. 누구를 탓하기 전에 일본이라는 존재가 우리의 이웃에 있다는 것이 너무 불행한 일이다. 우리는 어떤 일이 있어도 우리나라를 일본으로부터 지켜야 한다. 그러니 이럴 때일수록 우리는 일본을 길들일 수 있는 지혜를 찾아야 한다고 느껴진다.

북한이 빠른 속도로 미국과 가까워지고 있는 사이에 북한을 적대시하고 있는 한국은 왕따를 당하고 있다. 아니 일본은 물론 중국, 미국으로부터도 뒤통수를 얻어맞고 따돌림을 당하고 있다. 북한은 아예 한국과는 이야기도 하지 않으려 하지만 육자회담에서 일본마저 따돌리겠다고 으름장을 놓았다. 또한 북한은 그들이 처해있는 여건이나 국제정세는 남한과의 전쟁이나 무력 사용으로 그들이 바라는 것을 얻을 수 없음을 잘 알고 있다. 다만 북한은 체제를 유지하고 살아남기 위해 온갖 몸부림을 치고 있는 것이다. 우리에게 북한은 함께 살아가야 할 조국이며 포용해야 할 대상이다. 그리고 통일은 다른 어느 누구를 위한 것도 아닌 우리를 위한 것이다.

육자회담 당사자들 미 · 일 · 중 · 러시아 어느 나라도 한반도가 하나 됨을 바라는 국가가 없음을 우리는 알아야 한다. 그러니 우리 한국은 오늘의 위기를 전화위복의 좋은 기회로 삼아야 된다. 싫든 좋든 우리 동족인 북한과 머리를 맞대고 하루빨리 같이 살길을 찾아야 한다. 그리고 남북한이 한목소리로 일본을 육자회담에서 따돌리고 독도를 지켜 우리의 주적 일본을 철저히 막아야 할 것이다. 비록 그것이 조그마한 바위섬이지만 남한도 북한도 함께 지켜야 할 우리의 영토이자 통일의 지름길이다. 일본이 우리의 친구이자 우방이라고 말하는 한국 사람은 없을 것이다.

원자바오의 눈물

2008년 봄 중국에서는 올림픽 준비로 한창 바쁠 때였다. 그런데 불행히도 티베트 사태는 물론 지진 홍수 등의 천재지변이 중국 정부 당국을 괴롭히고 있었다. 전 세계의 톱뉴스거리였던 중국 쓰촨 성 지방의 지진 참사이야기가 갑자기 쑥 들어가 버렸다. 6만이 넘는 사람이 죽고 수십만에 이르는 이재민을 낸 이번 지진은 특히나 올림픽을 앞둔 중국에 큰 재앙이었다. 중국 정부와 민간이 한 몸이 되어 재해복구에 나선 모습은 선진국의 문턱에 다가선 중국 국민의 민도와 애국심을 잘 보여주었다. 어느 때 어느 곳보다 재해현장은 신속히 복구되었다. 무너지고 넘쳐흐르는 댐과 호수의 물길을 트며 더 큰 재앙이 오지 않게 필사적으로 막아내는 모습을 우리는 보았다.

너무 조용한 재해현장의 소식에 대한 관심이 쏠린 어느 날 나는 원자바오의 눈물이란 소식을 들었다. 중국의 총리 원자바오는 지진이 난 바로 그날 현장으로 달려가 구조대와 함께 복구 작업을 진두지휘하고 사상자를 구하는 일에 직접 참여하였다. 72시간을 잠도 제대로 자지 않고 현장에서 뛰었다는 소식이었다. 구조대와 함께 원자바오 총리의 얼굴은 땀과 먼지로 뒤범벅이 되어 벽돌에 깔려 있는 한 부상자를 살려내었다. 그리고 조용히 피해현장에 앉아 눈물을 흘리고 있는 모습이 한 노동자의 핸드폰 카메라에 잡혔고 이 사진은 삽시간에 중국의 전역에 퍼져나갔다.

그의 눈물은 중국 국민의 마음을 울렸고 수십만 자원봉사대와 수백억 위안의 구호금을 모으기에 충분하였다. 국민들은 '총리님 울지 마세요, 우리가 있잖아요.'라며 구호물품을 모으고 현장으로 달려가 한사람이라도 더 살리려고 도왔다. 한 훌륭한 지도자의 진정한 마음에서 나온 눈물은 국민을 감동시켰고 위기의 재앙은 하루빨리 복구되고 있었다.

그 무렵 한국에는 광우병 문제로 인해 백만이 넘는 국민이 촛불을 들고 거리로 나왔다. 그러나 정부는 왜 이렇게 국민들이 걱정하는지를 모르고 있었다. 나중에 광우병 보도는 과장되고 사실과 다르다는 것이 확인되었지만 당시 정부의 대처방안은 거의 무능력에 가까웠다. 한곳에선 나라와 국민을 사랑하는 한 지도자의 눈물이 국민을 거리로 불러내어 조국과 민족을 위해 동참하게 하였는데 다른 한곳에선 잘못 전달된 소식에 의해 나라와 국민의 건강을 염려하는 시민들이 거리로 나와 우리의 뜻을 알아달라 외치며 같이 촛불을 들고 국민과 나라를 지키자고 몸부림치는데도 정부나 대통령은 그게 무슨 소리냐고 묻고만 있었다. 시원한 해명 한마디 해주지 못하고 아예 컨테이너 벽을 쌓고 그 뒤에 숨어버렸다.

광우병의 실체가 옳고 그르고의 문제를 넘어 국민의 뜻을 모르는 위정자의 모습에 한심한 생각이 들었다. 무슨 일이 터질 때마다 정부의 졸렬한 대처방안에 국민들은 실망을 금치 못하였다. 남의 허물을 파헤치고 모든 것을 남의 탓으로만 돌려 자신을 정당화하려는 얄팍한 생각을 지금도 서슴지 않는 집권층에 국민은 실망한 지 너무 오래 되었다. 화합과 포용력의 한계가 있다면 그 책임을 남에게 돌리는 일이라도 하지 말기를 국민은 바라고 있다.

수천만 국민이 나라를 위해 동참할 수 있게 눈물을 흘릴 줄을 모른다면 국가와 민족을 위해 최전방에서 밤을 새우는 군인들의 정신, 소외된 사람들의 현실, 그리고 촛불을 들고 거리에 나온 수백만 국민의 소리를 들을 수 있는 지혜라도 있어야 할 것이다. 항상 잘되기를 빌며 밖에서 보는 나의 조국은 오늘도 염려스럽기만 하다.

하느님의 말씀과 나의 에세이

요즘 세상에는 조그마한 범죄에서부터 살인에 이르기까지 죄를 짓는 사람들이 너무 많이 보인다. 법이 없고 세상을 바르게 살라는 하느님의 말씀이나 성인들의 가르침과 윤리 도덕의 교훈이 부족하여 죄를 짓는 사람이 많은 것은 아닌 것으로 생각된다. 모든 인류가 사랑과 평화 속에서 바르게 살아야 한다는 많은 가르침들이 있으나 이것을 바르게 이해하지 못하며 실행에 옮기지 못하고 있기 때문일 것이다.

물론 많은 법률과 규정이 있어도 이런 것들은 다른 사람에게만 적용되는 것이며 나는 어떻게든 그것을 피해가면 된다는 식으로 사는 사람들이 날뛰는 것이 요즘 세상의 현실이다. 그리고 하느님의 말씀마저도 제 입맛에 맞추어 해석하며 신의 아들딸인 것처럼 사는 사람들도 많이 보인다.

성경에 적힌 하느님의 말씀은 이해하기도 쉽지 않지만 그 가르침을 실행에 옮기는 데는 더욱 현명한 지혜와 사랑과 자기희생이 필요한 것이다. 그래서 우리는 성경을 읽고 바르게 이해하려는 지혜를 길러야 한다. 성경을 읽다보면 이해하기 어려운 구절들이 너무 많이 보인다. 어떤 것은 이론과 논리적으로도 이해하기 어렵게 쓰여 있고 과학적인 근거를 찾아 해석하기는 더더욱 어렵게 보인다. 그래서 나는 이해하기 어려운 성경 구절을 보면 그것을 주제로 간단한 에세이나 시를 쓰면서 하느님의 말씀을 터득하려고 노력해 보았다.

마태복음 5장에 나오는 “너희는 세상의 빛과 소금이다.”를 여러 번 읽고도 왜 내가 소금이고 어떻게 빛이 될 수 있는지를 이해하기 어려워 하느님께 물어보았다.

‘주님, 저에게 왜 하필 소금이 되라 하십니까. 저는 못하겠습니다. 저는 내가 이 세상에 태어난 것이 자랑스럽습니다. 또 남이 저를 알아주고 존경받는 사람이 되고 싶습니다. 남이 부러워하는 훌륭한 사람이 되고 싶고, 부자가 되고 싶습니다. 가슴은 꽃처럼 아름다운 향기를 풍기고 머리는 별처럼 지혜롭게 빛나고 몸은 천 년을 살아온 푸른 소나무같이 건강하고 오래 살면 좋겠습니다. 그런데 세상만물하고 많은 것 중에서 저더러 하필이면 소금이 되라고 하였습니까. 아무리 하느님께서 저를 이 세상에 태어나게 해주셨다지만 저는 소금이 되기는 싫습니다. 그러나 제가 빛이 되라는 말씀은 저의 얄팍한 생각으로는 기쁘게 받아들이고 싶어집니다.

소금이 소금으로 보람된 삶을 살려면 우선 내 모습을 드러내지 않고 남을 위해 내 자신을 녹여야 하지 않습니까. 소금이 김장배추의 하얀 가슴을 파고들지 못하고 소금덩어리로 남아 있었다면 그 김치는 아무도 먹지 않았을 것입니다. 소금은 모든 음식을, 심지어 수정과나 감주 같은 단 음식에도 알맞게 들어가면 한층 더 그 맛을 제대로 낼 수 있게 만들어 줍니다. 그러나 소금이 상위에 자리잡고 있지만 하나의 독립체로서 혀에 닿는 맛을 즐기는 사람은 아무도 없습니다. 그렇지만 소금이 짠맛을 잃으면 당장 쓰레기통에 버려지고 말 것입니다. 단 한 가지 역할, 즉 제 몸을 숨기고 남에게 스며듦으로써 비로소 남을 썩지 않게 하고 맛나게 만드는 것이 제가 할 일이라면 주님, 저는 너무 억울해서 못하겠습니다. 저도 빛나는 삶을 살고자 이 세상에 태어났는데 어떻게 남을 위해 희생만 하라는 것입니까.'

내 자신이 소금으로 살지 못할 속물임을 잘 알지만 문득 소금에 대한 칭찬 한 마디가 떠올랐다. 음식의 맛을 평가하는 말 중에 가장 적합한 칭찬은 "간이 잘 맞으니 맛이 좋다."라는 말이다. 곱씹을수록 마음에 드는, 있는 그대로를 칭찬한 훌륭한 표현인 것이다.

'주님, 그래서 제가 비록 소금은 되지 못할지라도 간이 맞는 인간으로 살겠습니다. 그러니 다시는 저에게 소금이 되라는 그 무거운 질책은 거두어 주소서. 그래도 저는 소금이 간을 맞추는 원리를 따라 너무 짜지도 않고 싱겁지도 않게 살겠음을 약속드립니다. 그리고 정말로 남의 가슴에 피가 흐르는 아픈 상처에 뿌려지는 소금이 되지 않고 쇠붙이를 녹여 녹슬게 만드는 소금으로 살지 않게 노력하겠으니 주님 도와주소서.

너는 세상의 빛이다 하신 주님의 말씀은 정말 제 마음에 들었습니다. 그래서 주님께서 저에게 잘난 척하고 욕심을 부리는 허영심을 주셨습니까. 제가 세상의 빛이라 하셨잖아요. 태양은 하느님의 몫이라 치더라도 저는 전깃불, 아니 촛불 정도만 되어도 얼마나 좋겠습니까. 어두운 밤 늦게 하느님께 기도하는 어머님의 얼굴을 밝혀주는 촛불이 되었으면 좋겠습니다. 어느 누가 제 앞에 서면 겸손히 그 사람의 그림자를 그려주지만 굽어지거나 피해가지 않는 촛불이 되겠습니다. 주님, 쉽게 꺼져버리는 촛불이 되지 않게 바람을 막아 주소서. 빛이 없이는 세상만물의 생명도 존재할 수 없다는 것을 우리는 원초적 본능으로 알고 있습니다. 그래서 인간은 빛에 의지하고 빛에 감사하는 마음이 하느님을 섬기는 신앙의 시작이 된 것입니다.

주님, 제가 빛이라는 말씀이 마음에 들고 좋아서 우쭐했습니다. 그 말씀은 제가 만인들을 비추어 줄 수 있고 세상을 환하게 하는 빛나는 존재라고 믿었습니다. 그런데 생각해보니 문제가 많습니다. 제가 어떻게 빛이 되겠습니까. 촛불이나 등잔불 또는 캠프장에 활활 타오르는 장작불처럼 제 몸을 태워 빛을 내라는 말씀이지요. 어떻게 태어난 인생인데 제 몸을 태우라 하시나요. 그렇지만 제 몸을 태우지 않고 빛을 내는 것은 아무것도 보이지 않습니다. 제가 빛이 될 수 없다면 나의 희생으로 남을 도우라는 말씀을 하신 것입니까? 왜 이런 말씀이 저에게는 힘들게 이해되고 실행에 옮기기는 더더욱 어렵습니까.

주님, 저는 빛이 되기도 어렵게 보입니다. 개똥벌레가 날개를 달고 하늘을 날며 반짝이는 반딧불이라도 될 수 있을지 모르겠습니다. 어린이들의 꿈을 키워주며 함께 뛰어노는 반딧불 말입니다. 빛을 바라보고 사는 사람에게는 그림자가 보이지 않는다고 하였습니다. 그러나 저의 삶이 하느님의 빛을 가려 남에게 어둠을 주지 않는 삶을 살 수 있게 도와주소서.'

성지순례 이야기

천주교와 개신교를 포함한 크리스천들은 성지순례를 많이 다닌다. 불교나 이슬람 또는 힌두교에서도 성지순례 또는 이와 비슷한 의미의 순례행사를 많이 하고 있는 것으로 알고 있다. 이번에 우리 교회에서도 이집트와 이스라엘 그리고 요르단 지방 성지순례를 다녀오면서 신앙을 기준으로 순례의 목적과 의미를 적어 보았다.

크리스천이 말하는 "성지순례(Pilgrimage)"는 예수 그리스도께서 태어나시고 십자가에 못 박혀 죽고 부활한 곳으로 이스라엘의 역사가 이루어진 "거룩한 땅(성지- Holy Land) 팔레스티나(Palaestina)"를 순례하는 여정을 말한다. 믿음을 가진 종교인들은 성지순례는 기도하는 마음으로 그들의 성지를 찾아 여러 성역들을 방문하고 전례에 참석하여 그곳에 얽힌 종교적 전승을 실존적으로 체험하고 신앙공동체의 정체성과 일체감을 확인하는 것이 목적이라고 하겠다.

크리스천의 성지순례 기원은 구약에서 말한 이스라엘 민족의 역사, 즉 예수살렘을 향한 순례의 여정이었으며 신약시대에 와서는 예수 그리스도의 수난, 부활, 승천 후 성모님은 매일 예수님이 십자가를 지고 가신 그 길을 찾아가신 것으로부터 시작된다. 이렇게 따라 밟은 길이 최초의 십자가의 길로, 그 길을 가장 처절히 사랑과 눈물로 걸으시면서 성모 마리아는 아들이 마지막 걸은 길 위에 떨어진 땀방울의 냄새와 핏방울의 흔적만이라도 찾으려하였다. 그래서 엄격한 의미에서의 성지순례는 예루살렘을 중심으로 한 팔레스티나(현 이스라엘과 팔레스타인 자치구) 지방의 성역들을 순례하는 것을 말하며 그 외의 순교, 기적 또는 성인들의 행적이 보존된 성역을 찾아보는 것도 넓은 의미에서 성지순례라 말한다.

역사적으로 4세기경에 콘스탄틴 대제와 그의 어머니 성녀 헬레나는 팔레스티나에서 예수님의 무덤을 발견하고 그곳에 '성묘성당'을 세움을 시작으로 성지순례를 활성화시켰다. 그 후 예로니모 성인에 의해 이 지역들이 교회의 성지로 자리잡게 되었고 성지의 범위도 넓어지면서 많은 순교자들의 피로 물들여진 로마로 순례가 성행하게 되었다. 이를 시작으로 성지순례는 신자들의 의무라고 할 정도로 관습화되었다.

당시의 성지순례는 긴 여행과 여러 가지 어려움을 참고 견뎌내야만 했으므로 그리스도교 신심이라는 의미와 극기와 고행의 요소가 내포되어 있었다. 중세시대에는 사회적 신분이나 빈부의 차별 없이 신자들은 고행자로서 하느님 앞에 동등한 영원의 구원을 위하여 거룩한 성지로 향하고 있었다. 그러나 16세기 종교개혁자들은 성지순례를 미신적으로나 상업적으로 평가하여 비판하였고 이들은 순례를 신자들의 신앙생활의 일부로 생각하지도 않았으며 순례를 통하여 얻어지는 영적인 은총도 없다고 보았다.

우리의 성지순례는 유대인들의 출애굽 출발 장소인 이집트에서 시작하여 시나이반도를 거쳐 모세가 십계명을 받은 시나이산에 올라 보았고 이스라엘에 들어와 사해를 지나 예수님이 출생한 베들레헴과 십자가에 못 박혀 돌아가신 예루살렘지역, 그리고 생전에 복음을 전하고 활동한 갈릴레이 호수를 돌아보는 여정이었다. 요르단으로 돌아와 모세가 출애굽 여정의 최종 목적지 가나안 지방을 바라보며 숨을 거둔 느보산 정상에서 순례 일정을 마쳤다.

나는 여기서 순례를 하면서 일일이 본 것을 기록하기보다는 느끼고 배운 것을 함께 알아보는 기회를 갖고 싶었다. 물론 주관적이고 천주교를 중심으로 한 순례의 목적과 의미를 적어보았지만 모든 종교의 큰 테두리 안에서 평화와 사랑, 화해와 용서가 신앙의 궁극적인 목적이라면 하느님의 가르침과 진리는 비슷한 것으로 믿어도 좋을 것이다. 어느 종교를 믿는 것을 논하기보다는 올바른 신앙생활이 중요하다고 믿기에 순례의 목적과 의미도 같을 것이다.

나는 이번 순례를 마치면서 이집트와 이스라엘 그리고 요르단 지방 순례는 기독교에서 말하는 성지 중의 성지순례라고 생각되었다. 예수의 발자취와 성인들의 업적들을 돌아보며 하느님의 말씀을 되새기고 나의 종교와 신앙에 근거를 두어 아는 것은 한 번 더 확인하고 모르는 것은 배우며 틀린 것은 수정 보완하는 좋은 기회가 되었다. 즉 성지순례는 신앙생활의 한 부분으로서 그를 통해 얻고자 하는 영적 은총을 충족시키는 좋은 길이었음을 알 수 있었다.

그러나 하느님은 왜 하필이면 이 황폐한 불모의 땅을 성지로 택하여 예수님을 이곳에 보내었을까 생각해 보았다. 그리고 이 지역은 수천 년을 지나 오늘날에 이르러서도 상생의 평화는 없고 증오와 갈등, 전쟁과 살생만이 계속되고 있을까 하는 의문이 생겼다. 종교와 신앙의 목적이 사랑과 평화 그리고 화해와 용서라면 왜 거룩한 성지인 이 땅에는 아직도 평화가 없는지 알 수 없었다. 아니, 하느님은 처음부터 인간의 미래에 대한 어떤 계시를 보내기 위해 이곳에 예수님을 보낸 것이었을까?

또 하나 느껴진 것은 내 자신이 얼마나 편협하게 성서를 이해하고 교리를 알고 있었는가도 알 수 있었다. 내가 믿는 종교도 잘 알지 못하지만 다른 종교에 관하여는 너무 무식함을 고백하지 않을 수 없었다. 우리가 다른 사람의 신앙을 경멸하고 타 종교를 터부시하며 배타적인 사고방식으로 "예수 천국 불신 지옥"만을 외치고 있는 한 이 땅에 진정한 사랑과 평화, 화해와 용서는 있을 수 없음을 알 수 있었다. 내 신앙과 내 종교만이 올바른 가르침이라고 믿는 사람들이나 예수천국 불신지옥을 외치는 사람들은 즉 예수를 바르게 믿지 않는 사람이 지옥을 갈 것이라는 것을 말하는 것으로 믿어진다.

그리고 다른 종교에서 믿는 신이나 성인들의 가르침도 크게 다를 바 없겠지만 천주교 신자인 내 자신이 예수님처럼 성모님처럼 살기 어려운 속물임도 한번 다시 확인하였다. 마테복음 5장에 나오는 "너희는 세상에 빛과 소금이다."라는 구절을 되새기며 내가 어떻게 자신을 녹여 맛을 내는 소금이 되고, 내 몸을 태워 빛을 내고 남의 앞을 비추어 주기 어려움을 고백하지 않을 수 없었다. 예수님은 우리에게 너무 가혹한 요구를 하고 있지 않나 싶었다. 그러나 내 자신을 녹여 맛을 내는 소금은 되지 못할지라도 너무 짜지도 않고 싱겁지도 않게 간이 맞는 인간으로 살고, 내 자신을 태워 빛을 내어 남의 길을 인도하지는 못할지언정 하느님의 몫인 태양을 가려 남에게 그림자를 드리우는 인간이 되지 않고 하느님의 빛을 따라 살 수 있는 해바라기라도 되게 하여 달라고 기도하며 이번 성지순례를 마쳤다.

여우들의 잔칫날

보름 동안에 걸쳐 눈독을 들이고 기다려온 토굴움막에 인기척이 끊겼다. 햇살이 따뜻이 내려쬐는 오후에는 시체가 썩어가는 냄새가 바람을 따라 새어 나오기 시작하였다. 먹이의 냄새는 여우들의 코를 자극시키고 발걸음을 재촉했다.

서너 마리의 여우들은 토굴움막 주변을 맴돌며 주위를 살피고 있었다. 그들은 움막 안에서 무슨 소리라도 새어 나오지 않는지 확인하고 있었다. 산으로 올라오는 사람이 없는지도 살펴야 했다. 그리고 먹이를 찾는 여우들은 도리어 살쾡이나 범들의 밥이 되지 않으려고 주변을 감시하고 있었다.

덩치가 큰 수놈이 드디어 토굴움막 안으로 조심조심 기어들어갔다. 여우는 입구에서 뒷발로 흙을 파서 할머니의 얼굴에 던져버렸다. 모래와 흙덩어리가 먼지를 내며 할머니의 얼굴과 낡은 옷 위에 내려앉았다. 그러나 할머니는 움직이지도, 소리를 내지도 않았다. 여우는 다시 할머니의 다리를 물고 한 번 끌어당겨 보고는 즉시 놓고 한 발자국 뒤로 물러나 지켜보고 있었다.

아무런 반응이 없는 할머니를 보고는 죽은 것을 확인하였다. 여우는 잠깐 밖으로 나와서 동료들에게 들어와도 좋다는 신호를 보내고 먼저 쏜살같이 움막 안으로 들어갔다. 고려장 움막 안에는 여우들의 잔치가 막 시작되고 있었다.

나이 많아 병들고 노망한 어머니를 한집에 모시기가 어려워 동네 뒷산에 무덤 같은 토굴을 파서 그 안에 버려두고 죽기만을 기다린 지 보름 만이었다. 보름 전에 어머니는 아들의 지게에 얹혀 이곳 움막으로 옮겨졌다. 사람들은 이것을 고려장이라 했다.

고려장으로 옮겨지는 어머니는 아들의 지게에 얹혀 산속까지 오면서도 아들이 돌아갈 때 길을 잃을까 염려하여 나뭇가지를 꺾어 군데군데 표시를 해두었다. 어머니를 져다 버리고 내려오는 자식의 마음이 천벌을 받을까 두렵고 다급하여 지게를 잊고 내려왔다. 그런데 손자가 올라가 지게를 도로 가져왔다. 지게는 뭣 하러 가져오느냐는 물음에

"다음에 나도 이 지게로 늙은 부모를 져다 버려야 하니까요."

라고 대답하였다.

토굴 안에는 몇 밤을 가지 못하는 호롱불이 밝혀져 있었다. 다 떨어진 이불조각도 넣어 주었다. 물이 담긴 주전자도 한구석에 놓았다. 자식은 열흘 정도는 먹을 수 있는 보리죽과 간장도 함께 두고 산을 내려갔다. 열흘도 못 가서 죽을 것이란 말인가? 아니면 열흘 정도만 더 살다가 먹을 것도 떨어지고 호롱불도 꺼진 다음 죽으란 것인지는

모르겠다.

구박하는 며느리도 떠들어대는 아이들도 보이지 않으니 토굴이 더 좋았다. 맑은 공기와 산새 소리가 그의 벗이 되어주었다. 가끔 노루가 지나가며 고개를 꾸벅거리고 인사를 했다. 그러나 그것도 잠시, 며칠이 지나면서 찾아온 것은 고독과 외로움뿐이었다. 팔다리가 너무 많이 쑤시고 아팠다. 그러나 보리죽도 아껴 먹어야 하루라도 더 살겠구나하는 생명의 애착은 그 상황의 그녀에게도 찾아왔다.

역시 고려장은 인간으로서 해서는 안 되는 비정한 짓이다. 인륜과 천륜을 어기며 부정할 수 없는 현실에서 살아야하는 인간사회의 모순을 보여주는 한 장면이다. 까마귀도 늙고 병든 어미에게 먹이를 물어다 주는데 인간이 자신의 부모를 산에 갖다 버리는 일이 벌어지고 있었다. 고려장은 인간이 동물과 다르다는 말을 다시 생각하게 만드는 슬픈 일이다.

토굴의 주인은 밤이면 병마와 외로움으로 잠을 이루지 못했다. 보리죽과 사람 냄새를 맡고 찾아오는 여우들의 울음소리가 소름이 끼치도록 무서웠다. 떨어진 이불 조각은 뼛속까지 스며드는 추위를 막아주지 못했다. 낮에는 엉금엉금 기어나가 변을 볼 수도 있지만 밤이면 무서워서 어쩌나 걱정만 되었다.

악몽과 뜬눈으로 몇 밤을 지새운 아들이 살그머니 움막을 찾아왔다. 어미의 앓는 소리를 듣고 섬뜩 놀랬다. '아직 살아 있구나?' 일까, 아니면 '아직도 죽지 않았구나.' 일까. 토굴 안을 잠깐 훔쳐본 아들은 한숨을 쉬며 산을 내려왔다.

다음날 아침 아들은 다시 토굴을 찾았다. 토굴 앞에서 담배를 한

대 피우며 오랜 시간을 보냈다. 인기척이 전여 나지 않았다. 앓는 소리도 들리지 않았다. 숨을 죽이고 토굴 안에 들어가 어머니 코에 귀를 갖다 대었다. 너무 가냘프고 힘없는 숨소리는 곧 멈출 것만 같았다.

삶은 감자 보자기를 손 옆에 두고 물주전자를 당겨 놓았다. 토굴 옆 바위에 기대앉아 어머니가 잠에서 깨어나기를 오랫동안 기다렸다. 할 수 없이 그냥 내려오려다 한 번 다시 토굴 안을 들여다보았다.

이게 무슨 냄새지? 어머니는 잘 보이지도 않는 눈을 비비며 한 손으로 감자 보자기를 잡았다. 어디서 감자가 나왔을까? 누가 왔다 갔을까? 한 번 베어 먹고는 기침을 했다. 목이 막히는지 물주전자를 찾았다. 그리고선 다시 자리에 누웠다.

오늘밤은 유난히 밝은 달빛이 토굴 안까지 스며들고 있었다. 고독과 추위는 뼈만 남은 늙은이를 사로잡았다. 솜뭉치가 이리저리 튀어나온 이불 조각을 아무리 끌어당겨 덮어도 온몸은 돌덩이처럼 차가워지고 있었다. 먹다 남은 보리죽이 얼어붙은 겨울날 아침, 병들고 노망한 어머니의 가슴도 드디어 얼어붙고 말았다. 죽은 사람 냄새를 맡고 제일 먼저 찾아오는 문상객은 여우다. 그다음에는 늑대가 오고 나중엔 까마귀도 잊지 않았으면 찾아올 것이다.

여우들의 잔치가 신나게 열리고 있었다. 나름대로 먹을 것도 있었다. 초대받지 않은 늑대들이 냄새를 맡고 찾아왔다. 그러나 밀폐된 토굴움막 안에서 먼저 점령한 기득권자와 싸우기는 쉽지 않았다. 먹이를 빼앗기 위한 치열한 싸움이 계속되었다. 까마귀들도 한 몫 보겠다며 움막 위를 맴돌며 늑대와 여우들의 싸움을 지켜보고 있었다.

며칠 동안 찾아오지 않던 아들이 삶은 감자와 물주전자를 들고 찾아왔다. 아들은 간밤의 꿈자리가 너무 뒤숭숭하여 불길한 생각에 발길을 서둘렀다. 인기척을 들은 여우 서너 마리가 토굴움막에서 나와 달아나고 있었다. 아들의 가슴이 철렁해지면서 머리칼이 뻣뻣이 섰다. 어머님이 운명했음을 직감할 수 있었다. 벌써 여우들이 시체를 뜯어먹고 있었음을 연상하니 두려움에 몸이 얼어붙은 아들은 한 발자국도 움직일 수가 없었다. 혼자서는 도저히 움막 안을 드려다볼 용기가 나지 않았다.

아들은 식은땀을 흘리며 급히 마을로 내려왔다. 무슨 일이 있었음을 알아챈 아내가 남편에게 물었다. 그때야 남편은 방바닥을 치며 대성통곡을 했다. "어머니 불효자를 용서해주세요……." 아내가 이웃사람들에게 시어머님이 운명하신 것 같다고 일러주었다.

아들이 서너 명의 이웃사람과 함께 삽을 들고 산으로 올라왔다. 토굴움막 안에는 앙상한 뼛조각들이 여기저기 흩어져 있었다. 아들은 다시 통곡하였다. 같이 간 사람들이 바윗돌로 토굴 입구를 막고 흙을 파 덮었다. 잎이 누런 잔디 뿌리를 파서 그 위를 덮었다. 토굴은 이름도 적히지 않은 무덤으로 변하고 어머니의 슬픈 영혼은 구천을 맴돌고 있었다.

무거운 발걸음으로 산을 내려오다 아들이 뒤를 돌아보았다. 낡은 옷을 입은 어머니는 무덤 위에서 떨고 있었다. 아들을 본 어머니는 빨리 내려가라고 손짓하였다. 날이 어두워오니 길을 잃으면 내가 꺾어둔 나뭇가지를 따라 내려가라고 다시금 일러주었다. 그리고 내 아들아, 나는 오늘도 너를 사랑한다고…….

제4장

레인보우 패밀리

이민생활의 정착은 그리 쉽지만은 않았다.
재미동포의 이민생활 수기

슬픔을 지닌 무지개 | 친구가 될 수 있는 사람 | 콤플렉스의 이민사회 | 한인사회에 대한 거부감 | 남편은 정원사 | 아내는 청소부 | 큰딸 선희의 결혼 | 호텔 청소부 아줌마 | 바늘이 살려낸 청소부 | 소니아와의 만남 | 김스 정원사 비즈니스 | 승진한 청소부 팀장 | 또다시 겪은 수모 | 쓰레기통에 버려진 김치 | 청소부 일을 그만두다 | 처음 가본 고급 식당 | 큰아들의 이혼 | 드디어 한국인 며느리를 보다 | 내 집 정원을 만드는 것처럼 | 청소부에서 웨이트리스 | 문제 많은 수입 며느리 | 막내딸 제니 | 이제 가정부가 되다 | 기쁘고도 슬픈 설날 | 모처럼 입어본 명품 드레스 | 내가 만든 무지개 가족

슬픔을 지닌 무지개

태양의 맞은편 쪽에 보이는 무지개는 분무같이 뿌려진 눈물이 적신 햇살을 갈래갈래 찢어놓은 영혼의 그림자였다. 뿌리도 제대로 내리지 못한 무지개는 꼽추처럼 구부정하게 개울가에 서 있었다. 설레는 가슴으로 가까이 가면 갈수록 멀어지면서 무지개는 슬그머니 자취를 감추어 버렸다. 일곱 색깔 타래실을 가지런히 펼쳐놓은 무지개는 아름답기보다는 누구에게도 말하기 어려운 슬픈 사연을 간직하고 잠시 왔다 사라져 버리는 것이다. 눈물의 빗방울을 뿌린 주인공은 오늘도 피할 수 없는 슬픔의 무지개를 가슴에 안고 외로이 살아온 날들을 돌아보았다. 햇살을 산산이 찢어 색깔을 내어 불태워 보았지만 뿌리가 약한 무지개는 너무 쉽게 무너지고 있었다.

설날에 다녀간 후 두어 달이 지난 오늘 큰딸네 가족이 방문을 했다. 방에 들어서기가 무섭게 키도 크고 코도 큰 사위 리처드는 서툰 한국말로 "장모님 앉으세요."라며 부산을 떨었다. 내가 자리에 앉자마자 그는 큰절을 했다. 그 순간 온 방안에 있는 사람들이 폭소를 했다. 어리둥절한 리처드는 얼굴을 붉히고 와이프 선희를 쳐다보며 왜 웃느냐고 음성을 높였다. 웃음이 또 한 번 터져 나왔다.

몇 년 전에 큰딸 선희와 결혼한 리처드는 우리나라 설날풍속을 잘 알지 못했다. 장인인 나에게 고개도 숙이지 않고 악수로서 인사를 하였다. 그래서 나는 사위의 인사를 받고도 서운해 하면서 못마땅한 표정으로 씁쓸한 미소를 지었다. 장인 앞에서 고개를 돌리지도 않고 술을 마시고 담배까지 피우는 것을 받아들이기 어려워 나는 자리를 뜨고 말았다. 독일계 미국인 사위 리처드는 우리나라 고유명절인 설날에도 세배하는 예절을 잘 모르고 있었다. 아니, 알 리가 없었다. 물론 이것을 처음부터 가르쳐주지 않은 선희는 자신의 잘못임을 뒤늦게야 깨닫게 되었다. 선희는 집에 돌아와 리처드에게 내년 설에는 나와 같이 부모님께 세배를 올리자고 이야기하였다. 리처드는 왜 진작 그런 예절을 가르쳐 주지 않아 창피를 당하게 하느냐며 얼굴을 붉혔다.

선희는 리처드에게 큰절하는 방식을 가르쳐 주었다. 무릎을 꿇고 절하는 연습을 하다 넘어지는 남편이 너무 우습기도 하고 귀여워 웃음을 참을 수 없었다. 항상 의자에 앉는 그가 무릎을 꿇었다 일어나는 모습은 몸이 천 근 같은 황소가 일어서는 모습이었다. 이 소식을 알게 된 장모 현숙은 너무 기쁜 마음에 세배를 하려면 한복을 입고해야지 하면서 장모로서 사위를 위해 색깔도 고운 한복을 한 벌 사주셨다. 이번 설날에 처음으로 선희와 나란히 세배를 올리는 사위의 모습이 너무 보기 좋아서 우리 가족은 칭찬과 덕담을 아끼지 않았다.

그 이후 리처드는 처갓집에만 오면 언제나 장인 장모에게 큰절을 하는 것이었다. 그래서 오늘도 큰절을 올리는 사위를 보고 웃음이 쏟아져 나왔고 리처드는 어리둥절하여 무엇이 잘못되었는지를 궁금해 하고 있었다. 설날이나 추석 같은 명절이나 특별한 날에만 큰절을 하라고 설명을 하는 장모에게 리처드는 한국 예절은 왜 이렇게 복잡하느냐고 투덜거렸다. 그래서 오늘은 절값도 주지 않느냐는 농담까지 곁들이면서 그는 재치있게 자리에 앉았다.

우리 부부는 요즘 사람답지 않게 아이들을 다섯이나 낳았다. 딸 하나는 교통사고로 잃어버리고 아들 둘, 딸 둘을 키웠다. 어떤 사람은 무슨 아이들을 그렇게 많이 낳았느냐고 말했다. 그때마다 우리 부부는 좀 창피한 생각도 들었지만 이제 다 키워놓고 보니 하나 둘쯤 더 있었으면 좋겠다는 생각도 갖게 되었다. 물론 아기를 돌보아줄 사람 하나 없는 외국에서 우리 부부가 함께 일을 나가며 아이들을 키운 고생을 생각하면 어떻게 해내었을까 의문이 들기도 하였다. 그럴 때마다 아이들을 일곱이나 낳은 우리 부모님은 우리들을 어떻게 키웠을까 하는 생각이 들었다. 사실 우리도 경제적인 능력만 되었다면 자식들이 많았으면 좋겠다는 생각을 나이가 든 오늘에야 느끼고 있다.

중학교에 다니던 딸을 갑자기 잃어버린 날 아내는 기절하고 말았지만 그날의 아픔은 우리가 죽어 수진을 만나는 날까지 잊지 않을 것이다. 가족도 친구도 없는 공동묘지에 자식을 앞세워 묻고 온 어미의 가슴은 너무 아팠다. 밤이면 달빛도 스며들지 못하는 캄캄한 땅속이 무섭고 답답하여 어찌 견디나 싶어 가슴을 쥐어뜯었다. 별을 좋아하는 딸에게 별나라까지 갈 여비도 한 푼 못 주었으니 걸어서, 걸어서 별나라까지 가고 있을 수진의 사진을 가슴에 품고 밤을 새웠다. 비오는 날이면 공동묘지로 찾아가 자식의 무덤 위에 우산을 받쳐주면서 울었다. 자식을 용서하고 사랑하는 것이 모성이라지만 자식의 죽음만은 인정할 수가 없었다. 죽음마저도 부정하는 것이 엄마의 마음이었다.

큰딸 선희와 아들 데이브가 다니는 백인동네의 고등학교에는 동양인 학생이 열 명도 되지 않았다. 한 선교사의 주선으로 이곳에 도착한 한국 사람은 우리 가족이 전부였다. 처음 이민보따리를 풀게 된 이곳, 이 마을이 나의 제이의 고향이 될 수 있을까? 아내는 고개를 저었다. 조상님 무덤이 있는 곳도 아니고 어릴 적 동무들이 살던 곳도 아닌 이곳이 나의 고향이 되기에는 너무도 빈자리가 많았다. 내가 다니던 초등학교도 보이지 않았고 어머니가 부르는 소리도 들리지 않았다. 그러나 아무리 돌아봐도 고향은 없는데 내 가슴에는 항상 고향이 보이고 있었다.

이 마을 고등학교에 다니는 한국계 학생은 우리 아이들 두 명뿐이었다. 우리가 사는 곳은 시카고에서 한 시간 정도 거리의 교외에 자리잡고 있는 인구 이만 명을 조금 넘는 작은 전원도시이다. 극소수의 유색인종이 살고 있고 흑인은 보기 힘든 전형적인 백인 중심의 베드타운 교육도시이다. 그러니 우리 아이들이 같이 어울리고 집에 데리고 오는 친구는 자연히 백인 학생들이었다. 하루는 아들이 자기 반의 여자 친구라며 데리고 온 금발의 백인 학생을 보는 순간 아내는 엄마로서 어딘지 모르게 가슴이 철렁하였다. 그 아이의 인사를 받고 서툰 영어로 어서오라는 말을 하고는 혼자만의 생각에 잠겨있었다. 아내는 혹시 데이브가 한국인이 아닌 여성과 결혼을 하는 일이 생긴다면 어떻게 하나 하는 걱정이 들었던 것이었다.

친구가 될 수 있는 사람

집에서 차로 한 시간쯤 달리면 시카고 시내에 들어가게 되고 그곳엔 한인회도 있고 한국인 교회나 성당도 있다. 한국식품 가게에 들려 시장도 보고 이곳에서 발행되는 한인사회 주간지나 전화번호부도 무료로 가져올 수 있는 곳이다. 우리는 언제부터인가 일요일이면 바로 집 옆에 있는 교회를 뒤로 두고 한 시간을 달려 시카고 한인교회에 나가기 시작하였다. 한인회나 교회에서 마련하는 행사가 있는 날이면 꼭 참석하여 많은 친구들을 사귀려고 노력하였다. 우리들만의 어떤 목적의식을 갖고 그 해결의 실마리를 찾는 방법의 하나로 우리는 아이들을 데리고 열심히 교회와 한인들이 모이는 곳이면 찾아다녔다.

처음에는 어느 정도의 호기심에서 함께 교회나 한인 모임에 나가던 아이들이 언제부터인가 불평을 하기 시작하였다. 왜 가까운 교회를 옆에 두고 그 먼 곳까지 말도 잘 알아들을 수 없는 교회에 나가느냐고 야단이었다. 한국말을 잘하는 친구들을 소개시켜주면 그들과는 잘 어울리지 않았다. 시카고 한인 밀집지역에 사는 아이들은 한국말은 잘하지만 미국을 잘 모르고 이곳에서 자란 한인 학생들과 동질감을 느끼지 못하고 있었다.

성인이 되어 지연도 학연도 다른 사람들이 모인 이민사회에서 서로 사귀어 친구가 되기란 쉬운 일이 아니었다. 친구란 직업이나 사업 또는 서로의 이해나 인과관계로 인해 맺어지기도 한다. 그러나 이민사회에서 짧은 시간에 엷은 감정 또는 감성에 의해 맺어진 친구 사이는 오래가지 못하거나 오히려 불미스러운 결과를 가져다주기도 하였다. 순수한 인간적으로 통하는 마음에서 보다는 뭔가 계산된 행위에서 사귀는 경우를 늦게야 알 수 있었다. 콤플렉스 속에서 사는 이민자들은 쓸데없는 자존심에 신경을 날카롭게 세우고 살고 있는 것이었다. 그래서 진정한 친구를 사귀기도 어려웠고 마음을 터놓고 이야기할 자리도 별로 없었다.

우리는 친구는커녕 말동무라도 되었으면 하는 한국 사람들을 만나기가 어려웠다. 만나는 사람들에게 남편 현철은 정원사, 아내 현숙은 청소부라는 것을 말하는 처음의 자리가 대부분 그들과 마지막 대화의 장이 되고 말았다. 많은 사람들이 좋은 대학 출신이며 고국에서 다 내로라할 한자리를 했던 사람들이었다. 한국에서 이름 있는 고관대작이나 부자들은 다 그들의 친구나 친척이었다. 돈도 많이 벌어보았고 자식들도 다 머리가 좋아 부모님 속 썩이지 않는 가정들이었다. 그래서 우리 같은 정원사나 청소부들과는 거리감을 두려고 하였다.

그러면 왜 저 사람들이 이민을 왔는지 우리는 알 수 없었다. 한국에서 남에게 뒤처지지 않았으면 우리는 이민의 길을 택하지 않았을 것이다. 단지 한국에서의 어려움과 부족함을 이곳에 와 개척자의 정신으로 극복하고 새로운 내일을 향해 나가는 것이 나을 것 같아 우리는 이민을 택한 것이다. 그래서 저 사람들은 우리 같은 3D직업에 종사하는 노동자들과는 인사도 하지 않으려는 것이라고 짐작하였다.

콤플렉스의 이민사회

큰돈을 헌금하지 못하는 우리 가족의 위치는 교회에서도 마찬가지였다. 미국에 거주하는 교포 열 명 중 칠팔 명은 개신교나 천주교 신자였다. 한국에서의 기독교 신자 비율보다 상당히 높은 것으로 알고 있다. 그런데 이들의 대부분은 이곳에 이민 온 후에 교회나 성당에 발을 들여놓은 사람들이다. 그들은 하느님을 믿기 이전에 이곳 주류사회에서 소외당한 이민자들이 같이 모일 수 있는 시간과 공간을 필요로 하고 있었다. 교회는 이곳 한인들이 영어로 말 한 마디 제대로 못하고 지내온 한주일의 스트레스를 풀 수 있는 시간과 공간을 제공해주고 있었다. 이들의 욕구와 한인목자들의 전도는 비슷한 맥락에서 맞아떨어졌고 상생의 활동은 펼쳐지고 있었다. 소수민족의 이민교회는 하느님의 이름 아래 하나의 민족이 함께 할 수 있는 공동체의 역할을 하고 있었다.

아내는 대학에 다닐 때 세례를 받고 기독교인이 되었다. 교리공부를 하면서 가장 감명받은 성서의 구절 중 하나는 "너희는 세상의 빛과 소금이다."라는 말씀이었다. 아내는 그 구절에 매혹되었지만 내 자신이 빛과 소금으로 살지 못할 부족한 속물임을 나는 금시 알 수 있었다. 그래서 아내는 "하느님 저는 내 몸을 녹여 남의 간을 맞춰주는 소금이 되지는 못할지라도 하느님의 말씀을 소금으로 삼아 간이 맞는 인간이 되어 너무 짜지도 않고 너무 싱겁지도 않게 살겠습니다."라고 맹세하였다. 그리고 내 자신을 태워서 남에게 빛이 될 자격도 자신도 없음을 고백하였다. 어떻게 태어난 인생인데 내 자신을 태우라고 하십니까? 그러나 "나의 삶이 하느님의 빛을 가려 남에게 어둠을 주지 않게 살겠습니다."라고 다짐하였다. 적어도 하느님이 주신 빛을 따라 움직이는 해바라기라도 될 수 있기를 기도하였다. "그리고 하느님 제가 남의 가슴에 피가 흐르는 아픈 상처에 뿌려지는 소금이 되지 않게 도와주소서."

주일날 교회에서 예배를 마치면 교우들은 함께 커피를 마시며 친교를 나누었다. 가끔 떡이나 김밥 등도 나왔다. 명절이나 행사가 있는 날이면 갈비도 굽고 여러 가지 요리도 있었다. 많은 사람들이 지난주에 일어난 일들을 소재로 이야기를 나누는 것이 보통이다. 미국에서는 사람들이 많이 모인 곳에서 이야기를 하지 않는다는 두 가지가 있다. 그것은 정치와 종교이야기다. 그러나 한국 사람은 둘만 모여도 정치이야기를 좋아한다. 대통령이란 단어는 아예 빼어버리고 그저 노무현, 이명박에 쌍말까지 겸해서 이야기를 시작하였다.

이곳 교포들의 모임에서도 마찬가지였다. 그래서 요즘은 미국산 광우병 쇠고기를 주제로 토론이 벌어지기도 하였다. 모두들 정치인이고 광우병 전문가로서 무섭게 일가견을 내어놓았다. 그러나 왜 미국에서는 말도 없는 쇠고기가 한국에서는 이렇게 문제가 되고 있는지를 잘 모르고 있었다. 아내는 닭고기, 돼지고기, 양고기는 알겠는데 왜 소고기는 '쇠고기'로 표시하느냐고 엉뚱한 국어 문법 이야기로 화제를 돌려보았다. 그러나 모두 관심이 없는지 아니면 다들 모르는 것인지 아무도 대답하는 사람이 없었다. 늦게야 어느 한 사람이 쇠고기는 소의 고기 즉 소의 부속물이라는 것에서 연유하였고 소고기와 쇠고기는 복수표준어이므로 둘 다 맞는다고 하여 아내는 또 한 가지를 배웠다.

아내는 우리 교회 장로 한 분을 헌금도 많이 내고 아주 똑똑한 사람으로 알고 있었다. 목사님도 그분과 상당히 좋은 친분을 갖고 있었다. 그분은 매주 뉴욕 타임스나 뉴스위크지에 보도되었다는 기사를 인용하며 유식한 이야기를 하고 있었다. 나는, 그 사람을 부러워하며 언제나 영어 신문을 읽을 수 있을까 하였다. 그러나 놀랍게도 어느 기회에 아내가 들어본 그 사람의 영어 회화는 수준 미달이었다. 그 뒤로 아내는 그 사람의 영어 실력에 쓸데없는 의심을 갖기 시작하였다. 저 사람이 정말 미국 신문을 읽는 것일까? 물론 이곳에 몇 년 이상을 살면 어디서 무슨 사고가 나고 사람이 죽고 정도의 신문 기사는 읽을 수 있다. 그러나 아내가 말하는 것은 어느 정도의 전문지식이나 이해를 필요로 하는 사설이나 칼럼 같은 기사를 말하는 것이었다.

이 장로님 댁에서 교회 행사 모임이 있는 날이었다. 교우들이 가정마다 음식 한 가지씩을 준비하여 모였다. 아내는 준비해 간 빈대떡을 부엌에 내려놓고 집 구경을 하고 있었다. 방을 이곳저곳 돌아보며 혹시 영어책이나 신문이 있는지를 유심히 살펴보았으나 하나도 보이지 않았다. 수북이 쌓여있는 한국 신문과 한국 드라마 테이프가 방구석에 보였다. 서재도 아니지만 책상이 하나 놓인 방에도 영어 서적이나 문예지는 보이지 않았다. 아내는 알았다. 그리고 내게 말했다. "여보, 기죽지 말아요."

우리 정원사와 청소부 부부를 따뜻하게 대해주는 사람들은 별로 없었다. 다만 서독 광부로 갔다 간호사와 결혼하여 이곳 미국으로 왔다는 한 가족만 우리들의 유일한 벗이었다. 우리보다 미국에 사오년 전에 건너와 공장에서 일을 하며 근면검소하게 사는 그들은 나름대로 미국에서 어떻게 무엇을 해야 된다는 길들을 알려주며 우리들을 많이 도와주었다. 그들은 우리에게 지하 천 미터 아래에서 석탄을 파며 고생한 이야기와 어린 나이에 낯설고 물선 타국에서 눈물을 흘리며 간호사로 일한 시절을 이야기해 주었다.

더 이상 내려갈 곳이라고는 없는 이국땅 지하 탄광에서 그는 새로운 삶의 설계도를 그렸다고 하였다. 인생은 아름답고 세상은 살 만한 곳인지 앞이 보이지 않는 탄가루 속에서 인생을 캐며 내일을 그려보았다는 그는 눈시울을 붉혔다. 햇살을 향하고 있는 사람에게는 그림자가 보이지 않는다는 말에 내 그림자가 보이지 않는 이유를 알았다는 말은 우리에게 잔잔한 감동을 주었다. 서독 파견 광부와 간호사들의 부지런함은 독일 국민을 감동시켰고 어느 나라도 도와주려고 하지 않았던 박정희 정부에게 서독정부는 경제 원조를 제공하였다. 그들의 피땀은 경부고속도로를 만들었고 대한민국 경제재건의 발판을 마련하였다. 우리는 라인 강의 기적은 그저 오는 것이 아니고 값지게 흘린 땀의 대가라는 교훈을 함께 배우고 있었다. 우리는 도움이 필요하면 언제나 그 집을 찾아나섰다.

예배가 끝나고 커피를 마시며 교우들과 친교를 나누고 있었다. 말이 없으면서도 거슬리는 것을 참지 못하는 나는 입을 열었다.

"오늘 아침 뉴욕 타임스에 그런 기사가 났어요? 그런 기사가 없었는데, 왜 내가 못 봤을까?" 하고 그 장로님의 뉴욕 타임스 기사 이야기에 토를 달았다. 그 장로는

"아니, 당신도 뉴욕 타임스를 읽어요?"

그는 얼굴을 붉히면서 믿을 수 없다는 표정으로 나를 쳐다보았다.

"예, 가끔 읽습니다. 그것도 사전을 보아가면서."

서독에서 온 친구 가족이 눈이 동그레지며 놀라면서도 가슴이 시원하다는 미소를 지으며 나를 쳐다보았다. 나는 집에 오는 길에 길가 담배 가게에 들려 이십오 전을 주고 뉴욕타임스지를 한 부 구입하였다. 조금 걱정도 되어 그 장로가 말한 기사가 정말로 있는지를 샅샅이 훑어보았다. 그 이후 그 장로의 사전에는 뉴욕타임스가 없어져 버렸다.

한인사회에 대한 거부감

무더운 토요일 오후 늦게 데이브는 지쳐있었지만 신나는 모습으로 친구들과 함께 집으로 돌아왔다.

"엄마, 우리가 이겼어. 그것도 28 : 3으로. 상대방 팀에 한 번도 터치다운을 허락하지 않았어."

이웃 고등학교와 미식축구 경기를 마치고 들어오는 아들의 기쁨이었다. 데이브는 콜라와 감자 칩스를 한 아름 꺼내들고 친구들과 함께 방으로 들어가 버렸다. 잠시 후 방을 들여다보니 황소 같은 놈들 서너 명이 방바닥에 드러누워 땀 냄새를 풍기며 코를 골고 있었다. 우리에게 생소한 미식축구를 아내는 볼 줄 모른다. 그저 왁 하고 모였다간 공을 던지고 또 서로 안고 넘어지고 하는 것이 아무 재미도 없다는 것이다. 경기 룰을 모르고 선수들의 어느 포지션이 무엇을 하는지를 몰랐다. 그러나 몸도 작은 동양인 아들이 씨름꾼같이 큰 미국 아이들과 경기를 하는 것을 보면 불쌍하기도 하고 대견하여 칭찬을 아끼지 않았다.

저녁상 앞에서도 데이브는 오늘 경기 이야기를 계속하였다. 오랜만에 한 번 터치다운을 성공시킨 자신이 무척 자랑스러운 모양이었다. 데이브는 몸집이 크지 않아 상대팀의 수비진을 따돌리고 빨리 뛸 수 있었다. 그래서 쿼터백이 멀리 던져준 공을 잽싸게 받아 터치다운을 성공시켰다. 나도 칭찬을 아끼지 않았다. 그러나 항상 하는 말 "공부도 열심히 해야지!"를 잊지 않았다. 데이브는 '또 그 소리다.' 하는 인상을 짓다가 갑자기

"엄마, 나 내일부터 한국교회엔 안 가요."

하였다.

"왜?"

"나 한국 교회에 가기 싫어요."

"무슨 일로?"

"한국말도 잘 못 알아듣겠고, 친구도 없고……."

"그러니 더 열심히 나가야지. 친구는 사귀면 되잖아!"

"나, 수지와 함께 우리 동네 교회에 나갈 거예요."

"수지가 누구야?"

"우리 반 친구예요."

아내도 잘 아는 수지, 한국애가 아니라 또 내 가슴이 철렁했다.

"안 돼. 한국 교회에 나가서 친구도 사귀고 한국말도 더 많이 배워야해."

"싫어, 엄마."

"미국에 살면서 왜 한국말을 배우고 꼭 한국 친구를 사귀어야해?"

"난 안 가."

그 이후에도 데이브는 많은 여자 친구들과 어울려 다녔고 집에 데려오기도 하였다. 대부분이 백인 그리고 가끔 머리가 까만 히스패닉 계통의 친구였다. 동양계, 특히 한국 여자 친구는 한 명도 보이지 않았다. 그 중에도 흑인 친구를 데리고 오면 아내는 기겁을 하고 말았다. 엄마로서의 잘못된 고정관념과 편견을 인정하고 고치기는커녕 큰일났다는 생각뿐이었다.

그것을 잘 아는 데이브는 엄마를 곧장 놀렸다. "엄마, 나 하이디, 그 흑인 애 좋아해. 결혼하면 어때?"

아내는 데이브의 등을 힘껏 때리며,

"너, 엄마 죽는 꼴 보려고 그래?"

"엄마, 왜 때려. 아파."

그러나 데이브는 재미있다는 듯이 크게 웃고만 있었다.

"너는 왜 그렇게 바람둥이냐? 꼭 아빠를 닮아가지고……."

갑자기 날아온 화살에 나는 당황하였다.

"아니, 저 사람, 데이브 이야기에 왜 나를 끼어 넣어?"

"데이브가 꼭 당신 젊었을 때 같잖아!"

"당신 회사 다닐 때 내 속 얼마나 썩인지 알아?"

"아이, 바람둥이들."

데이브에 관한 퀸트를 하기 어려운 엄마의 심정을 나에게로 돌리고 말았지만 쓸데없는 말을 하여 결국 아내는 두 사람으로부터 왕따를 당하고 말았다.

남편은 정원사

우리가 이민 온 지 반년쯤 지났을 무렵, 남편은 아내 현숙과 상의한 것이 있었다. 우리 집에서 아이들과도 한국말을 쓸까, 아니면 영어로 할까? 우리는 이곳에 살려고 이민 온 사람들이니 빨리 영어를 배우고 이 사회에 적응하는 것이 좋겠다는 결론에 도달하였다. 그러나 아이들에게 한국인의 자부심과 우리말 그리고 동양의 미풍양속을 전해주는 것도 우리들의 임무라는 것을 알았다. 이것이 잘한 결정인지 잘못된 우리의 생각이었는지는 지금도 잘 모르겠다. 좌우간 미국사회에서 일을 하며 살아야 했기에 영어를 빨리 배우면서도 한국말과 한국인의 긍지를 잊지 않도록 노력한 것만은 사실이었다. 물론 한국인이 별로 없는 이민사회에서 우리 아이들에게 한국말과 한국문화와 풍속을 가르치며 동시에 현지 문화와 생활에도 빨리 적응하라고 극성을 부리는 것이 무리임을 모르는 것은 아니었다. 두 가지를 다 조화를 시킨다면 금상첨화일 것을 누가 모르랴만은.

서툰 영어로 일자리를 찾기 어려운 남편 현철은 결국 정원사 밑에서 잔디 깎는 일로 미국에서의 첫 직업을 가졌다. 현철은 잔디를 깎고 나뭇가지를 자르며 부서진 스프링클러를 고쳤다. 나무 그늘 밑에서 햄버거로 점심을 때우고 정원 옆에 달려있는 수도꼭지를 틀어 미지근한 물로 목을 축였다. 하루종일 뜨겁게 내려쪼이는 태양과 푸른 잔디밭은 남편의 얼굴을 구릿빛으로 만들어 놓았다. 그의 손은 긁히고 부풀어 있었으며 밤이면 허리가 아파 끙끙대었다.

오늘은 잔디를 깎다 나무 밑 그늘에 기대어 앉아 아내가 준비해준 도시락을 먹다 푸른 하늘을 보면 마음은 벌써 고향에 가 있었다는 말로 눈시울을 붉히는 그의 손가락에 반창고를 붙여주며 현숙은 무엇을 해야 할지를 몰랐다. 이민생활의 시작, 생각보다 쉽지가 않겠구나하는 공포에 사로잡히고 있었다. 곶감 빼어먹듯이 줄어드는 몇 푼 안 되는 저금통장을 보면 눈앞이 캄캄해졌다.

막내 제니가 유치원에 입학하는 날, 남편과 마주앉았다.

"여보, 나도 일 나갈래."

"무슨 일?"

"청소부 일이라도 찾아볼래."

"안 돼. 아이들은 누가 키우고?"

"당신에게 미안하지만 나는 밤에 일을 나가면 어떻겠어?"

"안 돼."

"조금만 더 고생하면 남 밑에서만 일할 것이 아니라 내가 직접 운영하는 정원사 비즈니스를 시작할 수 있겠어. 벌써 잔디 깎는 일을 일 년이 넘게 하다 보니 이 일에 도사가 된 느낌이야. 영어도 좀 배웠고. 일이 힘이 드는 것은 사실이지만 그렇게 어려운 전문지식을 필요로 하는 것도 아니고. 경험을 바탕으로 한 철저한 서비스 정신과 신용으로 고객관리만 잘 하면 될 것 같아. 계산해보니 장비도 좀 준비하고 멕시칸 서너 명 데리고 일하면 밥은 먹고 살 것 같아. 그리고 새로 짓는 집 정원을 아름답게 만들어 보는 일은 나의 취미이고 수입도 좋다고 들었어. 여보, 미안해, 그때까지만 기다려."

영어가 서툰 현숙은 한국인 청소용역회사에 전화를 걸었다. 자존심을 송두리째 버리고 청소할 일자리를 찾기로 마음먹었다. 처음 나오는 질문은 경험이 있느냐였다. 경험이 없으면 어렵고 좀 기다려보면 혹시 쉬운 일자리가 나올지도 모르니 전화번호라도 남겨두라고 했다. 그리고 주소와 소씨얼 넘버 등을 주면 신원조회도 해두겠다고 하였다.

아니, 청소부 일에 무슨 경험이 필요해? 그리고 무슨 놈의 신원조회까지. 내가 무슨 장관자리에라도 취임하는 것인가. 내 이름은 요즘 말로 고소영도 아니고 강부자도 아닌데. 웃기는 사람들이네. 다음 또 한 회사에 전화를 걸었다. 대답은 마찬가지였다. 그리고 내가 낮시간에는 일을 할 수 없다는 말에 별로 달갑지 않은 투로 전화를 끊어버린다. 식당 일도, 세탁소 일도, 아기를 보아주는 일손도 다 낮에 필요로 한다. 내가 할 수 있는 일은 아무것도 보이지 않았다.

교회에서 돌아오는 길에 한국 식당에 들려 가족이 함께 점심을 먹었다. 상당히 오랜만에 하는 외식이었다. 미국 식당에 가자는 아이들을 달래어 교포가 경영하는 조그마한 한국 식당에 들렀다. 아이들은 된장국이나 생선찌개를 별로 좋아하지 않지만 갈비나 불고기는 좋아하였다. 모처럼 남이 해주는 점심을 먹는 현숙에게는 모든 것이 다 맛이 있었다.

오후에 아이들은 친구들 집에 갔고 아내 현숙이와 남편 현철은 〈도시의 얼굴〉이란 드라마를 보며 휴식을 취하고 있었다. 소파에 비스듬히 앉아 커피를 마시던 남편이

"여보, 우리 통장에 돈이 얼마나 있지?"

하고 물었다. 현숙은 통장을 보지도 않고

"왜요?"

라고 먼저 물었다.

"통장 한 번 가져와 봐요."

아내 현숙은 서랍에서 몇 푼 안 되는 통장을 펼쳐보고 잔고를 확인하면서 말없이 남편에게 건네주었다.

물끄러미 쳐다보던 통장을 아내에게 아무 말 없이 건네주면서 남편은 커피 잔을 들었다.

"여보, 무슨 일이야?"

현숙은 남편에게 물었다.

"아무것도 아니야."

"그럼, 내가 알아 맞춰볼까?"

"무얼?"

"당신 정원사 비즈니스 차리고 싶은 거지?"

"당신이 그걸 어떻게?"

"그렇지만 돈이 있어야지. 얼마나 필요한데?"

"우선 장비를 마련해야 하고 또 장비와 인부들을 데리고 일 가야 할 픽업트럭 한 대가 필요하지. 월부로 구입하여도 적어도 일만 달러는 있어야 엄두를 낼 수 있을 거야. 그뿐인가 처음 육 개월 내지 일 년까지는 수입보다 지출이 많을지도 모르잖아."

일만 달러. 통장을 다시 열어보니 겨우 이만 달러가 조금 넘는 돈이 들어 있었다. 이 돈이 우리가 가진 재산의 전부다. 무척 망설이던 아내 현숙은 남편에게 용기를 주었다.

"여보 한번 시작해 봐요."

"그러다 실패하면 어떻게."

"여보, 왜 우리가 실패를 해. 당신은 성공할 거야."

"당신 뭘 믿고 그러는 거요."

"여보, 나는 당신을 믿어요. 그리고 당신이 하고 싶어하는 일이잖아요."

잔디 깎는 기계, 나무를 자르는 연장, 풀잎을 치우는 베큠 청소기 등을 준비하여 새로 장만한 트럭에 싣고 오는 남편의 얼굴에는 기쁨보다는 걱정이 가득 차 있었다. 현숙은 웃으며 사장님 축하합니다, 하는 인사를 건네고 남편을 쳐다보았다. 남편은 현숙을 힐끔 쳐다보며 "싱거운 사람, 사람 놀리는 거요?"
라고 말하며 같이 웃었다. 남편은 불법체류 멕시칸 노동자 한 사람을 차에 태우고 비즈니스의 첫날 일을 나갔다. 현숙은 방에 들어와 컴퓨터로 '정원사 김씨가 당신의 정원을 아름답게 꾸며드립니다. 아름다운 동양식 정원 그림도 넣었고 전화번호….' 등이 담긴 전단을 준비하였다. 오후에는 전단지가 가득히 든 우체부같이 큰 가방을 메고 우리 동네 집집마다 찾아다니며 문 앞에 전단지를 놓아두었다.

남편은 그날 의외로 일찍이 집에 돌아왔었다. 그동안 몇 집에서 해달라는 일을 마치고나니 일할 곳이 없었던 것이다. 남편도 현숙이도 걱정이 되었다. 남편이 할일이 없는 날은 두 사람이 함께 전단을 돌렸다. 남편은 길 오른쪽으로 그리고 아내 현숙은 길 왼편으로 나누어 동네를 돌면서 일주일 사이에 일천여 장이 넘는 전단을 돌렸다. 전단지를 본 가정에서 가끔 전화로 문의가 들어왔지만 서툰 영어와 지금까지 일해 준 가정의 추천을 요구하면 한 번 다시 머뭇거려야 했다. 지금까지 남의 밑에서 정원사로 일해 온 지난날은 내 자신의 비즈니스가 아니었으니 추천받기도 쉽지 않았다. 부부는 결국 가격으로 승부를 걸 수밖에 없었다.

다행히도 남편은 이년 여의 정원사 경험에 의해 가격구조나 일의 난이도는 쉽게 파악할 수 있었다. 남편은 전화로 문의 온 몇 집을 찾아가 가격을 지금보다 20%이상으로 낮추어 견적을 내어 주었다. 그리고 자신이 한 일이 마음에 들지 않으면 돈을 주지 않아도 좋다고 하였다. 써보고 좋으면 한 달 후에 일이 년의 계약을 맺자고 하였다.

그러나 모든 것은 그들의 뜻대로 쉽지는 않았다. 삼사 개월 동안 적자 수입을 내다보니 시작한 일이 후회가 되고 걱정이 앞섰다. 항상 남편에게 용기를 주려고 노력하는 아내 현숙도 역시 근심에 찬 얼굴로 전단을 돌리고 있었다. 그리고 그들은 열심히 기도하였다. "하느님, 아이들을 위해 이민 온 우리에게 은총을 내려주시어 착하고 바르게 사는 아이들이 될 수 있게 도와주시고 모처럼 시작한 저희들의 삶의 몸부림에 좌절하지 않게 보살펴 주소서."

정원사 김씨의 비즈니스는 이 년여의 세월을 이겨내면서 조금씩 자리를 잡아가고 있었다. 그저 잔디만 깎아준 것이 아니고 값싸고 아름다운 나무를 보면 사서 심어주고 고장난 스프링쿨러도 고쳐주면서 철저한 서비스 정신으로 쌓아온 정성과 신용이 뒷받침해 준 것이었다. 멕시칸 노동자 세 명을 데리고 일하는 남편은 이제 일거리가 많아서 즐거운 비명을 올리고 있었다. 밥은 먹고 지낼 만한 수입도 들어왔다. 남편은 이제부터 진짜 정원사로서 조경 사업 일을 해야겠다고 말했다. 잔디나 깎는 소득이 적은 일보다 보람도 느끼고 수입도 좋은 새 고급 주택단지에 정원을 만들어 주는 일을 찾는 것이었다. 분재한 나무를 키우면서 동양식 정원을 꾸미겠다는 사람이 있으면 한번 꼭 해보고 싶다고 꿈을 키웠다.

남편은 동양식 특히 일본식 정원에 관한 책도 사보면서 연구를 하였다. 동양식은 아니지만 새로 지은 아담한 단독주택 정원도 몇 개 꾸며보는 경험을 쌓았다. 꼼꼼한 성격에 마음에 들지 않으면 열두 번도 더 고치는 그의 성격은 집주인들의 마음을 사로잡고 말았다. 그러나 처음 두 번의 새 정원을 만드는 일은 완전히 밑지는 장사였다. 그래도 남편은 좋은 경험을 쌓고 많이 배웠다고 만족해하고 있었다.

아내는 청소부

현숙은 자신이 할 수 있는 일이 도무지 보이지 않아 창밖을 멍청히 내다보고 있었다. 이렇게 아무 일도 하지 못하니 가난하게 밖에 살 수 없구나 하는 생각이 들면서 성경 구절 하나가 기억이 났다. "누구든지 있는 사람은 더 받아 넉넉해지고, 없는 사람은 있는 것마저 빼앗길 것이다." 온몸에 소름이 돋았다. 아니, 하느님도 너무하시지, 어떻게 없는 사람이 가진 것마저 빼앗기게 한단 말인가. 거두절미하고 그 구절만 놓고 읽어보면 이해가 되지 않았다. 그러나 앞뒤를 맞추어 몇 번 읽어보면 하느님이 주신 믿음의 씨앗을 작고 보잘것없는 일에도 최선을 다하는 정성된 마음으로 뿌리는 사람은 나누고 받는 기쁨을 함께 할 수 있을 것이라는 말씀으로 받아들여졌다. 바로 이것이 신앙의 조건이자 올바른 삶이 아닌가 생각되었다.

갑자기 울리는 전화소리에 깜짝 놀라 받아보니 청소회사에서 걸려

온 전화였다. 청소부 한 사람이 갑자기 나오지 않아 임시로 며칠간 일손이 필요하니 나올 수 있느냐고 물었다. 현숙의 대답은, "예, 할 수 있습니다."였다. 무조건 아무것도 더 이상 묻지 않고 가겠다고 하였다. 시간당 임금을 얼마 주는지도 묻지 않았다. 현숙은 타고 다닐 차도 없었지만 또한 밤일이라 위험하니 청소반장이 집에 데리러 오고 데려다 준다고 하니 정말 고마웠다.

핸드폰으로 남편에게 임시청소부 취직을 알려주었고 저녁에 일을 나가기 전에 현숙은 남편을 위해 저녁준비를 해놓았다. 일을 마치고 돌아오는 남편이

"당신, 정말 할 수 있겠어."

하며 안쓰러운 얼굴로 쳐다보았다.

"여보, 나 해낼 수 있어요. 당신 저녁밥 준비해 놓았으니 잡숫고 아이들 잠자리 좀 챙겨주고 있어요. 나 다녀올게요. 청소회사에서 곧 데리러 온다 했어요."

라는 말을 남기고 현숙은 아파트 앞으로 나섰다. 차가운 겨울 밤바람이 목도리를 감고 모자를 눌러썼지만 따뜻한 현숙의 뺨을 금방 싸늘하게 만들고 있었다.

청소부 현숙이 해야 하는 일은 큰 빌딩 안에 있는 어느 회사 사무실을 청소하는 일이었다. 절대로 무슨 물건에 손을 대거나 훔쳐서는 안 되고 책상 위에 있는 서류들을 다시 정 위치에 두면서 깨끗이 청소하는 것이라는 지시를 받았다. 그리고 세 사람이 이 사무실 청소를 두 시간 내에 마치고 다른 건물로 이동한다고 하였다. 현숙은 내 집보다 더 깨끗이 쓸고 닦느라고 정신이 없었다. 같이 일하던 멕시칸

여자가 천천히 하라는 손짓을 했다. 옆에 있던 한국인 청소부도 "그런다고 돈을 더 주나." 하면서 힐끗 쳐다보았다.

밤 열두 시 경에 집에 돌아왔으니 다섯 시간을 일한 셈이었다. 기다리던 남편이 차 오는 소리에 문을 열고 마중을 나왔다.

"여보, 힘들었지."

현숙의 손을 끌어당기며

"손이 얼음장 같구나."

하는 남편의 말에 현숙은 눈물을 감추었다. 네댓 시간을 쓸고 닦고 진공청소기를 밀고 당기는 일이 이렇게 힘이 드는지를 몰랐다. 어깨와 팔다리가 천근이나 되는 것처럼 무겁고 쑤셨다. 남편이

"여보, 마사지 해줄게."

하면서 어깨를 주물러 주었다. 현숙은 매일같이 이렇게 힘든 정원사 일을 하는 남편을 보며 미안한 마음만 들었다.

"내일도 나가야 돼?"

"예, 그래요. 얼마나 좋은지 모르겠어요. 한 시간에 육 달러를 준대요. 오늘 저녁에 삼십 달러를 벌었잖아요. 너무 기분이 좋아요."

현숙이 미국에 온 후 처음 벌어본 돈이었다.

"여보, 매일 다섯 시간씩 일하면 한 달에 얼마를 벌지요? 나 해낼 수 있으니 너무 걱정 마세요."

사워를 마치고 들어간 이불 속이 유난히 따뜻하였다. 팔베개를 해주며 현숙을 꼭 안아주는 남편은

"우리 청소부가 되고 정원사가 되려고 대학까지 다닌 것은 아니겠지."

말끝을 흐리며 코를 골기 시작하였다. 눈물을 글썽이며 고향을 찾은 현숙의 손을 덥석 잡는 어머님의 모습을 보며 깨어버린 꿈이 너무 아쉬워 몸을 돌려 누웠다.

큰딸 선희의 결혼

선희로부터 전화가 왔다. "엄마, 저, 선희예요." 선희 전화를 받으면 언제부터인가 기쁨보다 또 무슨 일이나 없나 하는 걱정이 앞서고 있었다. "아, 선희야, 엄마야. 잘 있었니?" "엄마, 저 다음 달에 시카고에 출장가는 길에 집에 한 번 들릴게요. 엄마에게 소개시켜드릴 사람도 있고." "암, 그래 들려야지. 며칠 쉬었다 갈 수 있지. 그런데 소개시켜주겠다는 사람은 누구야?" "저 남자 친구예요." 그 소리에 아내는 무슨 말을 해야 할지를 몰랐다.

선희가 약혼과 파혼을 두어 번이나 반복하는 사이에 모녀 사이는 좀 껄끄럽게 되고 말았다. 그럴 때마다 "한국 남자 친구 하나 찾아보아라." 아니면 여기 좋은 한국 총각이 있는데 한 번 만나볼래 하면 역정만 내는 선희였다. 선희는 여자를 배려해줄 줄 모르는 한국 남성은 취미가 없다면서 열을 올렸다. 그러면서 또 미국 백인 남성과도

두 번이나 약혼을 취소하기도 하고. 딸 가진 부모 마음 선희도 엄마 되어 보면 알 수 있을까? 너무 속상해하는 엄마의 마음을 선희는 조금도 이해하지 않는 것 같았다.

그래서 아내는 선희의 새로운 남자친구가 누구인지 알고는 싶어도 엄마로서 애써 먼저 물어보지는 않았다. 독일계통 미국인이고 이름은 리처드, 나이, 가족, 학벌 등을 선희가 먼저 말했다. 듣고만 있는 엄마에게,

"엄마, 좋은 사람이지, 마음에 들어?"

하면서 수다를 떨었다.

"아니, 내 마음에 들면 무엇해? 네가 언제 엄마 마음 헤아렸었어?"

"아이, 엄마는. 우리 오는 여름에 약혼할 거야."

우리는 사돈 간에 상견례도 나누고 약혼식도 올리며 친척과 친지들이 모인 자리에서 선희가 축복받는 결혼식을 올리기를 정말로 기대하고 있었다. 넉넉하지는 못해도 정성껏 혼수와 예단도 장만하여 주고 싶었다. 또 사위가 해주는 선물도 받고 싶었다. 그런데 마음대로 안 되는 것이 인생사인가 보다. 특히나 자식이라지만 내가하는 결혼이 아니고 보면 자식들의 결혼은 부모들의 욕심이자 희망사항인가 생각되었다.

지네들끼리만 올리는 약혼식. 양가 부모님은 아주 뒷전이었다. 자기들끼리만 멀리 산장이나 바닷가 한적한 휴양지에 가서 촛불 켜놓고 샴페인 터트리며 반지 끼워주고 좋은 음식 먹고 쉬면서 몇 밤을 함께 자면서 쉬다 오는 것이 약혼식이라나. 너무 속이 상해 알고 싶지도 않고 이해가 안 돼. 아니, 이제 막 약혼식 올린 사람들이 어떻게

함께 밤을 새워. 그러고선 또 마음에 안 들면 파혼하고. 이유는 성격 차이. 아니 성격도 모르면서 왜 약혼은 했어. 어쨌든 이번 약혼만은 무사히 그리고 좋은 결과 있기를 기대해 보았다.

선희가 결혼하는 날 아내는 한없이 울었다. 눈물을 보이지 않으려고 애썼지만 가슴은 흠뻑 젖어 있었다. 먼 이국땅에서 치르는 우리 가족의 개혼이 아닌가? 모든 것이 우리의 예절이나 풍속과 너무 다르고 아내의 맘에는 들지 않았다. 내 딸이지만 너무 밉기도 하고 한편으론 측은한 생각이 들었다. 왜 나는 딸의 결혼에 기쁜 마음으로 축복해 주지 못하고 있을까? 꼭 내 욕심에서만은 아니겠지. 우리가족이 처음 접하게 된 타민족과의 결혼이란 현실에 두려움이 앞서고 있었다. 사돈마님과 함께 예식장 제대에 촛불을 밝히려 나갔을 때도 아내는 정신을 잃고 있었다. 신부를 데리고 식장에 들어가는 나의 구릿빛 얼굴은 선희의 하얀 드레스에 비치어 유난히 검고 초라해 보였고 눈시울은 붉어있었다. 정원사로서 가시에 긁히고 굳어진 손마디는 신부의 하얀 장갑을 더럽히는 것처럼 보였다. "장갑 여기 있어요." 스티브가 아버지에게 얼른 장갑을 건네주었다.

언어의 장벽, 문화와 풍속의 차이는 사돈은 물론 사위와도 별다른 정을 찾아 나누기가 어려웠다. 피로연에서 먹어본 스테이크는 소태를 씹는 맛이었고 붉은 와인은 차라리 이것이 사약이었다면 하는 기분이 들었다. 혼수나 결혼 비용도, 사돈에게 줄 예물도 저희들이 알아서 한다니 부모로서 아무것도 할 것이 없었다. 잘된 일이라고 생각할 수도 있겠지만 자식의 결혼식에 완전히 소외당한 부모의 마음은 편치 않았다. 할 수 없이 결혼비용에나 보태어 쓰라면서 현찰선물을 주고 말았다. 우리 힘에는 벅찬 거금을 건네주었다. 이것도 자식을 사랑하는 마음에서였으리라.

호텔 청소부 아줌마

임시로 나오라던 청소회사에서 그녀를 풀타임으로 고용한 후 현숙이 청소부 일을 시작한 지도 벌써 삼 년이 되었다. 그동안 현숙은 사무실 청소보다 호텔 청소가 힘도 적게 들고 돈도 많이 준다는 소문을 듣고 있었다. 그러나 현숙은 어떻게 해야 호텔청소 일을 할 수 있는지를 알지 못했다. 그런데 어느 날 한 청소부 친구의 소개에 의해 호텔청소 용역업체로부터 전화를 받았다. 우리 회사에 와서 호텔청소 일을 해보라는 것이었다. 당신은 이미 그 일을 할 만한 영어회화도 되고 일도 잘한다는 소개를 받았다며 일을 나오라고 말했다. 그들은 이미 나름대로 현숙에 관한 청소부로서의 능력을 파악한 모양이었다. 현숙에게 호텔청소의 매력은 시간당 임금이 약 50%나 더 많아 진다는 것이었다.

현숙은 쾌히 승낙하였다. 아이들이 다 자랐으니 낮에 일을 갈 수가 있었다. 버스를 타고 호텔에 청소하러 나가는 현숙의 심정은 대학을 졸업하고 좋은 직장에 취직하여 첫 출근을 하는 기분이었다. 돈 몇 푼 더 준다는 것이 현숙을 이렇게 기쁘게 만들었다. 현숙은 돈의 노예가 된 것인가. 아니 이 순간만은 별로 생각하고 싶지 않았다.

일주일 동안 선임 청소부를 도우며 일을 배웠다. 사무실 청소와 호텔방 청소는 다른 점이 많았다. 호텔은 사람들이 자는 방을 청소하는 것이고 가끔 팁도 일이 달러씩 생겼다. 손님이 깨끗이 사용하고 나간 방도 있는가 하면 보기가 민망할 정도로 지저분하게 쓰고 나간 방도 있었다. 더럽혀진 침대나 쓰레기통에 버려진 물건들을 보면 부부가 아닌 사람들이 자고 갔구나 하는 것도 금방 알 수 있었다. 한 사람만 돈을 내고 대여섯 명의 학생들이 숨어들어와 자고 나간 방을 보면 자신의 아이들과 친구들이 함께 자고 간 것 같은 생각에 미소지었다.

화장실이나 욕실 청소는 조심해서 해야 했었다. 더러운 병이나 전염병 같은 것에 걸리지 않게 각별히 신경을 써야 했다. 호텔 청소에서 중요한 것은 철저한 소독이다. 침대와 이불에서부터 방바닥에 이르기까지 철저한 소독을 해야 한다. 그리고 잘 정돈된 방에 샤워장 용품과 타월 등을 잊어서는 안 된다. 그 호텔의 이미지와 직결된 것이라고 매니저는 귀가 닳게 이야기하였다.

시간이 지나면서 현숙은 호텔 청소 일에 익숙해졌고 못된 버릇마저 생겼다. 비누와 조그마한 튜브에 담긴 샴푸나 로션을 한두 개씩 슬쩍 주머니에 넣어 집에 가져오기도 하였다. 심지어 온몸을 감싸안을 수 있는 부드럽고 큰 타월도 한두 장씩 슬쩍 가져오는 대담함을 보였다. 아무런 양심의 가책도 느끼지 않고 말이다. 가져온 물건들을 자기 집 손님방 욕실이나 화장실에 예쁘게 정리해두고 자신의 돈 주고 사다 놓은 것처럼 행세하였다.

보통 아침 열 시경이면 호텔방 청소가 시작된다. 이 시간대면 대부분의 비즈니스맨들은 이미 체크아웃하였다. 한국과는 대조적으로 주말에는 호텔방이 텅텅 비어 있었다. 현숙은 오늘 이 호텔건물의 맨 꼭대기 30층에 위치한 8개의 스위트(Suite)룸 청소를 처음으로 배정받았다. 스위트는 회사 중역들이나 돈 많은 부자들 같은 소위 말해 높으신 분들이 쓰는 방이다. 그래서 이 방 청소를 맡은 사람들은 각별히 조심하여 청소를 해야 했다. 혹시 방에 둔 서류나 귀중품도 잘 처리 보관해야 한다.

호텔 스위트룸은 어리어리하였다. 우선 30층 위에서 내려다보는 거리와 도시의 건물이나 공원은 그림같이 아름다웠다. 구라파 왕족들이 쓰는 것 같은 침실에 고급 가구가 놓인 응접실과 회의실, 바에 진열된 고급 술과 과일, 풀장같이 넓은 욕실은 고급 대리석과 금색 수도꼭지 손잡이로 빛나고 있었다. 현숙은 어리둥절하여 한동안 여기저기를 둘러보았다. 현숙은 언제 이런 방에서 한 번 자볼 수 있나 하는 마음이나 부러운 생각은 전혀 없었다. 그저 멍하니 둘러보았을 뿐이다.

바늘이 살려낸 청소부

우선 침실 청소를 시작하면서 침대의 이불을 갈기 시작하였다. 그런데 어느 한 중년 신사가 윗도리를 손에 들고 열린 방문을 노크하면서 들어오고 있었다. 현숙은 이 객실 손님이 잠깐 다시 들리는 것인가 생각하고 "Yes, Good morning." 하며 인사를 하였다. 신사는 바로 건너편 스위트에 있는 손님이라고 소개하였다. 그리고 지금 막 미팅에 나가려고 하는데 윗도리 단추가 하나 떨어져 있다며 좀 달아 줄 수 있느냐고 윗도리를 내보였다.

그 정도야 해줄 수 있지. 시간이 많이 걸리는 것도 아니고. 현숙은 단추는 어디 있느냐고 물었다. 그가 따라 오라는 손짓을 하더니 그의 방 침대 위에 놓여있는 실과 바늘 그리고 단추 옆에 저고리를 내려놓았다. 그리고 그는 'Thank you for your help.' 도와주어서 고맙다는 말로 정중히 인사를 건넸다. 현숙은 침대 끝에 걸터앉아 옷에 맞는 색깔의 실을 골라 바늘에 실을 막 끼우고 있었다. 그 신사는 잠깐 밖으로 나가는지 자리를 옮기더니 금방 방으로 돌아왔다. 청소부는 항상 방문을 열어 두고 청소를 하게 되어 있다. 그런데 손님이 들어오면서 방문을 닫는 쿵하는 소리 같은 것이 들렸지만 그냥 무의식중에 지나버렸다. 그는 현숙이 곁에 다가서면서 또다시 고맙다는 말을 하고 백 달러짜리 지폐 한 장을 현숙의 손에 쥐어주었다.

현숙이 놀라며 쳐다보는 순간 그는 갑자기 현숙의 몸을 덮치며 침대 위에 눕혔다. 그리고 그는 왜 이러냐고 고함을 지르려는 현숙의 입을 한 손으로 꽉 막아버렸다. 현숙은 빠져나가려고 몸부림쳐보았다. 그러나 전신을 누르고 있는 그의 큰 체구는 꿈쩍도 하지 않았다. 한 손으론 숨도 못 쉬게 현숙의 입을 가로막고 다른 한 손은 현숙의 가슴을 만지다 이제는 하체를 바쁘게 더듬고 있었다. 헝클어진 현숙의 가슴에 그는 얼굴을 묻고 비비면서 단 십 분이면 된다는 말로 현숙을 쳐다보며 눈짓하였다. 현숙의 몸은 비 오듯 쏟아지는 땀에 젖어버렸고 다리에는 경련이 일어나고 있었다. 이대로 지쳐버리고 포기하면 꼼짝없이 당하고 마는 순간이었다.

'이러면 안 돼요. 도와주세요.' 현숙의 애원하는 목소리는 아무에게도 들리지 않았다. 이러다가 도저히 빠져나갈 길이 없겠다. 무슨 방법이 없을까? 물에 빠져도 정신을 차려야 산다는 생각이 번쩍 들었다. 빠져나가려고 몸부림을 치는 순간 바늘에 끼인 실 가닥이 현숙의 손가락에 감겨 있음을 보았다. 빨리 더듬어 바늘을 찾았다. 그리고는 현숙의 입을 막고 있는 그의 손등을 사정없이 찔러버렸다. "아이고, 아야." 하는 비명을 지르며 그는 벌떡 일어났다.

그 순간 현숙은 재빨리 그 방에서 뛰어나와 복도 중간에 있는 엘리베이터 옆 의자에 앉아 울음을 터트리고 말았다. 건너편 방에서 청소를 하던 멕시칸 청소부가 달려왔다. 그녀는 현숙을 감싸안고 울지 말라며 위로하였다. 그리고는 현숙을 아래층 휴게실로 데리고 내려갔다. 그녀는 현숙에게 물을 한 컵 마시라고 권하며 그녀의 한 손을 꼭 잡고 있었다. 어쩌면 이럴 수가 있느냐는 현숙의 말에 그녀는 구체적인 사항을 알려고 하지도 않았다. 그리고는 가끔 이런 일들이 있으니 너무 상심 말라며 위로하였다.

그녀는 현숙에게 다시 커피를 한 잔 권했다. 오늘은 내가 맡은 방 청소를 자기가 할 테니 집에 가서 쉬라고 하였다. 그리고 이런 말 호텔 매니저에게 알려봐야 아무 소용없으니 조용히 덮어두라고 하였다. 경험에 의한 조언이자 충고 비슷하게 들렸다. 현숙은 설움에 복받쳐 하루종일 울었다. 그날 밤은 잠을 이룰 수가 없었다. 그러나 다음날 아무 일도 없었던 것처럼 일을 나가는 현숙의 모습은 너무 초라해 보였다.

'어저께 당신 무척 고단했던 모양이야. 잠을 이루지 못해 뒹굴더니 새벽녘에는 코를 골더군. 너무 무리하지 말아요.' 일을 나가며 남편이 하는 말에 무슨 큰 죄라도 진 사람처럼 현숙의 가슴은 철렁하였다. 다음날 버스에서 내려 호텔을 쳐다보는 순간 현숙의 발걸음은 땅바닥에 얼어붙고 말았고 온몸이 떨리기 시작하였다. 산다는 것이 이렇게 힘든 것일까?

소니아와의 만남

신혼살림을 차린 선희가 어떻게 사는지 무척 궁금하여 보고 싶었다. 그러나 결혼한 지 이 년이 다 되어 가는데도 선희는 엄마, 아빠 한 번 다녀가라는 말이 없었다. 가족의 정, 부모의 사랑을 이렇게도 몰라주는 것일까, 요즘 젊은이들은 우리 세대와는 너무도 다르다는 생각이 들었다. 사랑만으로 사는 것이 부부생활도 아닌데 민족과 인종, 언어와 풍속이 다른 남편과 결혼한 선희의 앞날이 행복하기를 바라는 부모의 마음은 언제나 걱정이 앞서고 있었다. 항상 보고 싶은 마음에 지쳐 허전하고 섭섭한 마음이 들었다. "선희 엄마는 미국사위를 보았다면서." 하는 사람들의 말뜻이 무엇인지 알 것 같기도 하여 현숙을 괴롭히고 있었다. 얘들이 잘 살아야 내가 어깨를 펴고 다닐 텐데 하는 마음만 간절하였다.

데이브가 벌써 대학을 졸업하게 되었다. 우리는 데이브의 졸업식에 참석하고 오는 길에 뉴욕에 있는 선희집에도 들려보기로 마음먹었다. 이것을 여행이라 할 것은 못 되지만 우리는 정말 오랜만에 집을 나가보는 길이다. 미국에 온 지 이십 년이 넘었지만 여행 한번 제대로 해본 적이 없는 우리 가족이었다. 비싼 항공료와 현지 렌터카 등의 경비를 줄이기 위해 자가용으로 데이브의 졸업식에 다녀오기로 의논하였다. 시카고에서 보스턴까지는 약 천육백 킬로의 거리다. 차로서 구경도 하고 쉬어가면서 가면 3일 정도 걸린다. 가면서 나이아가라 폭포도 구경하고 모텔에서 두어 밤 자면서 천천히 가기로 하였다. 아내는 모텔에서 간단히 해먹을 수 있는 라면이나 김치, 그리고 멸치볶음도 챙겨 넣었다. 물론 쌀과 전기밥솥을 챙기는 것도 필수였다. 이렇게 하면 돈도 아낄 수 있지만 그보다도 미국에서 이십 년을 넘게 살아온 우리지만 햄버거나 피자보다는 김치와 된장찌개가 아직도 내 입맛을 돋우고 있음은 부인할 수 없는 고백이었다.

뉴욕에 사는 선희에게 연락을 했다. 보스턴에서 뉴욕까지는 자동차편으로 불과 네댓 시간밖에 걸리지 않는다. 아빠 엄마는 다음 주에 데이브 졸업식에 참석한다고 말했다. 그리고 보스턴에서 뉴욕까지 얼마나 머냐고 물었다. 그때야 선희도 데이브 졸업식에 참석할 것이라고 하면서 졸업식이 끝난 후 자기 집에 와서 쉬었다 가시라는 말을 했다. 엎드려 절 받는 기분이었지만 쾌히 승낙하였다. '엄마, 사랑해, 보고 싶었어.' 자식의 그 말 한마디에 섭섭했던 마음은 순식간에 녹아 없어지고 말았다. 아내는 "그럼 내 딸인데." 하며 얼굴에 미소를 지었다.

졸업식이 끝나고 다과회장에서 아내는 한 한국 여학생을 만났다. 오랜만에 친한 친구를 만나는 것처럼 반갑게 그 학생에게 접근하였다.

"안녕하세요. 졸업을 축하합니다."

"예. 감사합니다."

"이은주라고 합니다."

"그런데 누구신가요?"

"아, 나, 데이브 엄마예요. 우리 데이브 알지요?"

"예, 그러세요. 데이브, 참 재미있는 학생이에요."

"학생은 어디서 왔어요?"

"예, 저는 캘리포니아에서 왔어요. 한국에서 고향은 충북 청주입니다."

"아이고, 착하고 예쁘기도 하여라. 한국말도 참 잘하네."

"그럼 우리 다음에 또 만나요."

아내는 이런 며느리를 볼 수 있다면 얼마나 좋을까 하는 생각에 잠겨 있었다. 너무도 탐나는 아가씨였다.

저쪽에 있던 데이브가 오고 있었다. 그리고 또 한 사람의 여자 친구를 우리에게 소개시켜 주었다. 이름은 소니아, 또 다시 금발의 백인 처녀였다. 아내는 데이브가 고등학교 때부터 사귄 여자 친구들을 세어보면 몇 번째 친구인지 잘 모르겠다고 했다. 그리고 너무 자주 소개받은 여자 친구들이라 별 관심도 없었다. 이제 만성이 되어 또 삼사 개월만 두고 보자 하는 생각이 들었다. 그런데 소니아는 데이브와 사귄 지가 이 년이 다 되어 간다고 선희의 물음에 대답하고 있었다. 우리들 앞에서 계속 데이브와 팔짱을 끼고 입을 맞추며 까불고 돌아다니는 행동이 영 마음에 들지 않았다. 또 다시 아내의 가슴은 공포에 쌓이고 있었다. 처녀의 부모와도 인사를 나누었지만 우락부락한 인상에 왠지 호감이 가지 않았다. 데이브라는 동양인이 딸의 남자친구라는 것을 달갑지 않게 생각하고 있는 것같이 보였고 동양인이라고 약간 경멸하는 것 같은 눈치도 보였다.

이듬해 봄 데이브가 그 처녀와 결혼을 하겠다고 연락이 왔다. 아내는 아무 말도 하지 못했다. 딸 선희가 치른 것과 비슷하게 벌써 데이브와 소니아도 약혼식을 올렸다는 것도 우리는 알고 있었다. 그렇게 한국 며느리나 사위 하나 보고 싶어하는 아내의 소원은 언제 이루어질 수 있을까 걱정이 되었다. 아무 말도 하지 않는 아내에게 데이브는 "엄마, 듣고 있어?" 하며 큰 소리를 내었다. 부모 마음대로 되지 않는 일, 포기하는 심정이었다.

"응, 그래, 결혼식은 언제야?"

"오는 오월 일 일로 잡았어."

"그래, 축하한다."

아내는 그렇게 전화를 끊고 정신병자처럼 바깥 하늘만 멍히 쳐다보고 있었다.

데이브의 결혼식도 선희의 결혼과 비슷하게 치러졌다. 오월의 푸른 하늘 아래 하얗게 핀 목련과 아카시아꽃 향기가 향수를 뿌린 것처럼 풍기는 야외 결혼식장이었다. 그러나 아내에게는 색시도 결혼식도 아무것도 마음에 들지 않았다. 그렇게 활발하던 데이브는 소니아의 말에 설설 기다시피 주눅이 들어 있어 보였다. 얼굴에도 웃음기가 별로 보이지 않았다. 무슨 이유에서 일까 은근히 걱정이 되었다. 아

내는 데이브에 다가가

"데이브, 너 몸이 안 좋아, 아니면 무슨 걱정이 있어?"

"엄마, 아니 아무 일도 없어요. 오늘 같이 좋은 결혼식에 무슨 그런 질문을 하세요."

골프장 클럽하우스에 마련된 피로연은 화려하였다. 북새통을 이루는 한국 예식장이나 피로연과는 사뭇 달랐다. 그러나 피로연에는 부모님들이 앉는 상석上席도 없었고 백인들 사이에 끼인 우리들은 개밥에 도토리 같은 기분이었다. 저 뒤쪽 구석에 다른 손님들과 섞여 앉았다. 동양인은 우리 가족뿐이었다. 식사가 끝나고 음악이 나오면서 데이브는 나를 데리고 나가 춤을 추었다. 왈츠 곡에 맞추어 춤을 추면서 "엄마, 고마워." 하는 데이브의 말에 아내는 눈물을 감추느라 혼이 났다.

며느리 소니아는 너무 철도 들지 않고 버릇이 없어 보였다. 아버지와 춤을 추던 소니아는 뺨에 키스를 하고 야단이었다. 시어머니인 아내가 소니아를 별로 좋아하지 않는 인상을 보인 탓인지 나에게는 악수만 하면서 Nice to meet you. (만나서 반갑습니다.) 라는 말만하고 팩 돌아가 버렸다. 아니, 시어머니에게 만나서 반갑다는 인사가 뭐야? 너무 기분 나빠. 대화도 잘 되지 않는 사람들과 마주앉아 무엇을 먹었는지도 모르고 우리는 피로연장을 나왔다. 그리고 다음날 아침 비행기편으로 우리는 집에 돌아왔다.

김스 정원사 비즈니스

오늘은 어느 부잣집의 넓은 정원에 일을 하는 날이다. 일손이 더 필요할 것 같아 인력시장에 나가 멕시칸 일꾼 두 사람을 더 구하여 모두 다섯 사람을 데리고 막 일자리로 가려고 하는데 건장한 사복차림의 신사 서너 명이 나타났다. 그 중 한 명은 나에게 접근하면서 다른 사람들은 우리 일꾼들을 도망가지 못하게 철저히 감시하고 있는 것같이 보였다. 아니나 다를까, 이민국에서 왔다며 신분증을 꺼내 보였다. 그리고 저 일꾼들의 신분을 조사해야겠다고 하였다.

이 노동자들은 멕시코에서 불법으로 미국에 들어와 막벌이 노동을 하며 사는 사람들이다. 이들에게는 최저임금 보장도 의료보험의 혜택도 없다. 그래서 많은 영세업자들이 이들을 불법 고용하고 있는 것이다. 정원사들도 마찬가지다. 미국인이나 합법적인 노동자를 고용하면 다른 회사와 가격 경쟁이 되지 않는다. 또한 구걸을 하며 편하게 살지 이런 3D직업을 가지려는 미국인 노동자도 없는 것이 현실이다. 그래서 정원사, 청소부, 식당 버스보이나 미국농장에서 일하는 사람의 대부분이 불법체류 멕시칸 노동자들이다. 그들은 새벽같이 인력시장에 나와 하루의 일자리로 팔려가기를 기다리고 있다.

영주권이 없이 불법체류자의 신분으로 일하는 다섯 명의 멕시칸 노동자는 다 이민국 직원에게 잡혀갔다. 나는 불법 고용을 했다는 죄로 오천 달러의 벌금을 냈다. 내 두 달 수입에 해당하는 금액이었다. 그러나 나마저 잡혀가지 않은 것이 다행이라 생각하였다. 그래도 할 수 없는 일, 살기 위해서 이러한 현실은 내일에 또다시 반복될 수 있는 일이다. 다른 친구 정원사가 데려다 준 일꾼들의 도움을 받아 오늘 해야 할 일은 간신히 마무리지었다. 나중에 알았지만 우리 비즈니스가 잘되니 이웃의 한국인 정원사가 배가 아파 이민국에 찌른 것이었다.

불법체류 멕시칸들을 데리고 노동을 하면서 세상이 너무 불공평하다는 생각이 들었다. 이런 일을 하는 미국 노동자도 없는데 왜 잡아간단 말인가. 하느님도 절대적인 공평을 인정하지 않는 자본주의자인가? 우리와 함께 일하는 멕시칸 노동자 중의 한 사람은 일자리를 찾다 겨우 나와 만나게 되었다. 우리는 그 이유를 우연히 알게 되었고 그는 우리가 조금 후하게 지불한 임금에 무척 감사하였다. 저 사람은 일도 썩 잘하지 못하는데 왜 다른 일꾼과 비슷한 임금을 주느냐고 나는 아내 현숙에게 물었다. 현숙은 성경에 나오는 "하느님의 잣대"를 인용하며 그 이유를 설명하였다. 그 일꾼의 초라하고 초조한 모습과 그를 바라보는 하느님의 사랑이 만나는 슬프면서도 아름다움을 이야기하였다. 하느님은 악한 사람이나 선한 사람에게도 똑같이 햇빛과 눈비를 내린다. 우리는 이것이 사랑이고 사랑은 숭고한 가치를 지닌 것으로 알고 있다.

나는 오늘도 일을 마치고 집으로 돌아오는 길에 새로 건립되고 있는 고급 주택단지를 돌아보았다. 건평이 이삼백 평쯤 되어 보이는 대궐 같은 집이 일이천 평이나 되어 보이는 허허 벌판 같은 대지에 세워져 있었고 주인으로 보이는 중년 부부가 줄자와 노끈을 들고 흙투성이의 정원을 돌아보며 열심히 이야기하고 있었다. 한눈에 보아도 정원을 어떻게 꾸미면 좋을 것인지를 궁리하고 있는 것임을 알 수 있었다.

나는 그 집에서 조금 떨어진 곳 거리 반대편에 차를 세우고 한동안 생각하면서 그들을 관찰하였다. 그리고 그들에게 다가가 정중히 인사를 하고 '혹시 정원을 만드는 데 도움이 필요하면 연락을 주십시오.' 하며 명함을 한 장 건네주었다. 나의 이름을 보던 부인은, 'Are you Korean?' 하며 한국인이냐고 물었다. 우선 기분이 좋았다. 'Yes.' 라고 대답하였다. 나는 도움이 필요하면 연락하겠다는 말을 듣고 큰 공사라도 하나 딴 것처럼 미소를 지으며 집에 돌아왔다.

그런데 나는 그 사람들의 이름도 성도 전화번호도 모른다. 그들과 인사를 나눌 때 그 사람들이 분명히 자기 이름을 대며 소개하였지만 나는 아직 한두 번 들은 서양사람 이름들을 잘 기억하지 못한다. 아무리 외우려 해도 기억에 잘 남지 않는 것이 서양 사람들의 이름이었다. 나는 다만 그 집의 위치만 알고 있을 뿐이었다. 나는 항상 집에 들어오면 제일 먼저 전화 메시지를 체크하는 것이 습성이 되어 있었다. 혹시 누가 정원 일을 부탁한 것이 없나하고 기대를 걸면서 전화 녹음을 들어보았다. 아내가 일을 나가며 낮에 받은 전화번호나 이름이 녹음된 메시지를 꼼꼼히 챙겨보고 연락해주는 것이 그들의 습관이었다.

나는 수줍은 성격에다 언어의 장벽까지 겹쳐 정원사 비즈니스 선전을 잘 할 줄 몰랐다. 아내는 세상을 잘 살고 성공한 사람은 세일즈를 잘 할 줄 아는 사람이라는 말을 들은 적이 있다고 했다. 인생은 물건을 팔고 아이디어를 팔고 지혜를 팔고 철학과 말을 팔고 뜻과 노력 속에 팔고 사는 무한의 장터라고 말했다. 삶은 나를 위해 팔고 우리를 위해 팔고 하느님을 위해 팔고 평화를 위해 팔고 사는 적군과 아군이 없는 전쟁터인 것이다. 그래서 사려는 사람을 찾고 설득하여 내 것을 많이 팔면 성공한 사람이 되는 것이다. 그런데 삶의 전부가 팔고 사는 과정임을 잘 모르는 우리는 실패한 인생을 살고 있는 것인지 아닌지 염려스러웠다.

한 달여가 지난 후에 나는 그 집 주인의 전화를 받았다. 우리 집 정원을 꾸미는 일에 관하여 상의하고 싶으니 시간을 내어 한 번 와보라고 하였다. 그들은 그동안에 나름대로 내가 해온 정원사 일에 대한 조사를 해본 모양이었다. 현철이 만들어준 두 집의 정원 주인에게 물어도 보았다는 이야기를 간접적으로 들었다. 금방 달려가고 싶었지만 오늘은 바쁘다는 구실로 약속을 내일로 잡았다. 그들의 정원을 동양식으로 만들어 보았으면 좋겠다는 집주인의 요구와 우리가 동양인이고 파격적인 가격 제안이 맞아떨어진 것이었다. 그리고 인근에 경쟁할 만한 일본인 정원사가 없는 것도 다행이었다. 사실 나는 내가 제시한 가격이 어느 정도 적정선이었는지 잘 알지 못했다. 이렇게 큰 정원을 한 번도 만들어 본 적이 없었기 때문이었다. 그러나 모든 꽃이나 나무 그리고 기타 재료는 주인의 부담이고 정원사는 노동력을 제공하는 것이니 얼마나 이익을 남기느냐의 문제이지 손해는 보지 않는다. 어쨌든 기분이 너무 좋았다.

나는 여름날 아침 여섯 시면 일을 나간다. 대낮의 햇살이 너무 따갑기 전에 일을 마치려는 것이다. 일꾼들에게 오늘 할 일을 배정시킨 후 나는 재료와 나무들을 사러 나가야 한다. 하루의 일을 마치면 오후 늦게는 피곤한 몸을 차에 싣고 새로운 일거리를 찾아다녔다. 몇 개월 전에 정원사의 관리 불찰로 꽃나무가 죽었다고 생각하는 고객에게는 서슴없이 새로운 나무로 심어주었다. 그리고 정원의 꽃과 나무를 잘 손질하고 좋은 비료를 좀더 많이 주었다. 나는 집으로 오는 길에 그 집을 찾아보았다. 주인이 집 앞에서 옆집 친구와 함께 이야기를 나누다 나를 보고 손을 흔들며 인사를 하였다. 차를 세우고 정원관리가 마음에 드느냐고 물었다. 그는 조금 미안한 모습을 지으며 모든 것이 너무 좋다며 내 손을 잡았다. 주인이 좋아하는 모습에 흐뭇해하면서 돌아서는 나에게 그의 친구 집 정원 일도 맡겨졌다.

승진한 청소부 팀장

현숙은 오늘도 여느 때나 다름없이 아침 여덟 시경에 집을 나섰다. 한동안 공포에 질려 호텔방에 들어서면 어느 구석에 누가 숨어있지나 않을까 하여 두루두루 살펴보는 습성도 이제는 노련한 청소 솜씨에 뒷전으로 밀려나 있었다. 옛날에 삼십 분 정도 걸려야 끝내는 방 한 개의 청소도 이제는 이십 분 정도면 거뜬히 마쳤다. 벌써 삼 년 베테랑의 청소부가 아닌가.

오늘은 호텔 매니저가 모든 청소부들에게 점심을 대접한다는 연락을 받았다. 모두들 무슨 일인가 하면서 기뻐하였다. 구내식당에는 삼십여 명의 청소부와 관계자들이 모였다. 간단한 점심이 끝나고 매니저는 마이크를 잡았다. 매니저는 모두 다 일을 잘해주어서 감사하다는 인사를 했다. 그리고 청소 팀장 자리가 두 곳이 비었는데 오늘 그 자리에 새 사람들을 임명하겠다고 하였다. 팀장의 자리는 자주 바뀌었다. 이상하게도 일 년을 채 못 채우고 새 사람으로 바뀌었다. 그러나 호텔 청소부로서 팀장이 되는 것은 선망의 대상이었다. 우선 직접 청소를 하지 않는다. 인원을 배치하고 일을 감독하고 손님의 불평만 없으면 일등 팀장이다. 무엇보다도 시간당 임금이 아니고 호텔 하급직원으로 월급을 받게 되고 휴가나 의료보험 혜택도 받게 되는 것이다.

새로 되는 팀장이 누구인지 모두가 알고 싶어하고 있었다. 매니저는 한참 뜸을 들이더니 남쪽 별관 팀장에 "마리아 차베스" 하고 첫 이름을 불렀다. 히스패닉 계통의 까무잡잡하고 몸매도 갸름한 야무진 여자였다. 그 여자는 자기도 되리라고 기대하고 있은 모양이었고 또 다른 청소부들도 저 애가 안 될 리가 없지 하는 눈치였다. 그러나 이런 것들은 현숙의 관심 밖의 일이라 마리아가 어떤 사람인지 또는 팀장이 무엇인지에는 별로 관심이 없었다.

그러면 동쪽 별관 팀장은 누구일까? 모두들 궁금히 발표를 기다리고 있었다. 동쪽 별관 팀장은 "현숙 김" 이라고 부르며 매니저는 현숙을 쳐다보았다. 현숙은 자신의 귀를 의심하면서 이 호텔 청소부 중에 또 누가 현숙 김이 있는지 둘러보았다.

모두들 설마하며 의아해하는 눈초리로 현숙을 쳐다보았고 매니저는 "현숙" 하고 부르며 그녀를 앞으로 나오라고 손짓하였다.

너무나도 뜻밖의 일에 현숙은 무척 놀라고 당황하였다. 그러나 싫지는 않았다. 어떻게 되어 자신이 승진 대상에 올랐는지를 알 수가 없었다. 그동안 하루도 빠지지 않고 묵묵히 맡은 청소 일을 해온 것 외에는 아무것도 없었다. 매니저와 이야기를 나눈 적도 별로 없었다.

동료들은 걔가 어떻게 팀장이 되었지? 걔도 호박씨 까는 아주 맹랑한 아이네 하는 눈으로 쳐다보는 것이 조금 이상하게만 보였다. 현숙은 팀장이라는 직책보다는 월급을 받는다는 그 기분에 조금 상기되어 있었다. 무엇보다도 가족들까지 의료보험 혜택을 받을 수 있고 수입이 오른다는 것이 현숙을 기쁘게 한 것이었다.

남편 현철이 피곤한 모습으로 집에 돌아왔다. 여보, 나, 오랜만에 기쁜 소식 하나 가져왔어요. 기쁜 소식, 뭔데요? 나, 승진했어요. 뭐, 청소부도 승진이 있나? 차라리 돈이나 좀더 달라지. 월급도 올랐어요. 의료보험 혜택도 받게 되었고. 당신 지금 농담하는 거야? 청소부에게 누가 의료보험 혜택을 준대. 실없는 소리하고 있어. 아니, 정말이에요.

현숙은 매니저가 준 의료보험 가입신청서와 팀장 발령장을 남편에게 보여주었다. 그래도 남편은 반신반의하고 있었다. 한참 후에야 이거 정말이야? 여보, 당신 정말 대단하구려. 못난 남편 만나 고생만 하는 당신인데. 여보, 미안해요 그러면서도 남편은 기뻐하고 있었다. 이제 의료보험이 되면 오랜만에 건강진단도 한 번 받아보고 아픈 이빨도 치료받을 수 있겠구나. 야, 너무 기쁘다.

나 내일부터 청소는 안 해도 돼요. 오전에 이 서류들을 제출하고 오후 다섯 시경부터 이삼 일 동안 팀장 교육을 받아야 한대요. 그러니 내일 당신이 일을 마치고 집에 올 무렵 나는 출근해야 하니 그리 아세요. 현숙은 모처럼 가벼운 걸음으로 호텔에 나갔다. 매니저가 더욱 친절하게 서류들을 받아 검토해 본 후 틀린 것까지 고쳐서 받아 주었다. 그리고 오후 다섯 시 트레이닝 세미나에서 보자는 말과 함께 집에 가서 좀 쉬다 오라고 하였다.

동료들이 열심히 청소하고 있는 모습들이 호텔 복도 사이로 보였다. 왠지 미안한 마음에 현숙은 눈길을 돌리고 누가 보기 전에 빨리 호텔을 빠져나왔다. 저녁 다섯 시, 교육에 참석한 사람은 마리아와 현숙, 단 둘이었다. 매니저는 호텔의 빈방에 강의실을 마련하고 비디오와 책자들을 준비하였다. 이 호텔의 경영방침에서부터 고객을 어떻게 모시고 청소부들을 어떻게 다루어야 하는가에 관한 비디오를 보여 주었다. 이것저것 보여주고 이야기하며 서너 시간이 지나고 오늘 교육은 이것으로 마치고 내일 또 계속하자고 하였다.

현숙은 잘 알아듣지 못하는 것도 있었지만 대충은 이해할 수 있었고 기분은 무척 좋았다. 집에 오는 길에 슈퍼에 들려 모처럼 와인 한 병과 약간의 안주거리를 사들고 왔다. 남편은 텔레비전을 켜놓은 채 소파에서 잠들어 있었다. 문 여는 소리에 잠이 깬 남편은 여보, 이제 와요? 나, 깜박 잠이 들었네. 피곤하지요? 아니에요. 현숙은 아주 기쁘게 대답하였다.

여보, 와인 한 잔 합시다. 와인? 무슨 와인이야? 나 오늘 당신과 함께 한 잔 하고 싶어요. 그래, 그럽시다. 남편은 와인 병을 따고 있었다. 현숙은 촛불을 밝혔다. 그리고 땅콩과 오징어구이 안주를 상에 올려놓았다. 이 사람, 무슨 촛불까지. 여보, 우리 오랜만에 무드 한번 잡아봅시다. 부부는 와인 잔을 들면서 건배를 하였다. 현철은 아내의 손을 잡고, 여보 미안해, 못난 남편 만나 고생만 하고. 아내 현숙의 눈에 이슬이 맺히며, 여보, 사랑해요. 항상 건강해야 해요. 중년의 청소부와 정원사 부부는 이민생활의 고달픔과 고향의 이야기로 추억을 더듬고 있었다.

또다시 겪은 수모

현숙은 오늘도 오후에 청소팀장 교육을 받으러 호텔에 나갔다. 매니저는 205호실 빈방 열쇠를 주면서 강의실에서 기다리라고 하였다. 방에는 아무도 없었다. 마리아도 아직 오지 않았다. 얼마 후 매니저가 책가방과 와인 한 병을 들고 들어왔다. 그는 와인 병을 따고서 현숙에게 한 잔 권했다. 매니저는 현숙은 정말 예쁘다, 그리고 몸매가 너무 날씬하다는 등 좀 듣기에 민망한 소리를 늘어놓았다. 물론 그는 평소에도 여자에 관심이 많은 사람이라는 것은 다 알고 있는 터이다. 아직 마리아도 오지 않았으니 이야기나 하면서 기다리자는 것이었다. 그런데 반 시간이 지나도 마리아는 나타나지 않았다.

오늘 마리아는 오지 않는 것 같으니 우리끼리 교육을 시작하자며 매니저는 말했다. 그는 강의를 위한 테이프를 하나 비디오기에 넣고 현숙 옆에 와서 앉았다. 매니저는 한 손에 와인 잔을 들고 다른 손으로 리모컨을 눌렀다. 텔레비전을 통해 이상한 음악이 흘러나왔다. 갑자기 야한 모습을 한 남녀들이 등장하면서 에로틱한 율동을 펼치고 있었다. 현숙은 놀라서 이것은 호텔 교육용 비디오가 아닌데 하는 모습으로 매니저를 쳐다보았다. 그러나 매니저는 팔을 현숙이 어깨 너머로 올려놓으며 바짝 다가앉았다.

현숙이 조금 거리를 두며 떨어져 앉으려는 순간 그는 현숙을 끌어안으며 작은 소리로 말했다. 나와 가까이 지내야 계속 승진도 할 수 있고 돈도 많이 벌 수 있으니 내 말을 들으라고 하였다. 무엇을 들으라는 말이냐고 현숙은 물었다. 그는 다 알면서 왜 이러냐고 말했다. 그리고 다른 사람도 다 이렇게 해서 승진한다는 말을 서슴지 않고 하였다. 현숙은 나는 그런 사람이 아니다. 사람을 잘못 보았으니 모든 것 없었던 일로 하고 그만두자고 타일렀다. 그래도 그는 막무가내였다. 내 말을 듣지 않으면 승진도 없고 내일 당장 해고라며 엄포를 놓았다.

현숙은 당신 이러면 나, 경찰 불러요. 그리고 당신이 나를 죽이지 않는 이상 내 몸에 손댈 수 없으니 시끄러워지기 전에 조용히 물러나라고 눈을 부릅뜨고 악을 쓰며 말했다. 그때야 그는 조금 물러앉았다. 마음대로 되지 않을 것임을 느낀 것이었다. 그리고 아무 말 없이 다시 와인을 한 잔 마셨다. 그는 한 번 다시 현숙의 곁으로 다가앉으며 손을 잡았다. 그리고 자기는 현숙을 사랑한다고 말했다. 현숙은 직장의 위치를 이용한 성희롱이 얼마나 야비한 행동인지 당신은 아느냐고 쏘아붙이며 손을 뿌리치고 자리에서 일어났다. 한동안 머뭇거리던 매니저는 미안해. 오늘 일은 아무것도 없었던 것이며 아무도 모르는 것으로 하자며 그는 방을 나가고 말았다.

현숙은 정신을 잃고 한참 동안 소리 없이 울었다. 정신없이 헝클어진 모습으로 호텔방에서 나오는 현숙을 남자 손님들은 이상한 눈으로 쳐다보며 지나갔다. 휘청거리는 걸음으로 호텔에서 나와 집으로 향하는 현숙의 가슴은 아직도 공포에 떨고 있었다. 누가 계속 또 현숙의 뒤를 밟으며 따라오고 있는 기분이었다. 벌써 오는 거요. 남편은 환히 웃으며 아직도 어제의 의료보험 생각을 하며 아내 현숙을 기다리고 있었다. 당신, 무척 피곤해 보이네. 무슨 일이 있었어요? 아니, 오늘 영어로 하는 교육이 좀 어려웠어요. 나 좀 쉬겠어요. 현숙은 방에 들어와 이불을 뒤집어쓰고 눕고 말았다.

쓰레기통에 버려진 김치

데이브가 회사일로 출장나오는 길에 아버지 어머님을 찾아 집에 들르겠다며 전화가 왔다. 한 육 개월 전에 한 번 다녀갔지만 무척 보고 싶었다. 데이브가 좋아하는 된장찌개와 김치, 상추쌈에 갈비를 준비하였다. 현숙은 오 분이 멀다하게 시계를 쳐다보며 집 앞을 내다보며 데이브를 기다리고 있었다. 이렇게 아들을 기다리는 어머니들 마음은 모두 같을 것이다. 언제보아도, 아무리 보아도 좋은 내 아들인 것이다. 차 소리가 나더니 우리 집 앞에서 멈추기가 무섭게 엄마! 하며 데이브가 방문을 열고 들어섰다.

데이브는 며칠을 굶은 사람같이 저녁을 먹었다. 엄마가 끓인 된장이 제일 맛있어. 김치도 너무 맛있다. 그 말에 나는 기쁘면서도 또 한 번 데이브를 원망이라도 하듯이 쳐다보았다. 참한 한국색시와 결혼하였다면 얼마나 좋았을까. 집에서 김치며 된장을 보지도 못하니 얼마나 먹고 싶었을까? 먹을 만한 한국 식당도 하나 없는 미국 남부 지방에 사는 데이브는 엄마 집에나 와야 한국 밥을 한 끼 제대로 먹을 수 있었다. 소니아는 아직 김치도 담글 줄 모르지? 현숙은 뻔히 알면서 성에 차지 않는 시어머니의 질책 같은 물음을 던져보았다. 나와 함께 술도 한 잔 나누며 같이 이야기를 나눈 후 잠든 데이브의 얼굴을 현숙은 몇 번이나 쳐다보고 있었다.

주로 빵과 커피로 아침식사를 때우는 데이브가

"엄마, 나 오늘 아침에 밥 먹을래. 밥 줘."

데이브는 아침부터 된장에 김치, 상추쌈으로 시골 머슴보다 더 많이 먹었다. 측은한 생각이 들었다.

"엄마, 나 내일 집에 갈 때 김치와 멸치볶음 좀 싸줘."

"그래 얼마든지 가져가. 뭐 또 다른 것 필요한 것은 없고?"

"그것이면 됐어. 참, 장조림 있지? 그것도 병에 좀 넣어주어."

"그래, 알았다."

현숙은 너무 가슴이 아팠다. 다민족 사회에 살다보면 언어와 풍속 예의와 습관이 다름을 익히 알고 있었다. 물론 민족 간의 음식문화도 많이 다르다. 그러나 그런 것들이 내 자신의 하루하루 식생활과 직접적인 관계가 없으면 별 관심 없이 그런 대로 받아들여지고 있었다. 민족과 문화가 다른 사위와 며느리를 보기 전까지는 다민족 가정의 식생활에 대하여 관심을 가져본 적이 없었다. 우리는 미국에서 20년 이상을 살았지만 김치를 하루만 먹지 않아도 생각이 나고 한 열흘 만에 된장찌개를 처음 먹으면 꿀맛이었다. 그러니 데이브는 얼마나 김치나 된장찌개 생각이 났을까? 현숙은 김치와 장조림을 병에 꼭꼭 눌러 담고 양념한 갈비와 멸치볶음을 플라스틱 통에 넣었다. 엄마, 맛있게 먹을게, 하며 가방을 들고 나서는 데이브를 보내고 돌아서는 엄마의 마음은 왠지 답답하기만 하였다.

집에 돌아온 데이브는 주말이 오기만을 기다리고 있었다. 출장 후 사무실에서 삼 일 동안 주말에 갈비를 굽고 된장을 끓여 김치를 놓고 밥 먹을 생각만 하고 있었다. 기다리던 주말 데이브는 토요일 아침에 일어나 커피 한 잔을 마시고 스포츠센터에 나가 두어 시간 운동을 하고 돌아왔다. 데이브가 나갈 때 자고 있었던 소니아는 어디를 갔는지 보이지 않았다. 또 쇼핑을 나갔겠지 생각하며 쌀을 씻어 밥솥에 안쳤다. 엄마가 준 갈비를 굽고 김치를 걸쳐 맛있게 점심을 먹겠구나 생각하니 콧노래가 절로 나왔다. 샤워를 마치고 나오니 밥은 벌써 다 되어가고 있었다.

갈비를 구워야지. 냉장고를 열고 갈비를 찾아보았다. 냉장고를 아무리 뒤져 보아도 갈비가 담긴 통이 보이지 않았다. 분명히 내가 여기에 넣어 두었는데, 어디로 갔을까? 그런데 김치도 멸치볶음도 아무것도 보이지 않았다. 냉장고와 찬장을 열두 번이나 뒤지고 찾아보아도 아무것도 없었다. 너무도 어이없고 황당한 느낌이 들었다. 세상에 어쩌면 이럴 수가? 구수한 햅쌀밥 뜸 드는 냄새가 전기밥솥 뚜껑 위로 새어 나오며 입맛을 자극하고 있었다. 기름이 자르르 흐르는 하얀 쌀밥을 보고 침을 꼴깍 삼키면서 데이브는 밥솥을 쓰레기통에 힘껏 집어 던져버렸다.

방문을 걷어차다시피 열고 집을 나온 데이브는 차를 몰고 정신없이 한동안 돌아다니다 호프집에 들렀다. 토요일이지만 아직 이른 오후고 보니 불과 서너 명이 앉아 술을 마시고 있었다. 데이브는 혼자서 카운터에 앉아 오랜 시간 맥주를 마시며 취하고 있었다. 술을 나르는 아가씨가 힐끔힐끔 쳐다보았다. 무슨 고민이라도 있는 사람으로 보인 모양이었다. 혼자 너무 오래 있기 쑥스러워 데이브는 술집을 나왔다.

머리끝까지 차오른 화가 아직도 가라앉지를 않고 있었다. 옆에 있는 슈퍼에 들러 땅콩과 맥주를 한 박스 사서 차 안에 앉았다. 술을 실컷 마시고 잠이 들었다. 소변이 마려워 깨어보니 벌써 저녁 여섯 시가 되었다. 갑자기 어머니 생각에 코가 찡해졌다. 엄마, 미안해. 그리고 나는 배가 고파 중국식당을 찾아 나섰다. 김치도 갈비도 없었지만 만둣국 비슷한 완탄 수프에 탕수육을 시켜 먹으며 분을 삭이려고 애를 쓰고 있었다. 찰기가 없는 중국집 알랑미 쌀밥은 입안에서 까칠까칠하게 돌고 있었다.

오늘도 우리는 한인교회에 나갔다. 자식을 위해 하느님께 기도하는 마음은 어찌 교회 안에서 뿐이겠는가. 집으로 돌아오는 길에 데이브로부터 핸드폰으로 전화가 걸려왔다.

"엄마, 나, 소니아랑 못 살겠어."

큰소리로 울다시피 내뱉는 말에 현숙의 가슴은 철렁하였다.

"데이브, 무슨 일이야?"

"세상에 어쩌면 이럴 수가 있어."

"아니, 무슨 일이냐니까."

"엄마가 준 갈비, 그리고 김치와 멸치볶음 등을 소니아가 다 버렸어."

"뭐, 왜? 무엇 때문에?"

"내가 이번 주말에 밥해서 먹으려고 냉장고에 넣어 두었는데 한마디 물어보지도 않고 김치와 마늘 냄새가 난다며 쓰레기통에 버려 버렸대요. 엄마, 나 정말 미치겠어. 얼마나 맛있고 먹고 싶은 것이었는데."

"소니아는 어디 있어?"

"모르겠어. 이 문제로 어저께 나와 대판 싸우고 집을 나가더니 돌아오지도 않았어."

"어디 간 것인지 알아?"

"몰라. 친구 집에 갔겠지. 전화도 없어."

"그래도 사람을 찾아보아야지."

"싫어. 오고 싶으면 돌아오겠지, 뭐."

"데이브, 엄마가 지금 갈까?"

"필요 없어, 오지 마."

"그럼 내가 무엇을 어떻게 해줄까?"

"엄마, 나 괜찮아. 너무 걱정하지 마."

드디어 올 것이 오고 있구나 하는 불길한 생각이 현숙의 머릿속에 자리잡기 시작하였다. 데이브가 너무 불쌍히 생각되었다. 이럴 때면 또 으레 하는 말은, 내가 뭐랬어, 한국 처녀와 결혼하라고 목이 닳게 말했건만. 이제와 이 일을 어떻게 한다? 며느리를 이해하기도 어려웠지만 이해하고 사랑하려고 노력도 하지 않은 자신에게도 문제가 있는지 모르겠다. 그러나 어떻게 남편이 좋아하는 음식을 다 버린단 말인가.

현숙은 다음날 아침 여행사에 전화를 걸었다. 오늘 아침에 뉴 올린으로 가는 비행기 표가 있느냐고 물었다. 오전에는 없고 오후 두 시

비행기에 좌석이 있다고 하였다. 풋고추를 넣고 멸치를 볶기 시작하였다. 장조림도 담고 조그마한 김치 병을 찾아 김치를 꼭꼭 눌러 담았다. 아예 된장도 좀 가져가자. 이를 악물어 보았지만 현숙의 가슴은 젖어 있었다. 저녁에 내가 도착하니 비행장에 마중을 나오라고 데이브에게 전화를 걸었다.

소니아는 아직 집에 돌아오지 않았다. 냄새가 나든 말든 된장찌개도 끓이고 갈비를 굽고 밥을 해서 둘이 함께 저녁을 먹었다. 데이브는 여기저기 소니아가 갔을 만한 친구들 집에 전화를 해 보았다. 친정에도 가지 않았음을 확인하였다. 현숙은 일주일을 데이브와 머물며 소니아를 찾아보았다. 며칠 후 어느 친구의 연락을 받고 데이브는 소니아를 데리고 왔다. "소니아 왔어." 하는 시어머니의 말에 그저 Hi(하이) 한 번 하고는 쳐다보지도 않고 방으로 들어가 버렸다. 걱정도 되지만 괘씸하기 짝이 없었다. 지금까지 한 번도 어머니라고 불러 본 적이 없는 며느리다. 어쨌든 이제 집에 돌아왔으니 다행이다. 부부싸움에 시어머니가 개입해서 해결될 일은 별로 없다고 생각되었다. 그리고 자신의 말을 들을 며느리도 아니지 않는가. 그러나 서로 이해하고 사랑하면 민족과 문화의 차이도 극복하고 모든 어려움을 극복할 수 있다는 말만 되풀이하였다. 현숙은 그 다음날 무거운 발걸음으로 집에 돌아오고 말았다.

청소부 일을 그만두다

현숙이 삼 일 만에 호텔청소부 팀장의 자리를 그만둔 지도 벌써 몇 개월이 되었다. 사오 년을 해온 청소부 일은 자의 반 타의 반으로 졸업하기로 마음먹었다. 현숙은 오늘 궁전 같은 집의 정원을 만들고 있는 나에게 따뜻한 밥과 국도 만들어 점심을 준비해 가지고 찾아왔다. 너무 크고 좋은 집에 아름다운 정원의 모습이 조금씩 나타나기 시작하였다. 현숙은 나의 잔심부름도 해주면서 일을 도왔다. 그러면서 집주인 부부와도 인사를 나누었다. 남편은 의사라고 들었다. 부인은 무엇을 하는지 잘 모르겠다.

오늘도 나를 위해 갈비구이와 미소 국을 점심 메뉴로 준비하였다. 큰집이 그림자를 그리는 정원 한구석 그늘 밑에 우리는 마주보며 앉았다. 같이 일하는 멕시칸 일꾼들에게는 부리도와 콜라를 사다 주었다. 중년의 주인 부부는 정원이 되어가는 모습을 보려고 뒤뜰에 나오고 있었다. 주인 남편이 두리번거리더니 우리 있는 쪽으로 오고 있었다.

"갈비! 당신들 갈비 먹는 거지요? 나, 갈비 무척 좋아하는데."

현숙은 흙투성이와 먼지 속에서 점심을 먹는 모습이 좀 창피하여 고개를 숙였다. 내가 자리에서 일어나면서, "그래요. 갈비 먹어 보았어요?"

"예, 서울에 비즈니스로 나갔을 때 몇 번 먹어보았는데 정말 맛있었어요."

그는 "여기서도 갈비를 구할 수 있나요?"

하고 물었다. 나는 시카고 한인 슈퍼에 나가면 갈비와 갈비양념을 살 수 있다고 말하였다. 그리고 한 줌 집어 먹어보라고 권했다. 의사는 아니오 라고 말은 하면서 손은 벌써 갈비를 받아가고 있었다. 현숙은 언젠가 한 번 갈비구이 대접을 해야겠다 마음먹었다.

주일날 교회에 나가면 일자리를 수소문해 보았다. 비꼬는 말인지 모르지만 친구들은 내가 영어를 꽤 잘한다며 칭찬하였다. 아마 청소부였지만 계속 미국 사람과 대화해온 덕분인지는 모르겠다. 어느 한 친구는 영어만 잘하고 젊은 사람은 고급식당 웨이트리스로서 일하면 돈도 많이 번다고 하였다. 슬그머니 한 번 해보고 싶은 생각이 들었다. 물론 현숙의 나이는 벌써 오십대 초반이지만 작은 체구와 젊어 보이는 동안의 얼굴 탓인지 다들 열 살 정도 아래로 봐주고 있었다. 집에 돌아와서도 현숙은 정말 미국 식당에서 웨이트리스 일을 할 수 있을까 생각해 보았다. 그러면서 현숙은 색깔이 화려한 원피스로 갈아입고 거울 앞에 서서 몸매를 가다듬고 앞뒤로 한 번 돌며 "아직도 쓸 만한데." 하며 자화자찬하고 웃었다.

처음 가본 고급 식당

내가 하는 정원 일이 마음에 들었는지 그 의사부부는 우리를 한번 저녁식사에 초대하겠다고 하였다. 맛 좋은 고급 식당으로 같이 가자고 하였다. 우리와는 격에 맞지 않는 고급 식당, 아직 한 번도 가본 적이 없는 곳이었다. 생선요리는 좋아하느냐고 물었다. '아니오, 감사합니다. 생선은 좋아하지만 사양하겠습니다.' 그러나 그들은 우리를 데리고 아주 유명한 생선요리 집으로 갔다. 의사 선생님은 갈비는 좋아하지만 고기보다는 생선과 야채를 즐겨먹는다고 하였다. 아니, 고기를 많이 먹지 말라는 부인의 등살에 눌려 할 수 없이 그렇게 한다고 했다. 그러면서 의사 선생님은 사오 개월이나 된 임산부같이 나온 배를 가리키며 부인의 눈치를 힐끔 살피고 있었다.

식당 지배인은 의사 선생님께 깍듯이 인사를 하며 우리들을 예약된 테이블로 안내하였다. 조금 후 식당 사장님이 찾아와 인사를 올렸다. 의사 선생님이 유명하고 돈 많은 단골손님이란 것을 한번 다시 확인할 수 있었다. 의사 선생님은 우리들을 한국에서 온 친구라고 소개하였다. 친구, 우리가 그들의 친구라고? 우리는 그저 말없이 당황하였다. 매니저가 직접 메뉴판을 가져다 올리고 오늘의 특별요리를 설명하였다. 우리는 무슨 요리를 설명하는 것인지 잘 알아들을 수 없었다. 그러나 우리가 미국 요리 주문에 서툰 것을 눈치챈 의사 내외분은 메뉴를 보고 우리에게 묻고 자세히 설명하면서 우리들의 오더를 도와주었다. 그것도 우리가 미안해하거나 창피해 하지 않도록 아주 편안하게 말이다.

우리 부부는 아직 미국 식당에서 요리를 시켜먹을 줄 몰랐다. 한국에서는 뭐하나 시키면 내 의사와는 상관없이 식당에서 준비한 반찬에 내가 주문한 식사가 나오는 것이 아닌가. 고급 요정에서 큰 술상이나 밥상을 주문하여도 마찬가지였다. 미국에서는 패스트푸드식당 같은 곳이 아니면 메뉴를 읽고 무슨 요리인지를 알아 주문을 할 수 있어야 한다. 미국의 식당에서는 전식에서 후식에 이르기까지 모든 것이 고객의 선택이다. 그래서 식당에는 다양한 메뉴가 준비되어 있다. 손님이 선택을 할 줄 모르면 제대로 밥을 먹기도 술을 마시기도 쉽지 않은 곳이다.

손님은 간단한 전식前食에 이어 수프나 샐러드를 청한다. 대여섯 가지의 샐러드드레싱을 보고 하나를 선택할 줄 알아야 한다. 여러 가지 이름도 모두가 우리에게는 생소한 것들이다. 고기나 생선요리를 청하면 어떻게 구워드릴까요 하고 묻는다. 즉 어느 정도로 구운 고기가 내 입맛에 맞는 것인지를 알려주면 그에 맞게 구워 나온다.

어떤 손님은 핏기가 있어 보이는 생고기같이 연하게 구워 먹는다. 바짝 구운 고기를 양념 맛에 먹는 우리들의 식성과는 너무 다른 것이다. 생선에는 무슨 양념으로 요리해 먹을지를 말해주어야 한다. 뿐만 아니다. 수많은 디저트 메뉴는 우리들을 혼란스럽게 만들기에 충분하다.

칵테일로 마시는 술도 마찬가지다. 한국에서는 주로 믹스한 드링크가 아닌 와인이나 맥주, 정종 또는 소주를 마시지 않는가. 스쿠르 드라이버, 불르디메리, 말가리터 등 수많은 믹스 드링크를 우리는 이름도 맛도 제대로 모른다. 그러니 돈이 있어도 고급 식당을 찾지 못하는 이유가 바로 여기에 있는 것이다.

우리가 초대받아 간 식당은 현숙이가 청소 일을 한 호텔에서 멀지 않은 곳에 있었다. 나는 물론 그런 고급 식당이 이곳에 있는지를 전혀 몰랐다. 현숙의 생활공간이나 관심의 대상이 아니었기 때문이었다. 맛있는 요리를 대접받으며 현숙은 우리 테이블에 서브하는 웨이트리스에 관심을 갖고 살펴보았다. 단정한 복장으로 미소를 잃지 않으며 쉴 새 없이 맡은 테이블의 손님들을 서브하고 있었다. 나중에 알았지만 손님이 들어와 식사를 마칠 때까지 그들은 한 테이블에 적어도 열두 번 이상을 왕래한다고 들었다.

손님을 지정된 테이블에 안내해 앉히고, 메뉴를 가져와 일일이 한 분 한 분에게 펼쳐 올리면서 하얀 천으로 된 냅킨을 펴서 손님 무릎 위에 놓아 드린다. 다음에 마실 물을 테이블에 올린다. 그리고 다시 와 칵테일 주문을 받아 올리고 조금 시간을 드린 후 식사 주문을 받는다. 차례대로 식사를 가져오고 한 가지의 식사가 끝날 때마다 너무

지체하지 않고 빈 접시를 치운다. 그 이전에 주문한 식사에 문제가 없는 것인지를 확인해야 하는 것이다. 손님이 불평을 하거나 이것은 아닌데 하면 두말없이 다른 것으로 대체해 가져오거나 다시 만들어 나온다. 아니, 괜찮은데요. 손님들이 다들 좋아하는데, 또는 그냥 드세요. 하는 그런 대답은 금물이다.

미국의 고급 식당에서 서브하는 종업원에게는 임금을 주지 않는다. 순전히 손님으로부터 받는 팁이 수입이다. 물론 고급 음식점이 아닌 보통 식당에서는 시간당 임금과 팁을 합산하여 지불하기도 한다. 그러나 고급 식당의 경우 팁으로 받는 수입은 만만치 않다. 적어도 식사대의 15%에 해당하는 팁을 내는 것이 미국의 통례로 되어 있다. 그러나 팁 문화에 익숙하지 못한 한인들이 즐겨 찾는 한국 식당에서는 팁이 별로 없다. 돈 내고 밥 사먹었는데 왜 팁을 내야하는지 오히려 이해 못하겠다는 표정들이다. 어떤 사람은 팁은 일 잘하는 종업원에게 식당주인이 주어야 하는 것이 아니냐고 물었다. 그래서 가끔 불미한 일도 생기고 있다고 들었다.

고급 식당에서 한 테이블에 네 분의 손님이 와인 한두 잔을 곁들여 저녁식사를 하면 식대는 약 200달러 이상이 나오고 그 금액의 15%에 해당하는 30달러의 팁을 받게 된다. 서비스가 좋으면 많은 손님들이 20%이상의 팁을 놓고 나간다. 그러니 웨이터들이 미소를 지으며 최대한의 서비스를 제공하는 이유가 바로 여기에 있는 것이다. 오후 다섯 시경에 일을 시작하여 밤 열 시까지 하루에 다섯 시간 정도 일하고 삼사백 달러의 팁을 받는다. 만만치 않은 수입이다.

현숙은 웨이트리스 일자리를 한 번 더 생각해 보았다. 우선 영어가

능통해야하고 용모가 어느 정도 단정해야 한다. 이십 년 이상을 미국에서 살며 청소부 같은 막노동이었지만 항상 미국사람들과 같이 일해온 덕분에 웬만한 대화에는 별문제가 없다고 믿고 있었다. 기억하고 싶지 않은 일로 알게는 되었지만 아직도 남자들이 관심을 가질 정도의 몸매도 거울 앞에서 한 번 비춰보았다. 그래서 오늘은 용기를 내어 서너 곳에 원서를 내어 보았다.

큰아들의 이혼

오늘따라 전화에 들리는 데이브의 목소리는 상당히 지쳐있었고 여느 때보다 차분하였다. 좀 이상하다는 생각이 들었다. 엄마, 나 이혼하기로 결정했어요. 나, 소니아와 살 수 없어요. 소니아도 내가 싫대요. 불과 결혼 사 년 만에 이혼이라니. 그동안 걱정은 되었지만 이혼만은 안 된다며 타일러 보았다. 엄마, 이미 끝났어요. 벌써 작성한 협의 이혼서류를 오늘 법원에 접수시켰어요. 청천벽력 같은 일이었지만 담담하게 들었다. 모아둔 재산도 아직 아이들도 없으니 큰 걸림돌은 없었다. 데이브가 좋아하는 김치를 버리는 짓이나 항상 싸우던 소니아를 생각하면 너무 억울하게 느껴졌다.

현숙은 모든 일을 다 알고 있으면서 한 번 다시 데이브에게 이유가 뭐야 하는 질문을 던졌다. 데이브는

"엄마, 몰라서 물어? 성격 탓이야. 그 애와 나는 맞지 않아."

"그럼, 왜 결혼했어?"

"누가 그걸 처음부터 알았어야지."

현숙은 성격 차이라기보다는 문화와 관습의 차이에서 시작되었다고 보고 있었다. 물론 서로 배려해줄 줄 모르는 인성의 문제가 근본 원인이었겠지만. 부부 사이에 서로 존중하면서 베풀 수 있는 사랑이 이렇게 소중하다는 것을 새삼 느낄 수 있었다.

현숙은 다음날 아침 급히 비행기를 타고 가 데이브와 소니아를 찾았다. 다시 한 번 두 사람을 타일러 보았다. 언제나 그랬듯이 소니아는 시어머니의 말을 귀담아 들으려고도 하지 않았다. 하기야 한 번도 자신을 어머니라고 불러본 적이 없는 아이가 아닌가. 그저 이렇게 끝나는 것이구나 하는 확인만 하며 돌아서야 했다. 말로만 들어온 다른 민족 간의 결혼과 문제점들의 중심에 우리 가족이 서 있으리라고는 미처 생각하지 못한 일이었다. '한국 여자와 결혼했으면 얼마나 좋았을까?' 하는 지울 수 없는 현숙의 고정관념만이 정답인 것같이 생각되고 있었다.

나는 한동안 데이브의 이혼 충격에서 좀처럼 헤어나지 못하고 있었다. 거기다 사위 리처드도 별로 마음에 들지 않았다. 리처드는 한동안 장인을 보고 Mr. Kim이라 불렀다. 그 호칭은 나를 무척 불편하게 했다. 고개도 돌리지 않고 장인과 마주앉아 마시는 술잔이나 한방에 같이 앉아 담배를 피우는 것을 보고 나는 한국말로 중얼대며 저, 호래자식 같은 놈 하고 욕했다. 세월이 흐르면서 이런 것들이 고쳐지기는 했지만 어딘가 우리 마음에 차지 않는 사위나 며느리는 내 아들딸들이 선택한 사람들이었고 이곳에 살기로 이민 온 우리 자신이 원인 제공의 당사자임을 부정할 수 없었다.

그런데 데이브의 이혼은 동생 스티브의 결혼 이야기가 오가고 있는 시기에 일어났다. 이번만은 꼭 한국 며느리를 보고 싶었다. 그래서 우리는 오랜 기간을 두고 스티브에게 여러 면으로 한국 여자 친구와 만날 수 있는 직접 간접적인 여건이 형성될 기회를 주려고 노력하고 공을 들였다. 스티브가 대학 일학년 여름방학 때는 고국에 나가 한국말과 풍속을 배울 수 있게 연세대 한국어 학당에 보냈다. 다행히도 스티브는 그 과정을 좋아하였고 그 다음해에도 고국에 나갔다. 한국에서 좋은 사람들도 만나고 여자 친구도 사귀게 되었다. 스티브는 대학을 졸업한 후 로스쿨 진학을 한 해 뒤로 미루고 일 년간 한국에 나가 한국어와 한국역사 등을 공부하겠다고 하였다. 그 말에 아내 현숙은 눈물을 흘리며 기뻐했다. 그리고 제발 한국과 한국말도 많이 배우고 좋은 여자 친구나 하나 사귀라고 마음속으로 바랐다.

드디어 한국인 며느리를 보다

이렇게 뒷바라지를 한 덕택인지 로스쿨을 졸업하는 날 스티브는 한 한국 아가씨를 우리에게 소개시켰다. 몇 년 전에 한국에서 만난 친구라고 했다. 이름은 이은서, 지금은 미국 대학에서 어학공부를 하며 대학원 진학 준비를 하고 있다고 인사하였다. 현숙은 기뻐서 어쩔 줄 몰랐다. 내가 바라던 것이 바로 이것이 아니었던가. 현숙은 은서의 손을 몇 번이나 잡고서 놓을 줄을 몰랐다. 예쁜 얼굴과 고운 손, 같은 말로 의사소통이 잘되니 현숙은 날고 뛸 것같이 좋았다. 하느님, 제발 은서와 스티브가 결혼하여 좋은 가정 이룰 수 있게 도와주소서! 하고 기도하였다.

스티브는 미국 법관 시험에 합격하여 일리노이주 검찰청 검사로 발령받았다. 미국의 법관 시험과 판검사의 위치는 한국과 많은 차이가 있다. 한국의 사법시험 합격과 판검사 발령은 많은 사람들이 선망하는 최고의 명예이겠지만 미국에선 그것이 아니다. 미국에서는 로스쿨 졸업자의 팔구십 프로가 법관시험에 합격하고 대부분이 변호사로서 법관의 일을 시작한다. 검사는 변호사보다 보수도 적은 공무원이라 별로 선호하는 직책이 아니었다. 그리고 변호사나 검사로 오랜 기간 경험과 위치를 거쳐야 판사로 임명될 수 있었다. 스티브는 많은 월급을 받고 일을 많이 배울 수 있는 유명한 변호사 사무실에 취직하기도 어려웠지만 한국 검사의 위치와 명예를 잘 알고 있는 남편은 스티브에게 꼭 검사가 되기를 무척 바라고 있었다.

사회적인 지위는 별로였어도 강남의 졸부로 부를 자랑하고 있는 은서의 부모에게 스티브는 일등 사윗감으로 자리잡았다. 의사나 판검사가 한 사람도 없는 그들의 집안에 검사 사위를 본다는 것을 가문의 큰 영광으로 생각하고 있었다. 그들은 은서의 애인 스티브가 미국에서 훌륭한 성적으로 사법시험을 합격하고 미국 검찰청 검사라고 밤낮으로 자랑하고 다녔다. 우리와 상의한 바도 없었는데 두 사람이 곧 결혼할 것이란 소문은 이미 널리 알려져 있었다. 현숙은 한국 처녀를 며느리로 보게 되었다는 마음에 싫지는 않았다.

현숙은 아직 은서만 몇 번 만나 보았지 그녀의 부모는 만나지 못했다. 그런데 데이브가 은서와 약혼식을 올리고 싶다고 말했고 우리 부부 역시 쾌히 승낙하였다. 결혼식은 일 년쯤 후에 한국에서 올리기로 하고 약혼식은 다음 달에 미국에서 갖고 싶다고 말했다. 약혼식에도 참석할 겸 가족들과 상견례를 올리기 위해 은서의 부모님이 미국에 오신다고 말했다. 현숙은 하늘을 날 것같이 기뻤다. 그리고 스티브와 은서의 앞날에 축복만이 있기를 빌었다. 드디어 우리가 바라던

양가 가족 간의 상견례도 가졌다. 양가 가족의 축복을 받으며 스티브와 은서의 약혼식도 올렸다.

이렇게 맺어진 스티브와 은서의 인연은 많은 사람들의 축복 속에 시작되었다. 아들의 결혼식을 위해 십여 년 만에 한국에 나간 우리는 촌놈같이 보였다. 사돈의 배려로 일류호텔에 짐을 풀고서 조상님 선산을 찾아 참배하고 고향을 돌아본 후 돌아왔다. 결혼식장에는 사돈댁 쪽의 하객들이 주를 이루었고 우리 쪽 손님은 불과 몇 사람뿐이었다. 현숙은 고국에 친구도 많이 없었지만 멀리 살다보니 친구들의 아들딸 결혼식에 부조도 하지 못했었다. 결혼식 참석도 품앗이가 아니겠는가.

결혼식 축하객들을 보면서 현숙은 오래 전에 자신이 저지른 부끄러운 일 하나를 반성하고 있었다. 현숙이 한국에 살 때 하루에 축하해주어야 할 결혼식이 두 건이 있는 날이 있었다. 둘 다 잘 아는 친구 집안의 결혼이었다. 한 집은 친하지만 별 보잘 것 없는 집안이었고 다른 집은 부자고 사회적 지위도 높은 집안이었다. 하찮은 집안의 결혼식에는 하객도 많지 않을 것이고 저 같은 사람도 그 자리를 빛내줄 수 있을 것이라 생각되었다. 물론 유명한 사람 집의 잔치에는 손님도 많을 것이고 내 같은 사람은 참석해도 별 의미가 없었을 것이다.

현숙은 곱게 화장도 하고 좋은 옷으로 멋을 내고 축의금도 좀 두둑이 넣었다. 부잣집 결혼식에 가는 길이었다. 물론 조금 얄팍한 봉투도 하나 준비하였다. 그리고 그 봉투는 아는 인편을 통해 저쪽으로 보냈다. 현숙은 오늘 은서의 화려한 결혼식을 보면서 지난날 그녀가 한 일을 후회하면서 오늘의 자신이 너무 초라하고 못나 보였다. 정말 왜 그랬는지 현숙은 지금도 백화점이나 슈퍼에서 물건을 살 때는 좀 깎아달라는 말도 못하면서, 아니 한푼 깎을 생각도 않으면서 잡상인이나 노점에서는 왜 그렇게 영악해지는지 모르겠다. 현숙은 입으로만 하느님을 외치고 사는 속물 같이만 보였다.

현숙은 화려한 결혼식도 피로연도 다 좋았지만 무엇보다도 은서를 며느리로 맞게 되었다는 기쁨에 계속 들떠있었다. 그리고 결혼식이 끝나고 우리가 받은 결혼 예물과 혼수에 현숙은 놀라고 말았다. 은서 부모는 딸과 사위를 위해 십억 원에 달하는 전원주택을 구입해주었고 스티브에게는 벤츠 차를 사주었다. 시어머니 현숙은 밍크코트에 다이아몬드가 박힌 브로치를 그리고 남편은 롤렉스시계를 예단으로 받았다. 우리는 너무 과분하여 얼떨떨하였다. 우리가 사돈을 위해 준비한 예물이 너무 초라해 차마 내어 놓지를 못하고 여기까지 가져오기가 번거로워 우리가 준비한 선물은 미국에 오시면 드리겠다고 말을 돌렸다. 그리고 우리는 해드린 것도 없는데 하고 말끝을 흐렸다. 사부인은 검사님 사위에게는 열쇠 세 개를 바쳐야 된다고 했는데 무슨 말씀이냐고 수다를 떨었다.

미국에 돌아와서도 현숙은 시간만 있으면 친구들에게 한동안 며느리 자랑과 성대한 결혼식 이야기, 그리고 혼수 자랑을 하고 다녔다. 그런데 어느 한 친구가 얘, 너무 좋아하지 마. 수입 며느리 데리고 와서 후회하는 사람들이 얼마나 많은 줄 넌 모르지, 하는 것이었다. 얘는 악담을 하는 거야? 무슨 말을 그렇게 해? 현숙은 좀 역정을 내었다. 왜 악담을 해. 두고 보라는 것이지. 뭔가 그녀가 모르는 것을 알고 있는 것 같은 눈치였다. 그 말은 지금도 현숙의 귓전에 맴돌고 있었고 왠지 모르게 불쾌하면서 불길한 마음도 들었다. 그래도 현숙은 은서만 보면 간이라도 빼어줄 듯 기분이 좋았다. 이틀이 멀다하고 밑반찬을 만들어 차에 싣고 한 시간이 넘게 걸리는 길을 달리며 은서와 스티브를 찾아가는 엄마의 마음은 하늘을 날고 있었다.

내 집 정원을 만드는 것처럼

내가 맡은 부잣집 정원이 거의 마무리 단계에 들어가고 있었다. 우리는 평생에 이런 집을 짓고 아름다운 정원을 가져보기 어렵기에 우리 집 정원을 만드는 마음으로 애착을 갖고 일했다. 이 일을 하면서 나는 많은 보람을 느꼈다. 워낙 넓은 정원이고 보니 키가 이삼 미터가 넘는 수십 그루의 나무들을 심었다. 봄이면 화사하게 피는 벚꽃나무와, 목련, 그리고 진달래와 철쭉을 심었다. 운동장같이 넓게 보이는 잔디밭도 만들었다. 그리고 양지바른 곳에 주인이 디자인한 호수를 만들고 아름다운 색깔을 가진 금붕어를 넣었다. 주인은 팔각정 정자를 호수 중간에 세우고 연꽃을 심자는 나의 제안을 아주 좋아하며 받아들였다. 나는 우리가 살 집 정원을 만드는 것 같은 마음으로 정성을 쏟아 부었다. 왜 이 일에 이렇게 매달리며 땀을 흘리고 마음에 안정을 찾고 있을까 생각하면서 삽을 놓고 내년에 필 개나리

넝쿨을 어루만졌다.

백 미터가 넘게 긴 울타리에 개나리를 심어 올렸다. 구석구석마다 일년생 꽃도 많이 심었다. 얼마 전에 심은 코스모스는 계절도 모르고 벌써 피었고 아침에 피어야 하는 나팔꽃은 하루종일 피어 있었다. 고향을 잃은 꽃들은 이국땅에 사는 우리와 같이 착각과 향수에서 깨어나지 못하며 아무 때나 피고 졌다. 이 꽃들의 고향은 어디였던가?

현숙은 도시락을 준비하여 내가 일하는 곳으로 왔다. 오는 길에 일꾼들이 좋아하는 브리토와 타코 등 멕시칸 음식을 샀다. 멕시칸 사람들도 우리들처럼 상당히 맵고 짜게 먹는다. 그래서 항상 타코 소스나 식초에 담근 할레파뇨 고추를 샀다. 할레파뇨 고추가 얼마나 매운지는 먹어보지 않으면 모른다. 한국 고추의 맵기는 명함도 못 내민다. 나는 비빔밥 한 그릇을 불과 오 분도 안 걸려 먹어 치웠다. 그릇이 비었을 때야 미역국을 한 입 마시고 등을 돌담 벽에 비스듬히 기대며 곧장 담배를 꺼내 물었다. 햇볕에 그을린 구릿빛 얼굴에는 땀방울이 가시고 낮잠이 쏟아져 눈이 지긋이 감겼다.

나는 멕시칸 일꾼들을 데리고 오랫동안 일해 온 덕분에 스페인어로 대화하는 데는 별 어려움이 없었다. 물론 노동자 세계에서 하는 말, 쌍말과 욕 같은 말들을 많이 하고 있는 것으로 알고 있다. 외국인들이 말을 배울 때 욕부터 먼저 배운다고 하지 않았는가. 그래도 나는 사 개 국어를 한다고 농담조로 말할 때가 있다. 초등학교에서 배우다 만 일본어에 이곳에서 배운 영어, 스페인어가 있다. 모두 다 체계 없이 배운 외국어인지라 항상 서툴기만 하다. 그런데 우리가 삼십 년 이상을 외국에 살다 모처럼 고국에 가면 이제 한국말도 못 알아듣는 것이 많았다. 특히나 젊은이들의 말들은 우리에게 생소하고 썰렁한 것이 많았다. 이제 우리는 모국어도 외국어도 제대로 구사할 줄 아는 것이 없는 것 같은 기분이었다.

청소부에서 웨이트리스

집에서 정원사 남편 비즈니스의 비서역할이나 하는 일은 현숙에게는 너무 호화롭고 한가한 일이었다. 애들도 커서 다 집을 나갔으니 집안일도 많지 않았다. 그러나 여자로서 몇 번이나 당한 수모 때문에 청소부 일만은 다시 하고 싶은 생각이 없었다. 다른 능력이나 기술도 없으면서 다른 직업세계에는 그런 일들이 없으리라 막연히 생각해 보았다. 그러나 웨이트리스로 처음 나가게 되는 날 현숙은 역시 반신반의 하면서 일을 시작하였다.

웨이트리스의 수입은 의외로 짭짤하였다. 일주일 동안의 견습이 끝난 첫날 받은 팁이 이백 달러가 조금 넘었다. 물론 웃을 줄도 모르는 미소를 지으며 정신없이 네댓 시간을 쫓아다니고 보니 얼굴에 경련이 나고 다리가 후둘거렸다. 그러나 현숙에게는 오직 돈, 돈이 너무 중요한 것이었다. 돈을 벌고 자식들을 훌륭히 키우기 위해 우리는 이민이란 길을 택한 것이다. 남보다 잘 살 수 있었다면 왜 내가 고향을 버리고 조국을 떠났겠느냐고 물어보았다.

웨이트리스의 일도 쉬운 것은 아니었다. 청소부는 많은 사람들을 상대할 필요가 없었지만 웨이트리스는 많은 손님들을 직접 상대함으로 신경을 바짝 곤두세우고 일해야 했다. 그리고 인간은 본능적으로 먹는 음식을 아주 중요하게 생각하고 있다. 그래서 맛과 식성에 예민하고 기분과 분위기는 음식과 어울려 중요한 역할을 하는 것이었다. 현숙은 아직도 능숙하지 못한 영어 때문에 칵테일 주문을 받는 데 조금은 애를 먹었다. 여러 손님이 앉은 테이블에서 누가 무슨 요리를 주문한 것인지를 기억하는 것도 쉽지 않았다. 물론 음식을 가져와 손님에게 물어볼 수도 있지만 매니저가 보면 근무 성적 감점을 받는다. 이러다 발전이 없으면 잘리기도 마련이고. 그러나 삼사 개월이 지나면서 수입도 좋았고 현숙은 일에 상당히 익숙해졌다. 한 달에 이삼천 달러를 저축할 수 있는 현숙의 기쁨은 한꺼번에 수천만 원의 비자금을 조성하는 한국 남정네들의 기분보다 더 기뻤다.

까다로운 손님들은 팁을 놓고 가는 데도 인색하였다. 와인이나 칵테일을 즐겨 마시는 손님은 후한 팁을 놓고 일어났다. 현숙의 친절한 서비스를 특별히 고맙게 생각하는 손님은 식사대의 20% 이상에 해당하는 팁을 놓고 나갔다. 어느 날 남자 손님 네 명이 저녁식사를 마치고 그 중 한 사람이 대금 결제를 하려고 신용카드를 꺼내어 계산서 폴더에 넣고 건네주었다. 그런데 그 속에는 식대와 팁을 계산할 카드 외에 삼백 달러의 현찰과 호텔 방 번호가 적힌 쪽지가 있었다. 아이러니하게도 식당에서 멀지 않은 거리에 있는 호텔, 현숙이 한 번 수

모를 당한 적이 있는 그 호텔이었다. 현숙은 잠시 동안 생각에 잠겨 있었다. 물론 돈만 챙기고 호텔에 가지 않을 수도 있는 일이다. 그러나 현숙은 그런 사람이 아니다. 만약 현숙이 그 돈을 챙겼다면 그날 밤 호텔 방에서 현숙이 나타나기를 기다리고 있었을 그 남자의 모습을 상상해 보아라. 씁쓸한 웃음이 입가에 감돌았다. 생각이 있고 그의 요구에 동의한다면 찾아오라는 일종의 묵시가 아닌가. 현숙은 그 돈을 손님에게 무안을 주지 않고 살며시 돌려주는 방법을 생각하고 있었다. 현숙은 영수증과 현찰을 옆의 사람들이 모르게 조용히 돌려주면서 "미안합니다, 그러나 감사합니다."라고 인사하였다.

매니저로부터 듣고 이런 일을 어떻게 처리해야 하는 것까지도 다 알고 있었기에 현숙은 사뭇 태연히 행동하였다. 호텔에서 당한 수모와 비교하면 이것은 아무것도 아니었다. 이제는 면역이 생긴 것일까? 전문직 직장에서도 이런 일들이 있는지를 현숙은 모른다. 아니 우리같이 하급 서비스업에 종사하는 여자들은 아무렇게나 대하여도 되는 것으로 생각하는 것이 남자들 사회에서 만연되어 있는 것일까? 그러나 도대체 남자라는 동물들의 두뇌에는 무엇이 들어 있을까 생각해보았다. 자신의 남편에게는 그런 여건이 주어져도 절대 이런 행동은 하지 않을 것임을 현숙은 잘 알고 있다. 우리는 서로 믿음으로 사랑하고 있으니까.

그러나 이런 일을 한 달에 한두 번 꼴로 당했다. 또한 오더를 받기 위해 손님 옆에 서 있으면 웨이트리스의 히프에 손을 얹고 만지는 손님도 종종 있다. 이럴 때 웨이트리스들은 상당히 당황한다. 손님에게 무안을 줄 수도 없고 그렇다고 그냥 두면 손님의 생각은 그 다음 단계로 비약하는 것이 보통이다. 몸의 방향을 바꾸어 조용히 다른 곳으로 옮기고 약간 경고의 눈으로 그 손님을 한 번 쳐다보는 것이 웨이트리스가 할 수 있는 무난한 방법 중의 하나였다. 이런 일을 당할 때마다 수입도 좋은 웨이트리스 일을 그만두면 다음에는 무엇을 해야 할까 하는 생각이 차츰 들기 시작하였다.

문제 많은 수입 며느리

천진난만한 은서는 무척 귀여웠고 우리들의 사랑을 독차지하였다. 그런데 사람은 겪어 봐야 안다고 했던가. 철없는 것과 기본 인성교육이 잘 되어 있지 않은 것은 별개의 문제였다. 세월이 지나면서 은서의 언행은 우리들의 기대에 너무 모자랐다. 미국생활에 빨리 익숙해지려고 노력하지는 않고 항상 친정 부모에게 의지하려는 자세도 큰 문제였다. 친정이나 시가 이야기를 아무에게나 함부로 하고 다녔다. 근면검소하게 살아온 우리 집안과 돈 귀한 줄 모르고 살아온 은서의 생각과 행동에는 너무도 큰 차이가 있었다. 무엇보다도 시부모를 어른으로 모실 줄 모르는 행동에 우리는 많이 못마땅해 하고 있었다.

시부모님 앞에서 가슴이 훤히 드러나보이고 엉덩이까지 올라온 복장은 신세대의 취향이라고 애써 이해하려 노력하였다. 그러나 시아버지에게 커피를 올리며 잔 밑에 받침 접시 하나 없이 달랑 들고 와

버릇없이 상 위에 던지다시피 내려놓는 며느리를 이해하기 어려웠다. 아니 집에서 무엇을 배웠을까? 받침 접시에 커피 잔을 얹고 그것을 작은 쟁반 상에 담아 나와야 되는 것이 아닌가. 예의범절을 지키고 어른을 공경한다는 마음의 표시는 찾아볼 수 없었다.

저녁상 앞에 시부모님과 같이 앉아도 어른이 시작도 하기 전에 은서는 제일 먼저 숟갈을 들었다. 시아버지 앞에서 고개 하나 돌리지 않고 술도 마셨다. 민망한 부분이 보일 정도로 다리를 쭉 펴고 방바닥에 주저앉는 것은 예사였다. 은서의 사전에는 고맙다거나 미안하다는 말이 없어 보였다. 물론 대부분의 한국 사람들은 감사하다는 인사나 미안하다는 말에 많이 인색하다. 조그마한 것에도 감사할 줄 알고 작은 실수나 잘못에도 미안한 마음으로 용서를 청하는 서양 사람들과는 대조적이다. 은서는 이런 사소한 관습들을 몸에 익히려고 노력도 하지 않았다.

은서의 결혼 초기에 순수하고 순진해 보이던 그 모습은 어디론가 사라져버리고 가식이 가득 찬 영악한 보습만 보였다. 이곳 교민들이 자주 하는 말 중에 하나는 고국에 가보면 아이들이 아이들처럼 순진하지 않고 너무 영악해 보인다는 말을 종종 들은 적이 있었다. 아이들이 너무 계산적이고 이기적으로 보였다. 우리는 요즘 한국의 초등학교 학생이 선생님에게 폭행을 하고 얼마 전 미국산 쇠고기 광우병 촛불집회에 나가는 어린 아이들을 보고 많은 생각을 하였다. 우리 교포 부모들은 이곳에서 자라는 아이들을 비교적 있는 그대로 믿고 배우고 순진한 편이라고 말하고 나도 그렇게 생각하고 있다.

은서는 운동신경이 둔한 애는 아니었다. 그러나 일 년이 걸려도 운전면허 시험에 계속 낙방이었다. 나중에야 알았지만 전문대학밖에 못 나온 은서의 머리는 영어를 배우는 데서도 나타나고 있었다. 또 다시 스티브의 가정에 문제가 생기고 있었다. 아니, 스티브와 은서의 사이에 문제가 있는 것은 아니었다. 우리가 바라는 며느리가 아니었다. 은서의 부모님은 옛날 사대부 가문의 사람도 아니었고 고등교육도 제대로 받지 못하였다. 그들은 갑자기 오른 땅값 때문에 졸부가 된 사람들이었다. 거기서부터 은서의 가정교육은 제대로 되지 않았고 모든 것이 돈이면 다 된다는 그릇된 인성이 자리매김한 것이었다. 은서의 인간성이나 가정교육이 근본 문제이겠지만 언젠가 친구가 내뱉은 "수입 며느리 두고 보라."는 말이 우리 앞에 현실로 나타나고 있었다.

미국에서는 '거라지 세일'이라는 것이 있다. 집에 필요 없는 물건들을 내다 파는 것이다. 온 동네가 함께 일 년에 한두 번씩 이런 행사를 벌인다. 집집마다 내어 놓은 옷이나 가구, 장난감 등을 보면 구제품을 파는 장날이 서는 기분이다. 현숙은 무심코 그 길목을 지나가고 있었다. 아들집에 밑반찬을 갖다 주러 가는 길이었다. 아들집 앞에도 옷가지와 쓰지 않는 부엌용품 등 여러 가지 물건이 많이 나와 있었다. 우리는 여행을 하거나 특별한 날에 은서에게 가끔 나름대로 예쁜 옷을 사준 적이 있었는데 지금까지 우리가 사준 옷을 한 번도 은서가 입은 것을 보지 못했다. 그런데 이 옷들이 모두 '거라지 세일'에 나와 있지 않는가. 현숙은 너무 기가 막혀서 말을 잊었다. 그 순간 은서도 좀 당황하는 빛을 보였으나 별 신경쓰지 않는 모습이었다. 어머, 이거 내가 사준 옷 아니야? 맞아요, 나에게 맞지 않아 누구를 줄까 생각하다 팔아버리려고 내어 놓았어요. 현숙은 준비해 간 밑반찬을 내려 놓는 것도 잊고 말없이 돌아오고 말았다.

차라리 보지 않았으면 모르고나 넘어갈 수 있는 일이었겠지. 왜 하필이면 그것을 보아서 이렇게 마음을 편치 않게 할까. 마음에 안 드는 은서의 말이나 행동은 한두 가지가 아니었다. 시어머니가 저녁 준비를 하여도 앉아 텔레비전만 보고 있는 것이 은서였다. 남편인 스티브가 출근 준비를 하고 있는데도 방에서 자고 있는 은서를 보면 나는 도무지 이해도, 용서도 할 수가 없었다. 괜찮으니까 우리 부부 간의 일에 끼어들지 말라는 스티브의 말에 실망과 분노를 삼켰다. 이렇게 은서와 우리 사이는 계속 꼬여 가고 있었다. 쌓이고 쌓인 문제점들이 하나 둘 터져나오고 있었다. 이 사이에 총대를 메고 뛰어든 사람이 막내딸 제니였다.

막내딸 제니

활발하고 거침없이 그러나 사리가 분명하게 말과 행동을 하는 제니는 나이 열 살이나 위의 형부에게도 야단을 쳤다. 형부는 언니와 십 년을 넘게 살았으면 장인 장모 모실 줄도 알아야 하며 한국 예절이나 관습도 좀더 알아야 하는 것이 아니냐며 핀잔을 주었다. 소니아와의 관계 때문에 몰아붙이기만 하던 큰오빠 데이브가 이혼한 다음부터는 측은함을 보이면서도 용기를 내라며 위로해 주었다. 작은오빠 스티브와 올케언니 은서는 제니의 증오의 대상이 되어버렸다. 자유분방한 올케 은서의 버릇을 고치겠다며 이야기하다 서로 싸우고 오빠 스티브에게 야단을 맞고 분을 삭이지 못해 책상을 치며 통곡했다. 그래도 그 다음날 오빠가 출근하고 난 틈을 타 올케를 찾아가 하루종일 붙들고 난리를 부렸다. 제니는 우리 남매 누구 하나 아버지 어머니 마음 편하게 하는 사람이 없으니 어떻게 해야 될지 몰라 속이

상해 있었다.

제니는 중국계 남편과 결혼을 하였다. 우리 부부는 중국남자들이 이렇게 많은 집안일을 하면서 부인과 가족을 사랑하는지를 미처 몰랐다. 왕씨의 성을 가진 사위는 중국 본토가 고향이지만 대만 출생 중국계 미국인이다. 미국에서 출생하고 자랐지만 중국말도 유창하였다. 아내에게 뿐만 아니라 장인 장모에게도 지극 정성으로 대했다. 그래서 제니의 언니와 오빠들은 "비단이 장사 왕서방 제니한테 반해서…." 라며 놀리기도 하였다. 그리고 제니를 명월이라고 부르기도 하였다. 왕서방은 이름마저 왕진국이고 보니 언니와 오빠들은 왕서방이 사위로서는 진국이니 원조니 하고 부르며 더욱더 놀려주기도 했다.

아이들 기저귀도 왕서방이 다 갈아주었다. 직장에서 집에 돌아오면 부엌에 들어가 저녁준비를 하였다. 제니는 그저 보조역할을 할 뿐이었다. 현숙은 너무 민망하여 제니에게 눈치를 보내면 제니는 "엄마, 왕서방 요리 잘해요. 그냥 두세요."라고 태연히 말했다. 할 수 없이 부엌으로 들어서는 장모를 왕서방은 떠밀어내면서 "장모님 뭐 잡수시고 싶어요?"라고 묻기만 하였다. 물론 제니도 남편을 극진히 사랑하며 남편 대우를 착실히 해줌으로써 그들의 생활은 밸런스가 잡혀 있었다. 작은 선물이라도 가지고 시부모님을 자주 찾아뵙고 공경하는 제니를 왕서방은 너무 고마워하고 있었다.

그런데 현숙은 자신의 아들 데이브가 앞치마를 입고 부엌에서 왔다 갔다 하는 것을 보았을 때는 울화통이 치밀어 참을 수가 없었다. 물론 밥 하나 제대로 하지 못하는 소니아의 근본이 문제가 되었지만. 그러나 사위 왕서방이 부엌에서 요리를 하며 딸 제니를 사랑해주는 모습을 보면 사랑스럽고 귀여워 흡족했다. 딸과 며느리를 가진 여자들은 다 이중인격자들일까? 어머니도 딸도, 그리고 며느리도 다 같은 여자일진대.

제니는 문화의 차이를 극복하지 못하고 사는 선희 언니와 형부 리처드를 이해하지 못하겠다고 말했다. 또한 백인 여자와 결혼하여 김치가 먹고 싶어도 참고 살다 결국은 이혼을 한 큰오빠 데이브를 바보라고 쏘아붙이기도 했다. 올케언니 은서 가족과 제니는 만나면 싸움이었다. 한국 수입품은 불량품이라며 올케 언니를 몰아세웠다. 미국에서 자란 자기보다도 어떻게 한국 예의범절을 더 모르느냐며 야단을 쳤다. 올케 은서가 아버지 어머님을 배려하고 공경할 줄 모르는 행동이 제니의 마음을 너무 아프게 했다. 그래서 제니는 시누이 노릇을 톡톡히 하려고 작심한 것이었다.

내가 정성들여 만든 정원 울타리에 개나리가 이듬해 봄에 활짝 피었다. 차가운 땅속에서 최소한의 호흡으로 겸허히 겨울을 견디는 마른 가지의 개나리는 그 건조한 뿌리 속에서 지치지 않는 꿈을 간직하며 오늘을 위해 살아온 것이었다. 그래서 노란 망울을 터트린 꽃잎은 아름답기만 할 뿐 아니라 우리와 함께 마음과 정이 통하고 있어 보였다. 집주인보다도 우리가 더 좋아하며 개나리꽃을 보았다. 이웃 시골 마을에서 자란 나와 그 옆 마을에서 자란 현숙이는 갑돌이와 갑순이 같은 마음으로 고향의 봄길을 걷고 있었다. 나의 살던 고향은 꽃 피는 산골…. 그러나 지금은 어느 누가 살고 있을까? 여보, 무슨 생각을 그렇게 하고 있어요? 배고파, 점심 먹읍시다. 나는 담배연기를 공중을 향해 뿜으며 나무 그늘이 그림을 그리는 잔디밭 구석에 앉았다.

주인아저씨 의사 선생님이 개나리꽃이 만발한 울타리를 따라 이쪽으로 오고 있었다. 항상 같이 다니는 부인의 모습이 오늘은 보이지 않았다. 돈은 많지만 자식이 없다보니 항상 조용하기만 한 이 가정은 가끔 적막하게 보였다. 오늘은 갈비도 없는데 어떻게 하지. 된장찌개 냄새가 그 분에게 거슬릴까 봐 얼른 뒤로 감추었다. 그는 우리에게 인사를 건넸다. 점심 잡수세요? 그분이 먼저 인사를 건넸다. 당신이 심어준 개나리꽃이 정말 아름답습니다. 현숙은 사모님은 어디 가셨어요? 하고 물었다. 그는 얼굴에 약간 근심이 담긴 표정을 지으며 부인은 지병인 관절염이 심하여 방에 누워있다고 말했다. 뭔가 생각을 하면서 조금 주저하던 그는 미시즈 김, 우리를 좀 도와줄 수 있어요? 라고 말했다.

이제 가정부가 되다

현숙은 다음날부터 그 댁의 가정부가 된 셈이다. 매일같이 아침에 커피를 끓이고 토스트를 구워 의사 선생님의 출근을 도왔다. 몸이 불편한 부인도 식탁에 같이 앉아 남편과 이야기를 나누며 커피를 마셨다. 부인은 아픈 다리를 끌면서도 남편의 넥타이를 챙겨주고 뺨에 키스를 하며 즐거운 하루를 보내라는 인사를 보내었다. 현숙은 부인이 좋아하는 야채와 과일들을 갈아 주스를 만들어 한 컵 마시게 하였다. 부인은 현숙의 손을 잡으며 고맙다는 인사를 하였다. 부인은 아침식사를 마치고 정원을 거닐며 십 분도 채 못 되는 산책에 피곤을 느끼며 방으로 들어왔다. 응접실 소파에 비스듬히 앉아 텔레비전을 보며 다리를 만지고 있었다. 현숙은 방문을 열고 청소를 한 다음 욕조에 더운물을 받아 부인의 목욕을 도왔다. 침대에 눕히고 다리를 좀 만져 주니 부인은 금방 잠이 들었다.

점심때가 조금 지난 이른 오후에 정원사 남편의 트럭이 집 앞에 섰다. 여보, 아침에 시카고에 나가는 길에 당신이 부탁한 갈비와 양념을 사가지고 왔어요. 좀 맛있게 해드려요. 현숙은 점심은 먹었느냐고 남편에게 물었지만 일이 바쁘다며 바로 가버렸다. 오늘 저녁에는 이 부부 두 분께 갈비로 저녁을 대접하기로 준비하였다. 양념으로 갈비를 재우며 마늘은 얼마나 넣어야 서양 사람의 입맛에 맞으면서도 갈비 맛을 제대로 낼 수 있을까 고민하였다.

현숙은 십여 년 전에 돌아가신 어머님의 임종도 지켜보지 못했었다. 현숙은 두 개의 둥지를 둔 기러기처럼 태평양을 사이에 두고 이쪽에는 내 아들딸들을, 저쪽 바다 건너에는 내 부모형제를 두고 살아왔다. 기러기처럼 긴 목을 빼고 울며 쉬어갈 섬도 없는 태평양을 단숨에 건너 친정에 도착했을 때는 어머님의 싸늘한 손만을 잡아볼 수 있었다. 평생 어머님을 따뜻하게 모셔보지도 못한 현숙은 가슴이 찢어지는 마음으로 장례식장에서 슬피 울어본 것이 고작이었다. 그래서 현숙은 의사 선생님 부인을 보며 어머님 생각을 많이 하고 있었다. 이렇게 부유하게 살면서도 자식이 없으니 찾아오는 혈육은 아무도 보이지 않았다. 물론 자식 구실도 못한 자신의 지난날은 잊어버리고 자식 없는 남 걱정을 하고 있었다. 하기야 가지 많은 나무에 바람 잘 날이 없고 무자식이 상팔자란 말이 실감나는 요즘 세상이 아닌가.

주말이면 현숙은 집에 돌아와 남편과 함께 지냈다. 저녁 늦게 집에 돌아와 남편의 작업복을 챙기고 일주일 동안 먹을 반찬도 준비해야 했다. 현숙이 들어서는 방 두 칸짜리 아파트는 고래등같이 넓은 의사 선생님 집과 비교할 수 없게 초라한 집이었다. 남편이 이제와요, 하며 맞이해주었다. 그러나 자신 손때가 묻고 김치냄새가 배인 낡은 가구가 놓여 있는 방은 피곤한 몸을 포근히 감싸주고 가정이 그리고 가족이 얼마나 소중한지를 가르쳐주었다. 현숙은 토요일인 오늘 아침에 늦잠을 잤다. 구수한 원두커피 향이 코끝을 자극하여 잠을 깨어 보니 남편이 부엌에서 커피를 끓이고 토스트를 굽고 있었다. 여보, 좀더 자지 않고. 많이 잤어요. 커피 향이 너무 좋네요. 미국에 오래 살다 보니 영어는 못해도 커피 맛은 아나 봐. 그래 말이야. 남편은 좀 씁쓸한 미소를 지으며 현숙을 쳐다보았다.

여보, 우리 두 사람이 다 그 집에 들어와 살면서 도와달라고 의사 선생님이 부탁하는데 당신은 어떻게 생각해요? 당신 혼자 두고 내가 왔다 갔다 하는 것도 불편하게 보이고 또 부인의 병세가 점점 더 악화되니 걱정이 많은가 봐요. 그리고 의사 선생님이 부인을 사랑하고 배려하는 마음은 너무 아름다워요. 그래서 나는 더욱더 그분들을 도와드리고 싶어요. 그럼 우리 아파트는 어떻게 하지? 하며 남편은 현숙을 쳐다보았다. 먼 거리도 아닌데 자주 들리고 왔다 갔다 하면 되지 않을까요?

일요일 오후 간단한 집을 챙겨 들어서는 부부를 보는 의사 선생님은 너무 좋아하였다. 부인은 그들이 쓸 방을 안내하면서 송구한 마음에 현숙의 손을 꼭 잡고 눈물을 글썽거렸다. 의사 선생님은 남편이 준비한 생선초밥에 미소 국을 보고 좋아 어쩔 줄 모르게 기뻐하였다. 초밥에 소주를 곁들여 간단히 저녁을 먹은 후 자리를 바꾸어 와인을 마시며 밤늦게까지 세상사는 이야기를 나누었다. 의사 선생님은 의자에 앉아 코를 골며 잠든 부인을 안아 침실로 들어갔다.

커피를 끓이려 부엌으로 가는 창문 너머로 의사 선생님과 정원을 함께 거닐며 잡초를 뽑고 있는 남편의 모습이 평화롭게 보였다. 남편은 내 것같이 아끼고 좋아하는 정원을 매일 볼 수 있어 기뻤다. 의사 선생님 내외가 그들 부부와 함께 이 방의 식탁 앞에 앉아 보기는 어제 저녁이 처음이었다. 아침에 커피를 마시는 부인은 아들과 딸 같은 기분이라며 남편을 쳐다보았다. 의사 선생님은 병원으로 남편은 정원 일을 하러 나간 후면 이 넓은 집은 다시 적막에 가까울 정도로 조용해졌다.

기쁘고도 슬픈 설날

오늘은 정해년 설날이었다. 다행히 주말이라 의사 선생님 가족은 집에서 쉬고 있었고 현숙은 남편과 함께 아파트에 돌아와 설날 준비를 할 수 있었다. 고국에서는 금년이 황금돼지해라며 야단이었다. 어저께 고속도로를 꽉 매운 귀향객들의 차량 행렬을 텔레비전을 통해 보면서 현숙의 마음도 고향을 향해 함께 달리고 있었다. 쓰나 다나 추억은 아름답고 고향은 항상 그립다는 말이 오늘따라 너무나 가슴에 와 닿았다. "나의 살던 고향은 꽃피는 산골…"의 노래가 가슴을 울리며 외로움이 온몸을 엄습하였다.

외국에서 한국 설날을 제대로 명절같이 보내기는 어려운 것이 현실이다. 다행히 금년 설날은 일요일이라 가족이 다 함께 모일 수 있을 것으로 기대하며 현숙의 마음이 들떠있었다. 우리 가족은 한국계 민족을 바탕으로 게르만족 큰사위, 아이리시 며느리, 그리고 중국계 막내사위가 무지개처럼 서로 뚜렷한 색깔을 내면서도 함께 어우러져 빛나고 있는 가족이다. 큰사위 리처드는 한국 명절과 동양예절에 관심을 보이면서 서툴지만 그런 대로 어울리려고 오래 전부터 노력했다. 이혼한 데이브는 명절이면 더욱더 결혼의 실패를 돌아보는 모습이었다. 다 같은 한국 사람이면서 그리고 한국에서 성장했음에도 아무 예절도 모르는 은서가 집안에서 제일 문제덩어리가 되었다. 중국계이지만 같은 문화권의 왕서방은 모든 가족과 제일 잘 어울리고 있었다.

우리는 개신교를 믿지만 조상님을 위한 설날 차례는 정성껏 모셨다. 물론 유교식 제사형식과는 조금 달리했지만 제수를 장만하고 상에 올리는 방법은 철저히 유교식 예절에 따라 차려 올렸다. 어동육서, 조율이시, 홍동백서, 좌포우혜 등의 진열예식을 따라 차렸다. 옛날 아버님께서 제사 모시는 것을 보고 배웠기에 조상님도 좋아하시리라 믿고 있었다.

오늘도 제니와 은서가 대판 싸움을 하고 있었다. 설날인 오늘 며느리로서 하루 전에 시댁에 와서 차례 준비를 하고 세배를 올리고 해야 하는 것이 아니냐는 것이었다. 제니는 전날 저녁에 시댁에 가서 설날 준비를 마치고 아침 일찍이 시부모님께 세배를 올렸다. 시댁 제사는 중국 본토에 있는 큰댁에서 모시기에 제니는 시부모님께 세배를 올리고 빨리 친정으로 올 수 있었다. 친정에 찾아온 제니는 은서를 그냥 봐 주지 않았다. 가족들은 제수상을 차리면서 제니 가족이 도착하기를 기다리고 있었다. 향을 피우고 조상님께 술잔을 올렸다. 절을 하고 기도를 올렸다.

떡국이 나오고 온 식구가 오랜만에 한자리에 앉았다. 지난 한 해 동안의 이야기와 손자손녀들의 떠드는 소리와 웃음소리가 사람 사는 집같이 느껴졌다. 그러나 며느리로서 임무를 다하지 않고 손님같이 상 앞에 앉아 기다리는 은서의 철없는 행동은 여러 사람들에게 못마땅하게 보였다. 특히 제니의 눈에 불길이 튀고 있음을 현숙은 볼 수 있었다. 상을 물리치고는 부모님께 세배를 올리고 덕담을 주고받았다. 아이들은 세뱃돈에 정신이 팔려 누가 돈을 많이 받았는지를 살피고 있었다.

제니와 은서는 나이도 동갑이고 서로 못 잡아먹어 항상 으르렁거리고 있었다. 제니가 올케 은서를 불러 다른 방으로 자리를 옮겼다. 현숙은 또 무슨 일이 벌어지는 것임을 느낄 수 있었다. 갑자기 큰소리가 문틈으로 새어 나왔다. 네가 뭔데 훈계냐고 따지는 은서에게 너 한국에서 뭘 배웠느냐고 제니가 따졌다. 머리가 나빠 제대로 된 대학도 나오지 못했다면 가정교육이라도 잘 받았어야 되지 않느냐는 제니의 공격이 은서의 자존심을 건드리고 말았다. 설날 아침부터 이게 무슨 짓이냐며 방으로 들어서는 현숙을 제니는 밀어제치고 문을 잠가버렸다.

한동안 조용하다가는 또 큰소리가 나오고 한 시간이 넘게 제니와 은서는 싸우고 있었다. 드디어 제니가 방에서 나오더니 부엌으로 가 찬물을 한 대접이나 꿀꺽꿀꺽 마셨다. 울분을 삼키지 못해 씩씩거리기만 하면서 의자에 털썩 주저앉고 말았다. 뒤를 이어 은서가 이층 방으로 올라가더니 가방을 들고 인사도 없이 나가 버렸다. 차를 타고 떠나는 은서는 부르는 남편 스티브를 쳐다보지도 않고 사라져 버렸다. 이렇게 우리는 또 한 번 새해를 맞이하였다.

모처럼 입어본 명품 드레스

오늘은 몸이 좀 편하니 현숙이와 함께 쇼핑을 나가자며 의사 선생님 부인이 제안하였다. 그리고 모처럼 따뜻한 날씨에 바깥 구경도 하고 밖에서 맛있는 점심도 함께 먹자고 하였다. 부인을 태우고 고급차 운전석에 앉은 현숙은 무척 조심하여 운전하였다. 차도 문제지만 혹시 사고를 내어 몸이 불편한 사람을 걱정시키면 어쩌나 생각하며 정신을 바짝 차리고 다녔다. 큰 백화점이 눈앞에 보이고 입구 근처의 장애자 주차장에 차를 세웠다. 장애자 주차 허가증을 백미러에 걸고 부인이 차에서 내리는 것을 도와 드렸다.

에스컬레이터를 타고 올라가 이층 여성용 의류점에 도착하니 화려한 봄옷들이 현숙의 눈을 황홀케 하였다. 색깔도 곱고 최신 유행의 디자인과 무늬를 갖춘 고급 옷들이 한눈에 들어오고 있었다. 이 백화점은 고급양품을 파는 것으로 알고 있었지만 현숙은 여기서 한 번도 옷을 사본 적이 없었다. 그래서 현숙은 그저 근성으로 구경만 하고 있었다. 부인도 이것저것 구경을 하며 시간 가는 줄 모르고 돌아다녔다. 부인이 화려한 색깔의 멋진 옷을 한 벌 들고 현숙을 불렀다. 저 옷은 좀 젊은 사람이나 입을 수 있을 것 같은데 생각하며 현숙은 그 쪽으로 천천히 다가갔다.

"현숙이, 이것 어때?" "나는 야, 정말 멋있다." 하면서도 젊은 사람들의 옷인데 생각하였다. 그런데 느닷없이 이것 한 번 입어 봐 하는 것이다. "제가요? 그래, 한 번 입어 봐." "현숙이는 내 사이즈와 비슷하잖아." "내가 다리가 아파 옷을 벗고 입어보기 불편하니 나에게 어울리겠는지 한 번 입고 보여줘." 조금 이상한 예감이 들었지만 현숙은 입어 보았다. "부인이 아, 참 예쁘다." 하면서 점원을 불렀다. 현숙이도 옷이 몸에 딱 맞게 느껴지며 부드러운 촉감을 주는 것이 고급 명품임을 금방 알 수 있었다. "아, 정말 멋있어요." 점원의 상술적인 칭찬이 그치질 않았다. "그 옷 좋아 보이지?" 부인이 물었다. "사모님 마음에 들어야지 제 마음에 들면 뭣해요." 하는 것이 현숙의 대답이었다. 그러나 부인은 내가 참 좋은 고급 옷이로구나 하는 마음을 읽고 무척 기뻐하고 있는 것으로 보였다. 그리고 또 다른 것들을 구경하자며 옷을 갈아입고 나오라는 손짓을 하였다.

현숙은 옷을 갈아입으며 그 옷의 가격표를 한 번 힐끗 쳐다보곤 기절할 것같이 놀라고 말았다. 원피스 한 벌에 사백 달러? 현숙은 평생 이렇게 비싼 옷을 사 입어 본 적이 없는 사람이었다. 역시 잘사는 사람들은 다르구나 생각하며 들고 나오는 옷을 점원이 받아 접어서 포장을 하여 쇼핑백에 담기 시작하였다. 그동안에 부인은 옆에 있는 남성복 코너에서 넥타이를 하나 골라 점원에게 건네주었다. 부인은 카드를 가방에서 꺼내어 계산을 마치고 배고프지 하며 현숙을 쳐다보았다.

우리는 백화점 맨 위층에 있는 식당으로 올라갔다. 오랜만에 두어 시간을 걷고 쇼핑을 한 후에 의자에 앉으니 그리 편할 수가 없었다. 부인도 아이고 다리야 하면서 의자에 털썩 주저앉았다. "현숙이, 우리 오늘 뭘 먹을까?" "내가 맛있는 걸 사줄게." "사모님, 피자 좋아하세요?" "맛있는 것 먹으라니까 고작 피자야?" "사모님 저 피자 좋아해요." "그래, 그럼 나도 피자를 먹어야겠구나." 우리는 살라미와 치즈가 듬뿍 올려진 피자를 먹으며 콜라를 마셨다. 부인은 남편이 콜라는 안 좋다고 마시지 말라 했는데 하면서도 맛이 좋으니 오랜만에 한 번 마시자 하면서 혹시 남편이 보지나 않나 하는 시늉으로 주위를 둘러보았다.

집에 돌아오는 길은 조용하기만 하였다. 부인은 고단하여 차에 올라앉자마자 잠이 들었고 현숙은 혼자만이 라디오에서 흘러나오는 노래를 들으며 집에 도착하였다. 곤히 잠든 부인을 깨우지 않으려고 차를 일부러 집 앞 양지바른 곳에 세웠다. 현숙은 그 옆에서 의자를 놓고 커피를 한 잔 마시다 같이 잠이 들고 말았다. 어디선가 찰가닥 하는 소리에 고개를 들고 보니 의사 선생님이 그들의 자는 모습을 사진 찍고 있었다. "아이, 창피해." "자는 사람 사진은 뭣 하러 찍어요?" 얼마나 잤는지 시계를 쳐다보았다. 의사 선생님은 너털웃음을 지으며 두 사람 자는 모습이 천사같이 귀엽다는 큰소리에 부인도 잠에서 깨어 버렸다.

"오늘 쇼핑 잘 했어요?" 남편이 물었다. 부인은 쇼핑백에서 넥타이를 꺼내 남편에게 건네주며 "마음에 들지 모르겠어요."라고 말했다. "야, 정말 멋있다." "당신이 골라주는 것은 언제나 멋있어. 사무실에 가면 아가씨들이 멋쟁이 아저씨라고 또 좋아하겠네." "아이고, 주책, 당신 같은 늙은이를 누가 좋아한대요?" 부인이 말했다. 그리고 화려한 원피스 드레스를 백에서 꺼내어 보여 주었다. 의사 선생님은 이것 "당신 옷이야? 정말 멋있다. 그런데 당신에게 좀 야하지 않아? 젊은 숙녀복 같은데." "아니 당신을 좋아하는 젊은 아가씨는 있어도 나는 젊은 옷을 입으면 안 된단 말이오?" "아니, 그런 말은 아니고. 여보, 그런데 이 옷 내 것이 아니에요." "그럼 누구? 현숙이 것이에요. 우리를 위해 고생하는 현숙을 위해 한 벌 샀어요." "아, 그럼 그렇지. 정말 잘했어요." 현숙의 놀라고 있는 모습을 보며 의사 선생님은 "빨리 한 번 입어 봐요."라며 재촉했다.

내가 만든 무지개 가족

선희의 두 딸은 벌써 초등학교에 다니고 있었다. 엄마로부터 받은 까만 머리에 아빠의 하얀 얼굴과 파란 눈을 가진 손녀들은 그저 귀여울 뿐이었다. 한국말로 인사 정도는 배워서 할머니 안녕하세요? 할 때는 너무 반가워 애들의 부모가 누구인지도 잊고 현숙이 한국말로 수다를 떨면 "할머니, 나 무슨 말인지 잘 알아듣지 못해요."라고 영어로 말했다. "그때야, 그래, 미안해." 하며 손녀를 꼭 안아 주었다. 내 아이들의 한국말도 제대로 가르치지 못한 주제에 손녀들이 한국말을 잘하기를 바라는 것은 너무 큰 욕심인 것을 나는 잘 알고 있었다. 그러나 우리 가족들 사이에 우리들의 조국도 언어도 서서히 잊혀져 가는 것을 생각하며 우리가 사는 곳이 어디인지를 새삼 확인하였다.

현숙이 딸 선희 가족을 방문하면 사위 리처드는 항상 아침 일찍 출근을 하고 저녁 늦게 우리가 잠자리에 들 때나 되어야 퇴근하였다.

우리나라에서는 사위 사랑 장모이자 장모 사랑은 사위라는 속담도 있는데 리처드는 장모를 피하는 것 같은 생각이 들었다. 준비해 간 육년 근 홍삼과 대추를 넣고 삼계탕을 끓였는데 사위 얼굴을 볼 수가 없었다. 할 수 없이 리처드가 장모를 싫어하느냐고 선희에게 물어보았다. 선희는 웃으며 그것이 아니라고 하였다. 자유롭게 자란 미국남자들은 부모님의 잔소리도 별로 좋아하지 않다보니 장모들을 별로 좋아하지 않는다는 속담이 있다고 하였다. 또한 장모와 딸이 한편이 되어 사위에게 잔소리 비슷한 것을 하면 질색이라고 하였다. 그 다음 날 리처드는 일찍이 퇴근하였고 좀 서먹서먹한 모습으로 삼계탕을 맛있게 먹으며 장모의 눈치를 보았다. 사위가 권하는 포도주에 현숙은 취했다.

다민족 간의 결혼 실패의 아픔을 안고 사는 데이브는 재혼할 생각을 하지 않았다. 아직도 남은 상처를 지우기 어려운 모양이었다. 그렇다고 섣불리 한국 여성과 결혼하면 다시 있을 수 있는 문제점들을 생각하며 마음이 열리지 않는다고 데이브는 털어놓았다. 벌써 나이 삼십대 중반을 넘었으니 제가 알아서 할 것으로 지켜만 보고 있을 따름이었다.

사랑이란 말만으로 살 수 없는 것이 부부관계이며 가정이란 것을 우리 가족에게 뼈아프게 알려준 것이 데이브의 결혼이었다. 특히나 국제결혼가정은 시작부터 어려운 문제점들을 갖고 출발하였다. 그리고 같은 한국인이면서도 한국과 미국에서 자란 배경이 다른 사람들이 함께한 가정도 국제결혼 못지않게 쉽지 않았다. 진정한 사랑은 나누고 이해하며 용서하는 것임을 말로는 쉽게 하지만 그렇게 쉬운 것이 아님을 우리는 값비싼 대가를 치르며 배웠다. "네 마음 내가 알아."라는 말도 나에게 기준을 두고 하다 보니 이해와 용서가 아니라 자위와 위선으로 끝나고 마는 일들이 많았다.

스티브와 수입 며느리 은서는 천진난만한 아이들같이 살고 있었다. 부모님이 어떻게 지내든 누가 뭐라고 하든 자기들끼리는 잘 지내고 있었다. 데이브의 쓰라린 이혼을 경험한 나는 스티브와 은서의 가정을 그나마 다행으로 생각하고 부모와의 관계는 세대와 문화의 차이로 위로하며 살기로 마음먹은 지 오래였다. 그러나 항상 자식들의 삶이 걱정되는 것이 부모들의 심정이면 언제나 그들의 부부생활은 현숙에게 위태해 보이는 것이었다. 우리 가족과 함께 어우러지지 못하는 은서는 안타깝게만 보였다. 막내딸 제니와 사위 왕서방은 우리 아이들 중에서 제일 사이좋게 사랑받고 사는 가족으로 자리매김한 지 오래였다. 우리는 엄마 아빠를 위하는 마음이 지극 정성인 제니로부터 많은 보람과 위안을 받고 있었다.

어느덧 오 년에 가까운 세월을 같이 보내면서 우리 부부는 의사 선생님 가족과 친한 친구 사이가 되었다. 우리는 그들로부터 물질적인 도움을 많이 받지만 서로 마음을 터놓고 이야기하며 의지하고 살았다. 우리는 어느새 민족과 언어의 장벽을 넘어 인간의 숭고한 마음으로 맺어진 친구 사이가 되었다. 그래서 부인이 우리 곁을 떠나는 날 현숙은 조용히 그분의 명복을 빌며 기도하였다. 현숙은 이미 먼 옛날 돌아가신 나의 어머님도 함께 생각하며 또 한 번 슬피 울기도 하였다. 부인의 명복을 빌며 기도 드리는 의사 선생님의 모습은 너무도 외로워 보였다. 우리 모두 머지 않아 다시 만날 것 같은 심정으로 나도 기도를 올렸다.

우리는 이렇게 하느님이 정해 주신 여정에 따라 어디론가 가고 있었다. 현숙은 다음 세상에서는 우리들의 가정이 색깔이 선명한 일곱 빛깔 무지개 가족보다는 화려하지는 않아도 소박하면서 순결하고 항상 사랑과 평화가 함께하는 하얀 단색 가족을 이루었으면 하는 마음이었다. 현숙은 "내가 바라는 대로는 다 되지 않더라도 나의 기도가 하느님께 전해지기를 간절히 바라면서 살겠습니다." 하고 기도 드렸다.

제5장

양로원에 가면

두 번째 시집살이

하동댁 할머니는 평생을 의지하고 살아온 남편이 갑자기 세상을 떠나자 혼자 외로운 삶을 살게 되었다. 고생하며 살아온 지난날들이 그리워졌다. 정년퇴직하면 같이 여행도 하자는 말만 남겨놓고 가버린 영감님이 원망스러워졌다. 장례식 때 다녀간 자식들은 몇 달이 지나도 어머니를 찾지 않았다. 외로울 때면 항상 벽에 걸린 남편의 사진을 물끄러미 쳐다보았다.

하동댁은 일요일 아침에 절에 갔다. 먼저 간 남편을 위해 불공을 드렸다. 아들과 손자들을 위해 부처님의 은총을 빌었다. 친구들과 커피 한 잔을 놓고 세상이야기를 나누고 돌아왔다. 맛도 모르고 혼자 먹는 점심상을 막 치우고 있었다. 큰아들 내외가 연락도 없이 과일 바구니를 들고 찾아왔다. 너무 반가웠다. 점심은? 밖에서 먹고 왔다는 대답에 서운한 마음이 들었다. '엄마도 불러내어 같이 먹을

것이지!'

"어머니, 혼자 외로우시니 우리 집에 들어오셔서 같이 살아요."

아들이 먼저 운을 뗐다.

"그래요, 어머님, 제가 잘 모실게요. 손자들도 할머니가 보고 싶대요."

며느리가 거들었다.

"우리 집? 아버지 생전에 피땀 흘려 모아 자식 위해 사 준 집인데!"

그러나 어머니는 그 말에 눈물이 나게 고맙고 반가웠다.

"그래, 그것이 너희들이 바라는 것이라면 그렇게 하자. 정말로 괜찮겠어?"

"그럼요, 어머님."

덥석 잡는 아들의 손이 너무 따뜻하게 느껴졌다.

복덕방에 다녀오는 길이다. 평생을 저축해 마련한 아파트를 막상 팔려고 하니 서운한 마음이 앞서고 있었다. 아파트 앞에서 발걸음을 멈추고 20층 옥상을 바라보며 15층 자신의 아파트를 찾아보았다. 남편이 팔지도 말고 가지도 말라며 베란다에서 손을 젓고 있는 것으로 보였다.

돈 몇백만 원 더 받아 뭘 할 것이냐며 집을 빨리 팔자고 아들이 야단이었다. 손때 묻은 가구들을 내다 버리자니 마음 한구석이 너무 허전했다. 옷장에 걸어두고 가끔 쳐다보던 남편의 양복도 헌옷 수거함으로 버려졌다. 남편의 옷을 만지며 흐르는 눈물을 감추려고 고개를 떨어뜨렸다. 시어머님으로부터 물려받은 제사상과 제기들만은 꼭 가져가야 하는데 며느리가 얼굴을 찌푸렸다. 내 방에 두겠다며 이것만은 차에 실었다.

"어머니, 아파트 판 돈은 제가 많이 키워 드릴게요. 요즘 증권시장 재미가 짭짤합니다."

"내가 지금 무슨 돈이 필요하냐만은 그래, 잘해 보아라. 그것 위험하다고 하던데?"

"아니, 어머니, 그건 몰라서 하는 소리예요."

며느리까지 끼어들었다.

그런데 이사한 다음날부터 아침에서 저녁 늦게까지 하동댁만 집에 남아 있었다. 아들과 며느리는 아침 일찍 출근해버린다. 그 뒤를 이어

"할머니 학교 다녀오겠습니다."

라며 고개를 꾸벅하는 손자 녀석들이 집을 나갔다. 그렇다고 저녁이면 늙은이와 같이 이야기하려는 사람도 없었다. 혼자 이겨내는 외로움보다 외면당하는 외로움은 더 힘들게 하였다.

학교에서 돌아온 손자들은 다시 학원에 가고 하루종일 코끝도 볼 수도 없었다. 늦게 퇴근해서 돌아온 며느리가 부엌에서 뭔가 두리번거리며 찾는 것같이 보였다.

"어머니 저녁준비 안 해 놓았어요?"

"저녁? 내가 어디에 무엇이 있는지를 알아야지."

아들이 돌아왔다.

"아이, 배고파, 밥 주어."

"저녁밥 아직 안 됐어?"

"아니 지금까지 뭘 했단 말이야?"

"몰라, 당신 어머니께 물어봐."

하동댁은 그제야 저들이 바라는 것이 무엇인지를 느낄 수 있는 순

간이었다.

다음날 아침밥을 지어 올렸다. 며느리는 활짝 웃는 얼굴로 집을 나섰다.

"어머니, 오늘 저녁은 갈치조림이나 좀 해 놓으세요. 요즘 생선 값이 별로 비싸지 않아요."

하동댁은 어이가 없었다.

"그리고 애들 간식 좀 잘 챙겨주세요."

용돈은커녕 반찬 값도, 과자 살 돈도 주지 않고 나가면서 갈치를 사고 간식을 챙겨주라니…….

물 좋은 갈치 값이 만만치 않았다. 그래도 중국산은 맛이 없으니 국산을 골랐다. 국산 갈치 두 마리에 4만 원이다. 하동댁에게는 큰돈이었다. 갈치만 사면 되는가? 무도 사고 풋고추도 그리고 쑥갓도 사야했다. 아이들 간식을 위한 과일과 과자도 좀 샀다. 6만 원의 돈이 금방 날아가 버렸다.

며느리는 갈치조림이 맛있었다며 만면에 웃음을 띠었다. 그런데 손자 녀석이 내일 아침에 갈아입을 속옷이 없다고 야단이었다.

"어미야, 저 녀석 속옷 좀 찾아주어라."

"어머니, 오늘 세탁기 안 돌렸어요? 애 입을 옷이 없잖아요."

"벗어둔 옷들이 방구석에 그대로 있네."

"설거지 해놓고 빨리 세탁기 좀 돌리세요."

제 방에 들어가 텔레비전을 키면서 내뱉는 며느리의 말이었다.

이렇게 반년이 지났다. 고작 돈 천만 원이 들어있는 저금통장에서 200만 원이 6개월 사이에 빠져나가버렸다. 나름대로 고운 손끝은 갈라져 있었고 어깨가 절리기 시작했다. 하동댁은 며느리 눈치를 보며 살아야하는 식모 신세로 전락했지만 자식을 위한 마음으로 몇 년을 그렇게 살아왔다.

아들 내외가 출근하고 손자들이 학교에 간 어느 날, 하동댁은 집안을 깨끗이 청소해 놓고 밖으로 나갔다. 딱히 갈 곳이 있었던 것도 아니었다. 백화점 이곳저곳을 구경하며 무작정 걸었다.

겨울바람이 매섭게 코끝을 스치고 지나갔다. 골목길 군밤장수를 보니 갑자기 남편 생각이 났다. 퇴근길에 사 온 군밤을 텔레비전 앞에 앉아 같이 까먹던 그때가 그리워졌다. 포장마차에 앉아 추위를 녹이며 소주를 마시는 중년의 뒷모습이 남편을 닮아 빨리 가서 그의 앞모습을 훔쳐보았다.

얼마나 돌아다녔을까? 다리가 조금씩 아파왔다. 중국집에 들려 오랜만에 먹어보는 자장면이 맛이 있었다. 내친김에 소주도 반병이나 마셨다. 옆에 앉은 신사에게 전화 한 통 걸게 휴대폰을 좀 쓰자고 부탁했다.

혼자 사는 친구에게 전화를 걸었다. 아들집에 들어가지 말라고 한사코 말리던 친구이다. 그리고 아파트는 절대로 팔지 말라고 하였었다. 하동댁은 소주 반병에 취하여 택시를 타고 친구 집으로 향했다.

친구는 녹차를 끓이고 과일을 깎아 내어왔다. 오랜만에 친구와 이야기를 나누는 시간이었다. 혼자 사는 친구의 집은 먼지 하나 없이 깨끗했고, 정성들여 기르고 있는 난들이 꽃을 피우고 있었다. 피아노 위에 놓여 있는 인자한 영감님의 사진이 하동댁에게 인사를 보내고 있었다. "오랜만에 오셨으니 잘 놀다 가시라고."

여든을 바라보는 나이에도 책을 읽고 산책을 하고, 가끔 친구들과 여행도 하며 외식을 즐기는 그녀가 너무 부러웠다. 나도 저렇게 살려고 했었는데! 하동댁은 그저 말없이 녹차를 마시고 있었다.

"이야기 좀 해 봐."

친구가 그녀를 쳐다보았다.

"친구를 보고만 있어도 기쁜 마음에 할 말이 별로 없네."

하동댁의 대답이었다.

"아니, 갑자기 철학자가 되었어?"

"그런 싱거운 말이 어디 있어?"

친구는 말을 아끼는 하동댁을 보고 벌써 눈치를 조금씩 채고 있었다.

"얼굴이 왜 이렇게 수척해? 어디 아픈 거야?"

하면서 그녀는 하동 댁의 손을 잡았다.

"어머, 그 곱던 손이 이게 웬일이야."

갈라진 손마디를 보고 친구는 놀라서 말을 멈췄다.

하동댁의 이야기를 듣고 있던 친구는 얼굴에 경련을 일으키며 대뜸 음성을 높였다.

"내가 뭐랬어. 오늘이라도 당장 아들집에서 나와. 내가 그렇게 당부했건만, 뭐, 우리 아들과 며느리는 그럴 사람이 아니라고? 아파트도 팔지 말라고 했었는데. 그 집 판 돈 다 어떻게 되었어? 이 친구야, 내가 뭐랬어. 자식이 웬수야."

친구는 너무 억울하다며 하동댁의 손을 잡고 울었다. 하동댁도 같이 울고 있었다. 친구는 앞치마를 두르고 부엌으로 들어섰다.

"자고 갈 수 없으면 저녁이라도 먹고 가! 내가 맛있는 것 해줄게."

"아니, 가야 해. 고마워. 애들 돌아오기 전에 가서 저녁이라도 준비해 놓아야 해."

"아이고 꼴좋다. 꼭 내 시키는 대로 해. 알았어? 빌어먹을 놈의 세상, 누가 이렇게 만들었을까?"

아무도 없는 집에는 적막이 감돌고 있었다. 앞치마를 걸치고 부엌에 들어가 울며 콧노래를 불렀다. 냉장고를 열고 무슨 반찬을 만들까 궁리하였다. 손자가 문을 여는 소리에 앞치마로 얼굴을 훔치고 밥솥 스위치를 눌렀다.

내일은 영감님 제삿날이다. 그러나 아들이나 며느리, 아무도 제사에 관한 말 한 마디 없었다. 아이들과 함께 텔레비전을 보고 있는 아들 식구에게 하동댁의 존재는 아무 의미가 없었다. 혼자 방에서 연속극을 한 편 보았다. 9시 뉴스가 끝날 무렵 방에서 나가 아들 옆 소파에 앉았다.

"아범아, 내일이 아버님 기일이다."

"내일이 며칠이죠? 아, 그렇군요."

"제사 준비를 해야지."

"어머님이 다 알아서 하시잖아요."

"제가 동생들도 오라고 연락할게요."

"제수 준비할 돈이라도 좀 줘야지."

"어머니가 알아서하면 된다니까요."

"용돈은커녕 내 돈으로 반찬거리까지 사는데 내가 돈이 어디 있니."

"한집에 살면서 네 돈 내 돈이 어디 있어요."

"그럼 내 아파트 팔은 돈에서라도 좀 꺼내주어."

"그 돈이 지금 얼마나 많이 불어나고 있는데 거기서 꺼내요."

하루종일 제수를 장만하고 나니 허리가 너무 아팠다. 제상을 꺼내 닦고 제수를 하나씩 올렸다. 그때야 작은 아들내외가 들어왔다. 얘들 본 지가 1년이 넘었는지도 모르겠다. 조금 있으니 시집간 두 딸들이 도착했다. 몇 달이 가도 어머니에게 전화 한 번 할까 말까 하는 딸들이다.

"언니, 어머니 모시고 사느라고 고생 많지요?"

"제수도 정말 많이 장만했네."

"언니는 복받을 거야."

"엄마, 오빠와 같이 사니까 편하지요?"

막내딸이 내뱉는 말들이었다. 하동댁은

"응, 그래."

"복받을 짓 하는 사람은 당연히 복받아야지!"

"아버지 제사나 잘 모시자."

하동댁은 방에 들어와 영감님 사진을 어루만졌다. 눈물이 주르르 흐르면서 방바닥에 털썩 주저앉았다. 결혼 후 처음 시부모와 같이 산 3년간의 시집살이가 그리워졌다. 말다툼 한 번 해 본 적이 없는 인자한 시어머님이 보고 싶어졌다. 항상 살림살이를 가르쳐 주며 시장에도 같이 다녔다.

"얘야, 이거 간 좀 봐주렴."

하며 매운탕을 같이 끓였다.

"너 시아버님이 매운탕을 좋아하신다. 아범도 아버지를 닮아 아주 좋아한단다."

"소주는 있지? 서너 병은 있어야 한다. 얘, 이거 한 번 먹어 봐. 나는 싱싱한 낙지가 참 맛있어."

하면서 시어머니는 초고추장을 듬뿍 찍은 낙지를 입에 넣어주었다.

시집간 딸들은 몇 년이 흘러도 엄마에게 집에 한 번 다녀가라는 말이 없었다. 어쩌다 전화를 하면,

"엄마, 아버지가 시골에 사 둔 산이 정말로 있어? 오빠는 엄마 아파트 판 돈을 증권에 투자하여 많이 불려놓았다지?"

"얘야, 나는 아무것도 모른다. 너 오라비에게 물어봐라."

작은 아들이 오랜만에 점심을 사겠다고 나오라는 전화가 왔다. 해가 서쪽에서 뜰 일이었다. 어쨌든 고마운 생각에 먼저 나가 기다렸다.

"어머님 연세도 이미 여든이 넘었잖아요. 그러니 돌아가시기 전에 유산상속 처리 잘해 두세요. 요즘 세상에 장남, 차남이 어디 있어요. 딸들이야 출가외인이라지만."

먹었던 점심을 토하고 싶었다. 죽을 때가 다 되어가는 것으로 본 모양이다. 아니, 빨리 죽어주어야 좋았을지도 모른다.

옆집 할머니가 놀러왔다. 친구들에게 들었다면서 '99 88 234'가 뭔지 아느냐고 물었다.

"그게 뭐예요? 뭐 구구단을 외우는 것 같구먼."

"아니야, 요사이 술 마시면서 '건배' 대신에 이 소리를 외친다네. 그런데 그 소리를 들은 아들이 '77이 좋은데.'라고 중얼거렸다네. 다음에 부엌에 있던 며느리가 남편의 귀에 속삭이며 '66은 더 좋아.'라고 했다지 않아. 그러니 자식들 앞에서 절대로 99고 88이고 찾지 마."

밤에 잠을 잘 못잔 탓인지 아침에 일어날 수가 없었다. 아침상이

준비되지 않은 것을 본 아들이

"어머니 안 일어나세요?"

하면서 문을 두들겼다.

"나 몸이 좀 아프구나."

빵과 커피를 챙겨먹고 나가는 며느리는 얼굴도 내밀지 않았다.

가슴이 답답해 오면서 숨을 쉴 수 없었다. 식은땀이 흐르고 팔다리가 뻣뻣해져 오고 있었다. 하동댁은 간신히 119를 돌렸다.

잠에서 깨어나 보니 하동댁은 병원에 와있음을 알았다. 간호사가 묻는 말에 대답을 할 수가 없었다. 입은 한쪽으로 삐뚤어져 있었고 말이 나오지 않았다. 일주일 후에야 퇴원을 하였고 심장마비 증세로 인한 중풍에 걸리고 만 것이다. 삐뚤어진 입 쪽의 팔과 다리를 쓸 수가 없었다. 하동댁은 거동이 불편해지고 누워 지내는 시간이 많아졌다.

버려진 어머니

어느 날, 아들 차에 하동댁이 실려 온 곳은 달동네 중턱에 있는 단칸방 전셋집이었다. 하동댁은 더듬거리는 말로 여기가 어디냐고 물었다. 아들은 아파트에선 손자들이 떠들고 불편하니 여기서 조용히 계시라고 하였다.

그날 밤, 큰아들 집에 자식들이 모두 다 모였다.

"형, 이래도 되는 거야? 어찌 이럴 수가 있어. 아파트 판 돈은 증권으로 다 날려버리고 이제와 어머니를 팽개치다니. 벌받아, 벌. 형 아파트를 팔아서라도 그 돈 갚아내."

"큰오빠, 작은오빠, 모두 똑같아!"

"거동이 불편한 엄마에게 어떻게 이럴 수가 있어?"

"알았다. 알았어! 내가 다 나쁜 놈이다. 그렇게 효자라면 너희들이 모시면 될 것 아니야?"

그러나 선뜻 어머니를 모시겠다고 나서는 자식은 아무도 없었다. 어머니 주거지를 옮기면서 큰아들은 어머니를 무의탁 독거노인으로 처리해 놓은 것이다. 그녀는 이웃사람들에게 자식도 없는 하동댁으로만 알려졌다.

자식들은 씩씩대며 싸우다가 뿔뿔이 흩어져 나갔고, 하동댁은 그날 밤에 달동네 단칸방에 홀로 팽개쳐져 있었다. 이제 아무데도 쓸모가 없으니 폐차 처분된 셈이었다. 그 후 다시는 자식들의 모습도 볼 수 없었고 하동댁의 건강은 전화도 받을 수 없도록 쇠약해져가고 있었다.

구청에서 보내온 구급차가 하동댁을 시립 양로원으로 옮겨다 놓았다. 서류를 꾸미고 있는 사람이 부양가족이 없는 독거노인 같아 보인다고 말했다. 주민등록증이 안 보이니 이름은 일단 하동댁이라고 적어 두라는 말과 자식들이 있는지를 확인해 보라는 말이 귀에 들렸다.

양로원은 현대판 고려장

양로원에서 하룻밤을 보냈다. 방도 따뜻하고 오랜만에 침대에서 잠을 잤다. 죽과 과일이 나오는 아침상도 좋았지만 차려다 주는 밥상을 받고 보니 하동댁은 자신도 모르는 사이에 눈물이 주르르 흘러내렸다.

"할머니 어디 편찮으세요? 할머니, 정말 아들도 딸도 없어요?"

청진기를 할머니 가슴에 대면서 간호사가 물었다.

하동댁은 아무 말도 못하고 창밖을 멍하니 내다보았다.

할머니는 그냥 손만 내저으며 눈물을 흘렸다.

"할머니, 저에게는 말씀하셔도 괜찮은데. 정말로 말을 못하시는가? 그럼, 할머니 많이 잡수세요."

간호사는 더 이상 별 관심을 보이지 않고 다음 방으로 건너가버렸다.

하동댁이 들어간 방에는 세 할머니가 요를 깔고 누워 있었다. 침대도 없었다. 그래도 달동네보다는 훨씬 나았다. 더운물로 세수도 할 수 있었고 수세식 화장실도 있었다. 끼니마다 밥상을 차려주는 사람이 있었고 아프면 약도 주었다.

그러나 하동댁은 마음의 충격에서 벗어나지 못하고 있었다. 이렇게 어렵고 힘든 시련이 운명이라고 받아들이기엔 너무 가혹하다고 느껴졌다.

네 사람의 룸메이트는 각양각색이었다. 코골이가 너무 심하여 한 방에 있는 사람들을 잠못 자게 하는 할머니가 있는가 하면 잠꼬대를 많이 하여 옛날의 비밀까지 다 털어놓는 여편네가 있었다. 자다가도 벌떡 일어나 아들과 며느리 욕을 하는 시어머니가 있는가 하면 먼저 간 남편의 사진을 들고 울음을 삼키는 늙은이도 있었다.

옆방의 할머니는 만나는 사람들에게 똑같은 말을 매일같이 수십 번이나 물었다.

"당신은 어쩌다 여기에 왔소? 아들딸은 뭘 하오?"

정신이 없고 몸도 쇠약해 보이지만 이 말을 물을 때는 눈에 불똥이 튀고 있었다. 그러다가는 한숨을 쉬면서 방으로 들어가 버린다. 무엇 때문일까? 하동댁은 양로원에서 만난 사람들과 이래저래 친구가 되어가고 있었다.

양로원 뒷산 언덕 달동네에 살고 있는 늙은 부부가 산책하는 모습이 창 너머로 보였다. 낡은 외투를 걸친 영감님과 유행이 지난 스카프를 두른 할머니의 모습이 영화의 한 장면같이 보였다. 그들은 저녁노을에 서로 손을 꼭 잡고 뭔가 이야기를 하며 걸었다. 벤치에 앉아 쉬면서 사색에 잠기는 모습도 보였다.

모르는 것이 없는 옆방 친구가 저들은 사업에 실패하고 달동네에 와서 살고 있다고 말해주었다. 자식은 있는데 돌봐주지도 않는다는 전매특허 용어를 빼놓지 않았다. 도움도 못 받지만 자식들이 있으니 시립 양로원에도 못 들어온다고.

하동댁은 갑자기 자신만 남겨 놓고 가버린 남편이 그리워졌다. 무엇이 급해 혼자 먼저 갔는지! 나는 어이 살라하고 버리고 가시었는지… 조금 원망스럽기도 했다. 자식들 있는 것이 탄로가 나면 여기서 쫓겨나지나 않을까 걱정이 되었다.

분노와 외로움으로 지내며 병마에 시달리는 늙은이들이 양로원에 처음 들어와서는 모두 말을 아낀다. 서로가 '저 사람은 어디서 그리고 왜 여기 왔을까?' 하고 눈치를 살핀다. 만나서는 안 될 사람을 혹시 이곳에서 만나면 어쩌나 하고 두리번거린다.

한두 달 정도가 지나 서로 조금씩 알게 되면 자식자랑을 잊지 않는다. 물론 양로원 사무실이나 구청직원에게 자식이 있다는 것은 철저한 비밀이다. 늙어 노망기가 있어도 자존심이나 체면을 세우려고 안간힘을 쓰는 것이다. 그런데 대여섯 달이 지나 서로 좀더 친구가 되면 하나같이 자식들 자랑은 실망과 증오로 변하고 거친 욕으로 나온다.

"나쁜 자식들! 내 배가 찢어지듯 아픈 걸 참아가며 낳아서, 손발이 닳도록 키우고 공부시켰는데, 날 여기 처박아두고 죽기만 기다려……."

"나는 더할 수 없는 착한 며느리로 살아왔었는데, 우리 집 며느리는 애비 에미도 없이 자랐는지 날 이처럼 학대해? 나쁜 년 벼락을 맞을 거야."

그런데 유독 조용히 하루를 보내는 할머니가 있었다. 하루종일 말 한 마디 없이 먼 산만 쳐다보는 모습이 마치 망부석 같았다. 세월을 한탄하는 것일까? 먼저 간 영감님을 원망하는 것일까? 아니면 마음의 평화를 위해 모든 것을 다 용서한 것일까? 그녀는 손에 묵주를 들고 조용히 기도를 하고 있었다.

오늘은 아침부터 복도가 웅성거리더니 영구차 한 대가 현관 앞에 와 있었다. 아무도 소리내어 우는 사람은 없었다. 그저 또 한 노인이 가고 그가 있었던 자리는 새로 들어오는 늙은이에 의해 메워지고 있었다. 죽은 사람의 이부자리와 옷장을 정리하는 청소부의 손길만 바쁠 뿐이었다.

자식도 친척들도 보이지 않았다. 망자에게는 죽어서 입는 수의도, 드러눕는 관도 없었다. 입은 옷 그대로 영구차에 실려 한번 다시 죽는 화장터로 가고 있었다. 내 마음대로 들어온 곳이 아니라서 내 마음대로 가지도 못하게 시체마저 한 줌의 재로 변하여 강물에 뿌려지는 순간이었다.

토굴에 뼈라도 묻어주는 고려장시대에는 울며 초상을 치러주는 불효자라도 있었다. 그래서 무덤 위에는 할미꽃이 피었고 산토끼나 노루가 내려와서 벗이 되어 같이 놀아주었다.

양로원에 들어온 후 하동댁의 건강은 많이 회복되었다. 삐뚤어진 입술도 제자리로 돌아오고 있었다. 지나간 일들도 많이 잊고 마음의 평화를 찾고 있었다.

"할머니 면회 왔어요."

사무실 여직원이 하동댁을 불었다.

하동댁은 귀담아 듣지 않았다. 내가 잘못 들었겠지.

다른 사람 면회 온 것이겠지.

"하동댁 할머니, 면회 왔다니까요."

여직원은 하동댁을 부축해 휴게실로 데리고 나갔다.

하동댁을 보자 눈물을 글썽이며 다가오는 할머니가 있었다.

"친구야, 여기 있었어? 내가 너를 얼마나 찾았는지 알아? 어떻게 된 일이야."

할머니는 하동댁의 손을 꼭 잡고 의자에 앉았다.

고마운 친구

언젠가 녹차를 마시며 세상을 한탄하던 동창친구였다. 아들집에는 절대로 들어가지 말고 아파트 한 채라도 꼭 붙들고 살라던 그 친구였다.

심장이 멎는 듯했다. 하동댁은 친구를 껴안고 아무 말도 못하고 눈물만 흘렸다.

"이 친구야… 나야 나, 나 알겠어?"

하동댁은 친구의 손을 더 힘주어 잡으며 고개만 끄덕였다.

"커피 한 잔 드릴까요?"

식당 아주마가 물었다.

"괜찮습니다. 커피는 마시지 않습니다."

친구가 말했다.

그녀는 주스와 과일을 갖다 주었다.

친구는 우는 것인지 화를 내는 것인지 모를 소리로 중얼거렸다.

"나쁜 자식들, 천벌을 받을 거야. 하늘이 용서치 않을 거야……."

하동댁은 울분을 삭이지 못하는 친구를 데리고 나가 사람들이 없는 정원 한구석 벤치에 앉았다. 산책을 하면서 지난날 이야기로 두세 시간이 지났다. 친구는 하동댁의 손을 다시 잡으며,

"내 며칠 후에 또 올게."

손을 흔들며 눈물을 닦으며 나가는 친구를 하동댁도 손을 흔들며 전송하였다.

그날 저녁, 하동댁은 친구가 사다 준 원피스에 스웨터를 걸치고 식당으로 나갔다. 그때 약간 노망기가 있는 할머니가

"너 애인이 사다 준 거야? 저 할망탕구가 바람이 났구나. 왜 대답이 없어?"

하며 삿대질을 했다. 모두들 한바탕 웃었다.

며칠 후에 다시 오겠다던 친구가 한 달이 지나도 소식이 없었다. 그런데 오늘 아침에 양로원 사무장이 하동댁을 찾았다.

"하동댁 할머니, 제 사무실에 잠깐 들리세요."

겁이 덜컥 났다. 쫓아내려는 것은 아니겠지.

하동댁은 조심조심 사무장 방문을 노크했다.

"할머니 이리 앉으세요. 할머니 기쁜 소식이 있습니다. 독방으로 옮겨드리라는 원장님 지시가 있었습니다."

"독방?"

"예, 침대도 있는 넓은 독방이에요."

"그게 무슨 소립니까?"

"누가 나에게 독방을 주어요? 내가 독방을 쓸 돈이 어디 있어요?"

"글쎄, 저는 잘 모릅니다. 어느 익명의 독지가가 할머니에게 독방을 쓸 수 있게 우리 양로원에 많은 기부금을 내고 가셨대요. 그러니 방에 가서 어서 짐을 챙기세요. 방을 옮기게 우리가 도와드릴게요."

하동댁은 어리둥절했다. 도통 뭐가 뭔지를 모르겠다.

봉사원들이 같이 짐을 옮겼다. 남향의 양지바른 독방은 너무 맘에 들었다. 침대와 옷장이 보인다. 조그마한 소파와 책상 위에 놓인 텔레비전에서 노래가 흘러나오고 있었다. 샤워장은 없어도 화장실과 세면대도 달려 있었다.

여러 사람이 같이 사는 방에서 코고는 소리와 이를 갈며 하는 헛소리에 잠을 못 이루고 한밤중에 휴게실에 나와 지내는 밤이 한두 번이 아니었다. 혼자 조용한 시간을 가지고 책을 읽기도 어려웠다.

이제 창문 옆으로 화분을 몇 개 준비하여 난도 심고 국화도 심고 싶어진다. 친구가 주고 간 책 몇 권을 책상 위에 가지런히 세워보았다. 오랜만에 누워보는 침대가 너무 편하다. 그런데 영 잠이 오지 않았다. 하동댁은 이미 다 알고 있었다. 너무나 고마운 친구. 내가 모를 줄 알고.

하동댁이 이곳 양로원에 들어온 지도 벌써 5년이 넘었다. 점심시간이 되어 식당으로 나갔다. 촛불이 켜진 생일 케이크가 놓인 식탁 옆으로 양로원 친구들이 둘러서 있었고 그 사이에 친구의 모습도 보였다. 나를 한 번 다시 울리는 친구, 너무 반가웠다. 요즘 같으면 나이를 거꾸로 먹는 기분으로 점심과 케이크를 맛있게 먹었다.

하동댁은 친구의 손을 잡고 독방으로 갔다.

"친구야, 고마워. 내가 이 은혜를 어떻게 갚지?"

"무슨 소리야?" 케이크 하나에 눈물을 흘려?"

친구는 독방이야기가 나오지 않게 애써 감춘다.

"케이크가 아니야. 독방이 너무 마음에 들어. 고마워."

하동댁은 친구를 가슴에 끌어안았다.

"아니야, 무슨 소리야! 네가 착하고 잘하니까 독방을 준 모양이로구나. 너는 어디 가도 칭찬받을 일만 하는 훌륭한 내 친구이니까. 정말 잘 됐다."

친구가 갖고 온 백합꽃 화분이 두 늙은이들의 애환을 지켜보고 있었다.

일 년에 서너 번씩 찾아오던 친구가 반년이 넘어도 얼굴을 비치지 않았다. 혹시 어디가 아픈 것은 아닌가 걱정도 되고 무척 기다려졌다.

'나보다 두 살이나 젊은데 혹시 어디 아픈 것은 아니겠지?' 불길한 생각이 들었다." 하동댁은 하루에도 몇 번씩 시간 있을 때마다 면회실에 나가 그 친구를 기다려 보았다. '나를 이렇게 편하게 있게 해준 친구에게 무슨 일이 생겼나?' 하동댁의 마음이 불안해졌다.

창가에 둔 난이 피기 시작하였다. 계절을 잊은 국화가 꽃봉오리를 키우고 있었다. 하동댁은 창 너머로 스며들어오는 햇살을 받으며 화분을 손질하고 있었다. 누가 방문을 노크하였다.

"예, 들어오세요."

"할머니, 편지가 왔어요."

"편지?"

"예."

'누가 나에게 편지를 다 보냈지?'

손녀 같은 봉사원은 봉투 하나를 전해주고 나가버렸다.

보낸 사람의 이름은 보이지 않았다. 그러나 받을 사람은 언제부터인가 내 이름으로 자리잡은 '하동댁 앞'이라고 적혀 있었다. 누가 보낸 것일까? 약간 긴장된 마음으로 봉투를 열어보았다.

나 이제 하느님 품에 가련다

"이 편지는 한 달 전에 돌아가신 우리 어머님이 써 두고 가신 편지이기에 보내 드립니다. 항상 건강하시고 오래 사십시오."라는 간단한 메모 안에 또 다른 편지 한 통이 보였다. 메모를 읽은 하동댁은 그 다음 편지를 읽기가 너무 무서웠다. 가슴이 털썩 내려앉았다. 눈물도 흐르지 않았다. 그저 하늘만 멍하니 쳐다보고 있었다.

다리에 힘이 없어지고 온몸이 떨리고 있었다. 침대에 털썩 주저앉았다. 눈물 자국은 편지지를 적시고 있었고 하동댁은 목이 메어 읽을 수 없었다. 하얀 종이에 큰 글자로 또박또박 적어놓은 편지는 읽는 이나 듣는 이의 마음을 숙연케 했다.

나의 영원한 벗 하동댁에게!

친구야, 나 먼저 간다. 죽는 날까지 건강하게 지내야 하네.

독방이 외로우면 친구들이 있는 방으로 자주 놀러 가.

창가의 화분에는 화사한 군자란이 뽐내고 있겠구나.

노망한 늙은이처럼 계절을 잊은 국화도 초여름에 피었겠지.

건넌방 욕쟁이 노인은 아직도 아들딸 원망에 긴 여름 하루 해가 짧았겠구나.

망부석 같은 할머니는 오늘도 누구를 기다리고 있는 것일까?

참, 노망걸린 할머니는 어저께 좋아했던 할아버지를 잊어버리고 오늘은 다른 영감의 손을 잡았을 것이야.

오늘 또 한 친구가 떠나가고 있겠지, 모든 괴로움 다 뒤로 하고.

찾아와 우는 사람도 보이지 않고 생전에 면회 온 사람도 없었지.

그래서 저승도 혼자 간다네.

친구야! 한 번 더 보지 못하고 가는 너의 영원한 벗은 하느님 곁에서 네가 온다는 소식받는 날 반갑게 마중나갈게! 그럼 그때 만나세.

아, 참, 친구야! 이것 얼마 되지 않는 것이지만 받아 두어. 가끔 좋은 책도 사 읽고, 예쁜 옷도 사 입기 바란다. 내가 하동댁을 언제 만날 지는 모르지만 천천히 와. 그리고 올 때 이것 하나…….

가슴이 터질 것 같고 숨이 막혔다. 하동댁은 더 이상 편지를 읽을 수 없었다. 겨우 제자리에 돌아온 입술이 경련을 일으키며 다시 틀어지고 있었다. 오늘밤에는 잠을 자기 어려울 것 같아 평소 때보다 한 알이 많은 수면제를 먹고 침대에 누웠다. 끝내 다 읽어 보지 못한 편지를 손에 쥐고 하동댁은 잠이 들고 말았다.

다음날 아침, 양로원 현관 앞에 또 한 대의 영구차가 대기하고 있었다. 하동댁의 방문도 활짝 열려 있었다.

제6장

라인 강변에 피운 한강의 꿈

이 글은 부산문인협회 추천 해외 거주 부산 문인으로 선정되어 발표된 재미동포 이성재 작가의 글이다.

아름다운 글로서 고향을 빛내는 사람
그분의 글을 읽으며
부산이 낳은 원로문인을 찾아가 봅니다.
– 부산문인협회

동창회에 가는 길

철없고 순진한 20대에 먼 이국땅 독일에 건너와, 외로움 속에서 온갖 고생을 하며 일을 했고 공부를 한 간호학교 동창생들이 부부동반으로 제2의 고향을 다시 찾게 되었다. 우리도 졸업 후 30여 년이 넘는 긴 세월을 보낸 오늘에야 처음이자 마지막이 될지도 모르는 동창회에 가는 길이다.

30여 년이 지난 오늘, 지구상의 이곳저곳에 뿔뿔이 흩어져 사는 동창들의 얼굴에는 주름살이 잡혀 있을 것이고, 흰머리가 간간이 내려앉아 있을 것이다. 모두 행복하고 건강한 모습으로 만날 수 있기를 기도하면서.

우리가 졸업한 독일 부퍼탈(Wuppertal) 성 베드로 가톨릭 병원 부속 간호학교는 천주교 수도원에서 세운 학교다. 서독의 서북부지방, 라인 강 하류에서 조금 떨어진 계곡을 따라 형성된 조그마한 숲속의 도시에 자리잡고 있었다. 전깃줄에 매달린 공중전차가 출퇴근하는 사람들을 태우고 맑은 물이 흐르는 계곡을 따라 달리는 모습이 그림같이 보이는 곳이다. 또한 아기가 태어날 때 우산을 들고 나온다는 속담이 있을 정도로 비가 자주 오는 곳이다.

영국의 나이팅게일은 160여 년 전 독일 라인 강변의 한 간호학교에서 공부를 하고 백의의 천사가 되었다. 우리 한국인 선후배 40여 명은 간호사 또는 간호사 자격을 가진 수녀가 되려는 꿈을 안고 독일로 건너왔다.

고등학교를 갓 졸업한 나이였지만 우리들은 수녀가 되고 간호사가 되어 가난하고 병든 사람들을 돌보며 가톨릭 전교 활동을 하라는 하느님의 부르심을 받은 선택된 사람들이라는 긍지를 갖고 있었다. 그것도 지구의 반대편 먼 이방의 나라에서.

우리들과 비슷한 시기에 많은 한국 간호사들이 독일로 파견되어 왔다. 그들은 이미 간호사 또는 간호보조원 자격을 가진 유경험자들이었다. 우리는 독일에서 천주교 계통 간호학교를 졸업하여 수녀가 되고 간호사 자격을 취득해야 했다. 우리는 그분들과 직업상 비슷한 공통점도 있었지만 또 다른 여건과 환경에 처해 있었다.

우리 간호학교 선후배들은 친자매보다 더 가까이 지냈다. 서로 돕고 격려하고 외로움을 달래며 학교를 다녔고 병원 실습을 나갔다. 어려움도 많았고 고향의 부모 형제가 그리웠지만, 이런 친구들이 곁에 있어 참아낼 수 있었다. 부퍼탈에서의 3, 4년은 우리 동창들에게 있어서는 결코 잊을 수 없는 추억이자 일생의 한 장막이었다. 이제와 돌아보니 그 모든 것이 아름다움과 그리움으로 가득 차 있다.

간호학교를 졸업한 후 각자의 길을 걸어온 지 수십 년, 우리는 서로의 정해진 인생 여로를 따라 지구의 구석구석에 흩어져 살아왔다. 때로는 간간이 소식을 전하기도 했지만 이번처럼 모두가 한자리에 모이기로 한 것은 처음이었다. 어서 빨리 그리운 얼굴들을 보고 싶었다.

우리 동창들은 지금도 백의의 천사로서 구라파의 여러 나라에서 가난하고 병든 사람들을 돌보고 있는 후배들이 있는가 하면 수녀로서 저 먼 아프리카 외지의 병원에서 환자들을 돌보며 기도하고 전교활동을 하는 선배도 있었다.

또, 새롭게 대학에 진학하여 학위를 받고 귀국하여 교수가 된 친구가 있다. 수녀가 되겠다는 꿈은 어디로 가버리고 훌륭한 남편을 만나 결혼하여 이제는 어머니가 되고 할머니가 되어 행복하게 사는 동창들이 한국, 미국, 캐나다 등지에 있다. 독일에 남아 독일인 의사 또는 사업가 등과 결혼하여 외롭지만 행복하게 사는 친구도 여럿 있다.

독일 유학을 마치고 저명한 과학자로서 미국으로 전근된 남편을 따라간 동창도 있었고 또는 서독으로 파견되었던 광부와 함께 여행비자와 가방 하나를 달랑 들고 기회의 나라 미국이나 캐나다로 건너가 또다시 제2의 외국생활을 시작한 동창들도 있었다. 그들은 독일에서 배운 근검절약 정신과 가난을 물리치려는 피눈물 나는 노력의 대가로 이제는 중소기업체의 사장이 되고 부자가 되어 여생을 즐기는 동창들이다.

그들은 미국에서 언어의 장벽은 물론 영주권이 없어 이리저리 다니며 막노동을 했다고 들었다. 미국 간호사 자격증을 받기 위해 먼저 온 선배들과 시험에 관한 철저한 Networking을 해 가면서 License

받기가 조금이라도 쉬운 주를 찾아 돌아다녔다는 이야기도 풍문에 들었다. 그들이 영어는 어떻게 배웠고 영주권은 어떻게 받았으며 미국은 아직도 살기 좋은 나라인지 등등의 지나온 이야기를 들을 수 있는 기회를 갖게 되었다.

운명은 하느님이 정해주셨고 또한 하느님은 운명을 극복할 수 있는 지혜도 함께 주셨다는 말이 새삼 느껴지기도 했다. 그러나 그 지혜를 발굴하여 행복을 추구하는 노력은 나의 몫이라고 어느 선생님께서 말씀하신 생각이 떠올랐다. 우리는 처녀시절의 꿈과 오늘의 삶이 사뭇 다른 모습으로 만나 어제와 오늘, 그리고 이상과 다른 현실을 이야기할 수 있는 자리를 갖게 되었다.

그 밖에, 수녀는 되지 않았지만 평생을 독신으로 그림같이 아름다운 스위스에서 편하게(?) 사는 친구도 있었고, 사회사업에 그 한 몸을 바쳐 그걸 보람으로 느끼고 지금도 한국과 독일을 오가며 사는 친구도 있었다. 짧은 수녀생활은 처녀 때의 꿈으로 끝내고 늦게야 결혼한 동창도 있었다.

물론 40년 이상을 독일에 남아 살았어도 고향이 되지 못해 항상 이방인으로 사는 친구도 있었다. 또, 벨기에의 어느 적막한 시골에서 하늘과 바람을 벗삼아 살다 보니 외로움도 잊게 되더라는 동창도 있었다. 그들은 아무리 돌아봐도 고향은 없는데 내 가슴에는 항상 고향이 보이더라고 말했다. 그래서 이들은 소월의 시 〈고향〉은 자기들을 보고 쓴 시가 아닌가 느껴진다고 했다. "즘생은 모르나니 고향이나마, 사람은 못 잊는 것 고향입니다……."

특히 작년에 독일인 남편을 잃은 한 동창의 아들은 세계적인 피아니스트가 되었는데, 그는 우리들의 동창회를 빛내 주기 위해, 아니 훌륭하게 키워준 어머님을 위해 특별히 시간을 내어 찾아와 연주를 해 주기로 약속했다. 이 모든 것이 나에게는 너무 기다려지는 순간이었다. 타임캡슐에 묻어둔 기록들이 하나둘 모습을 드러내는 것을 보는 것처럼 가슴이 두근거렸다.

나를 태운 비행기는 어느덧 독일 하늘로 날아들고 있었다. 그 순간 기쁨보다는 외롭고 어렵게 살아온 독일에서의 결혼 초기의 생활이 마치 주마등처럼 눈앞을 스쳐갔다. 가슴이 뜨겁고 뭉클하게 달아올랐다.

내가 사랑한 사람

너무 먼 곳, 아니, 보통사람으로 1960년대에 외국 여행이란 상상도 할 수 없었던 시절이었다. 우리는 부모 형제의 참석도 없이 친구들 몇 사람의 축복을 받으며 외롭고 초라하게 결혼식을 올렸다. 아기를 낳고 산후조리는커녕 바쁘게 일을 나가야 했다. 아기 봐줄 사람은 물론 맡길 곳이 없어 눈 내리는 새벽에 유모차에 갓난아기를 태우고 집을 나서던 때의 그 복받쳐 오르던 설움…….

병원에서 남편이 끓여다 준 미역국을 먹으면서 눈물을 흘린 그때의 모습이 지금도 아련하다. 한방에 있는 독일인 산모가 콧물을 훌쩍이며 시커먼 국물을 마시는 나를 힐끔힐끔 쳐다보았다. 그녀는 새 생명이 태어난 이 기쁜 순간에 왜 우는지 의아해 하는 모습이었다.

너무 많은 추억들이 한꺼번에 내 작은 가슴을 흔들고 있었다. 그러나 열심히 살아온 지난날이 있었기에 오늘이 있는 게 아닌가. 모두가 하느님의 뜻이었으리라. 행복한 오늘이 내 노력만의 결과는 아닐 것이다. 독일에서 내가 배운 근면 검소의 정신을 우리 모든 한민족이 다 본받았을 수 있으면 얼마나 좋을까 생각해 보았다.

저 멀리 비행기 창문 너머로 라인 강 물줄기가 내려다보였다. 라인 강은 그때나 지금이나 변함없이 흐르고 있었다. 우리와 친숙한 로렐라이 언덕 금발 미녀의 노래를 간직한 채…….

라인 강! 내가 독일 땅에 처음 발을 들여놓은 후 제일 먼저 찾아간 곳이 라인 강이었다. 일이 힘들고 공부에 지쳐 있을 때, 고향이 뼛속 깊이 사무칠 때 나를 따뜻이 감싸주며 내 마음을 강물에 실어 고향으로 보내주었던 라인 강. 나의 생각은 오늘 또다시 라인 강변을 거닐고 있었다. 라인 강 포도주 한 잔을 음미하며 문인이 되고 철학자가 되어 지난날의 이야기를 나누고 있었다.

지난날의 추억을 더듬으며 옆 좌석의 남편을 바라봤다. 아무 말 없이 지그시 눈을 감고 있는 것으로 봐서, 그도 나처럼 그때를 회상하고 있는 듯했다. 주름 잡힌 그의 얼굴과 간간이 내려앉은 흰머리는 창문 너머로 보이는 저녁노을과 어울려 성숙된 모습으로 내 앞에 다가왔다. 처음 만나 연애하던 그 젊은 시절의 멋진 모습은 찾아볼 수 없었지만…….

내가 처음 사랑한 사람은 가난한 유학생이었다. 고운 마음씨와 선비형의 헌칠한 인물에 걸맞게 천시향이라는 아름다운 이름을 갖고 있었다. 그러나 그는 시향이라는 이름에 걸맞지 않는 공학도였다. 그는 부모님으로부터 충분한 학비를 조달받지 못하고 적은 장학금에 의존하고 있었다. 천시향은 학비와 생활비를 조달하기 위해 일을 해

가면서 공부도 했기 때문에 항상 바쁘고 어려웠다. 학비를 마련하면서 또한 고국의 부모님을 도와야 했고 동생들의 등록금을 보내주는 것도 그의 몫이었다.

천시향은 늘 "나의 하루는 48시간이야." 하면서 앞만 보고 달렸다. 그는 누구보다도 뚜렷한 인생관과 확고한 목표를 설정해두고 있었다. 시향은 인생에 있어서 중요한 것은 속도가 아니라 방향이라고 말하였다. 방향이 틀리면 아무리 빨리 달려도 소용이 없다는 지극히 평범하면서도 명심해야 할 말이었다. 내가 그에게 특별한 말이나 몸짓으로 사랑 고백을 한 적은 없었지만 나는 천시향을 많이 사랑하였고 또한 친구들에게 자랑하고 있었다.

시향은 아침에는 신문배달을 마치고 커피 한 잔을 서서 마셨다. 그리고 학교 강의가 끝나기가 무섭게 주유소로 달려가 자동차에 기름을 넣어주었고, 세차장에서 차를 닦았다. 이렇게 저녁 늦게까지 일하고 돌아와 새벽까지 책상 앞에 앉아 공부하는 그를 보면 너무 안쓰러웠다.

천시향은 열심히 일하고 공부하며 내일을 향해 달려가고 있었다. 또 일요일에는 나와 함께 꼬박꼬박 성당에 나가 주일미사에 참석하고 사랑하는 사람들을 위해 기도를 올렸다. 손을 잡고 돌아오는 길에 커피숍에 들려 아침식사를 하면서 사랑을 나누었고 앞날을 설계했다. 시향이 가는 곳에 내가 있다고 생각하였고, 그가 하는 일에 내가 조그마한 힘이라도 되어 주려고 노력했다. 어려운 여건이었지만 행복한 시간이었다.

어느 날 천시향은 원래의 자기의 꿈은 이공 계통이 아니라 문학이라고 말했다. 가난에서 헤어나고 싶었고 돈을 빨리 벌어야겠기에 공대를 선택했다. 초등학교 졸업식 때 답사를 써 읽은 후 교장선생님의 칭찬과 격려를 받고 문학적 소질과 적성을 나름대로 발견했다는 천시향은 항상 문학에 대한 아쉬운 마음으로 살아왔다고 했다. 시향은 바람과 이야기하고 구름을 벗을 삼아 자연을 읊고 삶과 세월을 철학적인 관점에서 문학적인 아름다움으로 표현할 수 있는 시인이 되고 싶어했다고 했다. 그의 천시향이라는 이름이 남다른 뜻을 가진 것임을 그제야 알 수 있었다.

하지만 현실은 시향의 편에만 서있지 않았다. 그러나 시향은 후회나 원망하는 모습은 보이지 않았다. 언젠가는 이런 이야기들과 살아온 세월들을 글로써 남길 수 있는 문학 활동을 할 때가 올 것을 다짐하면서…. 그래서 천시향은 시간이 날 때면 문학을 공부하는 독일 친구들을 사귀었다. 그들과 맥주를 마시며 시와 소설에 관한 이야기를 나누고 문학과 철학적인 토론을 좋아했다. 나는 시향의 모습을 볼 때마다 천성과 기질은 버리기가 어려운 것임을 느낄 수 있었다.

천시향은 학위를 받고 앞날이 촉망되는 과학자가 되었다. 한국에서 반도체와 전자공업이 뿌리를 내리려고 할 무렵 정부와 대기업의 많은 스카우트 제의도 받았다. 그러나 그는 박정희 정권에 대한 우호적인 감정을 갖고 있지 않았다. 그의 출생지가 호남지방이라는 것 외에 박정희 정권에 반대하는 구체적인 이유를 나는 모른다. 그는 끝내 조국이 아닌 미국을 택하였고 MIT 대학연구원으로 가는 날이 내가 마지막으로 본 그의 얼굴이었다. 그 후 미국에서 대학교수 및 과학자로 활동하다 정년퇴임하였다는 소식을 나는 간접적으로 듣고 있었다.

지난해 내 생일날 나에게 조그마한 소포 하나가 배달되어 왔었다. 나를 놀라게 한 것은 두 권의 책이 천시향이 쓴 시집과 수필집이었고 또 그것이 나의 생일에 맞추어 보내졌다는 것이었다. 그 속에는 "그 옛날 라인 강변을 거닐며 언젠가는 시를 쓰고 싶다고 말했던 초심의 꿈을 늦게야 이루었습니다."라고 쓰여 있었다. 시집만 출판한 것이 아니라 시향은 모 일간지에서 모집한 신춘문예상을 받고 시인으로 등단하였음을 알았다. 내가 알았던 천시향은 정말 훌륭하고 자랑스러운 사람이라 생각하며 오늘만은 내 마음도 그와 함께 다시 한번 라인 강변을 거닐고 있었다.

독일 사람과 독일

나는 나의 남친 천시향과 함께 독일과 독일민족에 관한 이야기를 자주 나누었다. 독일 사람들은 원리 원칙을 철저히 지키고 법을 위반하지 않으려고 노력한다. 하나에 하나를 보태면 철저하게 둘이 되는 것이 독일이다. 그래서 융통성이 좀 부족하게 보이기도 한다. 한국이나 미국에서는 하나에 하나를 보태었는데 경우에 따라 1.5도 되고 2.5가 되는 것을 볼 수 있다. 즉흥적이고 감상적인 이태리 사람들이나 프랑스에서도 조금 비슷하다.

이 규정이나 법은 네가 지켜야 할 것이니 나는 어떻게 해서라도 피해가야 한다며 수단 방법을 가리지 않는 한국인과는 대조적이다. 그래서 부동산 투기나 고위층 자녀들의 병역 기피 사건이 많이 생기지 않는다. 한국적인 인정 같은 것도 찾아보기 어렵다. 담배가 없으면 돈을 주고 친구로부터 한 개비 사서 피운다. 한국인의 시각이나 정서로 보면 좀 살벌하게 느껴진다. 남에게 의존하는 습성이 적고 국가와 단체를 항상 개인보다 앞세운다.

그리고 게르만족은 예의 바르고 근면 검소한 민족이다. 한국말과 비슷하게 독일어에는 경어와 속어가 있다. 옛날에는 귀족과 평민의 구분도 우리 사회의 양반과 상인의 구별 못지않게 이루어져 있었다. 예를 들어 성姓 앞에 'von'이 붙은 사람은 귀족문중의 한 가문이다. 물론 양반 귀족의 성이라고 다 'von'이 붙는 것은 아니다. 그들은 프라이드 또한 대단하다. 시향은 이런 독일인들을 좋아했다. 나는 세계 여러 민족들 중에서 배우고 본받을 것이 많은 민족으로 게르만 족이라고 말했다.

학창 시절, 나의 남친 시향은 여름방학 때 한 신문사에서 한국인 친구 네 명과 같이 일을 하면서 있었던 이야기 하나를 들려주었다. 그들은 모두 시간 당 8마르크를 벌 수 있다고 무척 기뻐했다. 이 Nuernberger Zeitung 신문은 아주 보수적인 일간지로서 당시 집권 사회민주당 정권을 항상 비판적으로 보도하는 신문이었다.

천시향의 신문사 이야기를 들으니 나는 갑자기 우리나라 역대 정권과 언론의 관계가 문득 떠올랐다. 그러나 한 가지 다른 점은 대의명분에서 국익에 관한 일이면 독일에는 여와 야가 없이 언론까지 합세하여 지지하는 모습이었다. 독일 사람들의 무서운 나라사랑을 실감할 수 있었다. 누가 하느냐가 문제가 아니고 무엇을 해야 국가와 민족에 이익이 되는지를 따지는 모습은 본받고 싶었다.

예수를 믿으면 세금을 내야 한다

일주일 일이 끝나는 금요일 오후 시향은 주급표를 받았다. 신나게 주급표를 뜯어보았다. 그런데 세금 등 공제액을 제한 수령금액에 차이가 있었다. 천시향의 주급 수령액은 다른 친구들 것보다 약 10% 정도나 적었다. 봉급표에 적힌 독일어 약자들을 이해하기 어려워 같이 일하는 독일 학생에게 물어보았다. 그 학생은 서너 개의 봉급 명세서를 대조해 보더니 빙그레 웃었다.

"너 혼자만 종교세를 내었네. 넌, 한국 사람인데 천주교를 다 믿어?" 시향은 다른 친구를 손가락으로 가리키며 "야! 너도 기독교 신자라고 했잖아? 그런데 너는 왜 종교세를 내지 않아?" 친구들은 천시향을 쳐다보며 배꼽을 잡고 웃기만 하였다.

지구상에서 유일하게 종교세*를 징수하는 국가가 독일이다. 그리

* 종교세는 국민 세금의 일부다. 정부에서 징수하여 소속 교회로 보낸다. 독일에 보편

고 기독교민주당(기민당), 같은 종교 이름이 붙은 정당이 있다. 독일은 기독교를 바탕으로 한 국가이며 정통 보수파들이 기민당의 주류를 이루고 있다. 그래서 개신교와 천주교 신자들의 교회 헌금을 아예 종교 세금으로 거두어 주거지 소속 교회로 보낸다고 했다. 소위 말하는 십일조의 교회 헌금 규정을 법으로 지키게 만들어 놓았으니 어쩔 도리가 없었다.

일손을 놓고 계속 웃기만 하던 친구들이 비아냥거리며 시향을 쳐다보았다. "하하, 어이 천시향, 한 푼이 아쉬워 방학 때 일을 해서라도 학비를 벌려고 하는데 예수님이 널 도와주지 않는구나. 하느님 아버지도 돈이 필요하신가? 아니야 하느님도 연세가 많으니까 우리가 도와드려야겠지. 하기야 공산주의가 망하는 이유는 하느님도 자본주의를 선호하기 때문이지…." 우리 모두 한동안 같이 웃었다.

하지만 시향은 그것을 어쩔 수 없는 다행(?)으로 생각했다고 말했다. 왜냐면 "십일조를 낼 때마다 갈등이 심했는데, 오히려 편하지 뭐."라며 웃었다. 나는 시향을 물끄러미 쳐다보며 "이제 교회헌금 까지 다 내어 놓았으니 앞으로는 성당에 빠지지 않고 미사에 참석해야 되겠구나." 하며 약간 가시 박힌 한마디를 던졌다.

시향은 방학 기간 중 두어 달 정도 열심히 일을 하여 꽤 많은 돈을 벌 수 있었다. 그리고 새 학기가 시작되기 전에는 1, 2주 정도 시간을 내어 무전여행으로 친구들과 유럽을 돌아다니며 즐거운 관광도 하였

화되어 있는 종교를 믿는 사람에게는 다 부과된다. 종교가 없는 무신자는 종교세를 내지 않는다. 불교나 회교 등, 독일에서 희귀한 기타 종교를 믿는 사람의 종교세도 징수하지 않는다. 받은 종교세를 보낼 곳도 없으니까.

다. 그때만 해도 히치하이킹이 안전했던 때라 가는 차에 편승해서 마음놓고 로마로 파리로 돌아다닐 수 있었다. 젊은 남자들이니 겁날 것도 없었겠지.

어느 간 크고 예쁜 아가씨가 아침부터 차를 태워주면 시향은 내가 역시 미남인가 보다 하는 생각에 목에 힘을 주었다고 자랑하였다. 그날은 마냥 재수가 좋아서 쉽게 목적지까지 갈 수도 있었다고 하니 남자들의 이야기는 어디까지 믿어야 좋을지! 한참이나 옛일들을 회상하고 있었는데도 비행기는 아직 독일 상공을 날고 있었다.

강줄기를 따라 그림같이 아름다운 포도밭이 계속 보인다. 비행기가 서서히 고도를 하강하면서 잠시 후면 Duesseldorf 공항에 도착할 것이니 안전벨트를 매고 내릴 준비를 하라는 안내 방송이 독일말로 흘러나왔다. "Guten Tag Meine Damen und Herren!" 오랜만에 귓전을 울리며 들려오는 독일말이지만 아주 생소하지는 않았다.

그때 문득 지금은 소식을 알 수 없는 친한 친구이자 고향 선배 한 사람이 생각났다. 그는 Heidelberg 대학에 유학하여 철학을 전공하고 있었다. 자존심이 강하고 아주 똑똑한 친구였다. 청산유수 같은 언변에 리더십을 겸했기에 정치가가 되었으면 잘할 것이라고 나는 항상 그녀를 칭찬해 주었다.

특히 그녀는 지적 호기심이 매우 강했고 또 용기가 남달랐다. 그녀도 천시향과 가끔 라인 강변을 함께 거닐며 많은 이야기를 나누었다. 나는 항상 수동적이고 사색에 잠긴 이야기를 하면 그녀는 능동적이고 적극적인 현실 사회의 이념 문제로 화제를 돌리고 있었다.

동백림 사건

1990년 10월 베를린 장벽이 무너지기 이전만 하더라도 독일은 2차 대전의 패전국으로 동독과 서독 두 개의 국가로 나뉘어 있었다. 분단이 된 배경은 다르지만 남과 북으로 나뉘어진 우리나라와 비슷한 분단국가이다. 그리고 동독 영토 안에 옛날의 수도 베를린 시가 있고 또 그 안에서 이 도시는 서 베를린과 동 베를린으로 나뉘어 있었다. 패전국의 아픔을 안고 사는 독일 국민이 감당하기에 어려운 분단의 현장이 바로 이곳이다.

따라서 분단국가에서 온 우리들에게 베를린은 특별한 의미가 있었다. 그래서 누구나 꼭 한번 가보고 싶어하는 도시였다. 그러나 공산 동독을 거쳐야 하기 때문에 서독에서 육로를 거쳐 베를린을 가는 일은 어렵고 신중을 기해야 했다.

여권에 동서독 국경을 통과한 동독 국경 수비대의 도장이 찍혀 있으면 콧대 높은 한국 영사관 나리들이 얼마나 추궁을 하고 못살게 굴었는지. 더구나 서슬이 시퍼런 중앙정보부 요원은 금방 반은 죽여서 귀국시킴은 물론 고문을 하고 형무소에 잡아넣을 것같이 엄포를 놓았었다.

항공편을 이용하면 서독 국내에서 자국의 영토인 서 베를린을 가게 되니 아무런 기록이 남지 않는다. 그러나 가난한 한국 교민들이나 유학생들이 비행기편으로 베를린을 들락거리기는 쉬운 일이 아니었다.

베를린과 연계되어 사라진 친구의 이야기를 기억을 더듬어 가며 정리해 보았다. 1960년대 중반에 베를린에 사는 한국 출신의 한 음악가가 있었다. 그는 가끔 서독에서 공부하는 한국 유학생들에게 항공권과 여비를 보내주며 베를린에서 개최되는 학술대회 등에 초청하는 호의를 베풀었다.

우리들의 베를린에 관한 호기심과 그의 계획된 호의는 잘 맞아떨어졌다. 그는 좋은 대접과 안내를 제공하면서 컨퍼런스에 참석한 한국 유학생들을 태우고 베를린 시내관광까지 시켜주는 친절을 베풀었다.

분단된 Friedrich Strasse 와 Brandenburg Gate, 그리고 Reichstag(독일 제국주의 의회)와 Spree강변을 구경하다 보면 지금 우리가 있는 곳이 정확히 어딘지는 생각하고 있지 않았다. 철조망과 콘크리트 장벽이 가려진 비극의 분단 동 서 베를린의 경계선 옆으로도 몇 번 왕래했다. 남북한 휴전선을 보는 기분이었다.

안내원이 서에서 동 베를린으로 들어가는 데는 아무런 조사도 제재도 없다고 이야기했다. 그러나 반대 방향의 통행은 철저히 제한되고 감시받고 있었다. 분단국가와 동족상잔의 아픔을 알고 있는 우리들이 느끼는 감회는 가슴을 찡하게 울려오고 있었다. 그런데 두어 시간쯤 지났을까, 우리들을 태운 차는 어느 조그마한 건물 앞에 멈추었다.

건물 앞에 올려진 인공기와 벽에 붙어있는 우리글 간판 '조선민주주의 인민공화국 대사관'이 눈앞에 보였다. 이 순간 한여름인데 온몸에 소름이 돋으며 공포에 휘말리기 시작했었다. 모두들 여기가 어디냐, 그리고 어떻게 된 일이냐며 눈을 굴리고 있었다. 우리가 이미 동 베를린에 있는 북한 대사관 앞에 와 있음을 그제야 알 수 있었다.

우리가 탄 차의 문이 열리고 정장을 한 젊고 건장한 신사들 대여섯 명이 깍듯이 인사를 올렸다. 그리고 우리들이 차에서 내리자 팔짱을 끼고 반 강제 비슷하게 건물 안으로 안내해 들어갔다. 김일성의 사진이 걸려 있는 응접실에 앉기가 무섭게 간단한 다과와 커피를 접대받았다.

조금 후에 총영사라는 사람이 들어오더니 조선민주주의 인민공화국 대사관을 방문해 주어서 고맙다는 환영(?) 인사말과 조국 통일에 적극 참여해 달라는 격려를 했다. 그 다음에 우리들 한 사람 한 사람 자리로 찾아와 악수를 하며 인사를 하였다. 그 순간 서너 명의 카메라맨이 플래시 세례를 보내며 우리들의 사진을 찍기 시작하였다. 탁자 위에 놓인 화분에 가려진 녹음기도 돌아가고 있었다.

우리는 평생 처음 너무도 어이가 없는 일에 당황하여 말을 잊었다. 또 꼼짝할 수 없는 현 위치에서 무엇을 어떻게 해야할지는 전혀 생각이 나지 않았다. 사람이 이렇게도 황당하게 빨갱이가 될 수 있나?

아니 앞으로 빨갱이 취급을 받게 되었구나 하는 생각이 들면서 나의 전신은 공포에 떨고 있었다. 약 한 시간이 지난 후 우리들은 공포의 북한 대사관을 빠져나왔다. 총영사까지 나와 환송인사를 보냈다.

동 베를린을 빠져나와 서 베를린에 도착하기까지 우리들은 말 한 마디 하는 사람 없이 숨을 죽이고 있었다. 서 베를린 호텔에 도착해서야 도대체 어떻게 된 일이냐고 따지기 시작하였다. 우리들을 안내한 그 음악가*는 아주 태연하게 아무런 일도 아닌 것처럼 그냥 그곳을 구경시켜준 것이라고 말했다. 기가 막힐 노릇이었다. 모두 정신을 잃고 급하게 짐을 챙겨서 공항으로 이동하였다.

더 큰 문제는 이제부터 시작이었다. 얼마 후 북한 대사관으로부터 친구 한두 사람을 데리고 방문해 달라는 초청과 여행경비가 이상한 경로를 통해 나에게 전달되었다. 공포의 시간이 시작되었다. 회답을 하지 않았더니 또 다시 연락이 왔다. 그 편지 안에는 이북 대사관으로 들어가는 우리들의 모습, 김일성의 사진이 걸린 방에서 커피를 마시는 시간, 그리고 북한 총영사와 악수를 나누는 장면 등이 담긴 여러 장의 사진을 동봉해 보내왔다.

너희들의 북한 대사관 방문은 이러한 증거물과 함께 기록되어 있고 이 사진 한 장만 남조선 중앙정보부로 보내면 너는 끝장이라는 경고성 메시지를 보낸 것이었다. 이것이 바로 1967년에 세상을 놀라게 한 동백림 사건의 시작이었다.

---

* 이 음악가는 베를린에서 작곡활동을 하고 있었다. 동백림 사건에 관련되어 사형구형에 무기징역 선고를 받았다. 그 후 서독 정부의 압력으로 석방되었고 독일로 귀화하였다. 그의 동백림 사건 관련에 대하여는 지금도 재조명받고 있다. 진실은 본인만 알고 있겠지만 그는 이미 죽었다.

그 이후 소위 동백림 사건 관련자 숙청작업이 정보부에 의해 극비리에 진행되고 있었다. 일주일에 한두 명씩의 한국 유학생들이 쥐도 새도 모르게 없어져 버렸다. 모두 17명의 서독 유학생들이 정보부 요원에 잡혀 서울로 강제 송환된 것으로 알고 있다. 또한 이 끔찍한 일을 독일 정부의 사전 양해나 허락도 없이 극비리에 남의 나라에 들어와 벌여놓고 보니 드디어 큰 외교 문제로 비화되고 말았다.

우리는 한두 달 후에야 그들이 한국으로 잡혀 들어가 정보부에서 고문을 받고 있다는 소식을 들을 수 있었다. 동 베를린에 한 번 다녀온 것이 이렇게 큰 화를 불러올 줄은 몰랐다. 프랑스와 이태리 등지에서 활동하는 저명인사들과 국내의 관련자도 줄줄이 정보부에 끌려가 조사를 받았다.

본에 주재한 한국대사관에는 광부와 간호사들을 감독하기 위해 노무관이란 사람들 2~3명이 파견나와 있었다. 그들은 외교관이 아닌 노동청 직원이었다. 나중에 알게 된 일이지만 그들은 유학생들을 붙잡아서 본국으로 강제 송환하는 데 앞장서고 정보부 하수인 역할을 하였다. 이것은 외무부 문서*에 기록되어 있는 것으로 알고 있다.

동백림 사건의 많은 부분이 박정희 정권의 구상이었고 중앙정보부의 조작이라고 믿고 있다. 그러나 그 당시의 상황에서 우리들과 접선한 그 한국인 음악가는 결코 대한민국에 이로운 일을 한 사람은 아니라고 생각한다. 그 사람이 왜 그러한 일을 했는지 우리는 모른다.

---

* 동백림 사건이 한국과 서독 간의 외교문제화되고 있었다. 서독 정부는 한국 정보부 요원과 유학생 강제소환에 관련 있는 사람을 추방하라고 지시했다. 당시 최규하 외무장관은 최덕신 대사에게 이 모 노무관과 최 모 노무관을 조속히 귀국 조치시키라는 통보를 보낸 기록이 있는 것으로 알려져 있다.

다만 그 사람 때문에 많은 고통을 받은 서독 유학생 친구들을 생각하면 지금도 너무 가슴이 아프다. 몇 사람은 정보부의 고문으로 인해 폐인이 되고 말았다.

나의 친구도 그 음악가의 주선으로 베를린을 다녀왔었고 아무 생각 없이 그가 안내한 북한 대사관을 방문했었다. 그리고 서독으로 돌아온 이후 그녀는 많은 고민과 고통의 나날을 보낸 것으로 알고 있다. 또한 남영동 대공 분실에 끌려가 고문과 조사도 받아야 했다.

그 친구가 하루는 나에게 전화를 했다. 개인적인 일로 외국 여행을 다녀와야 하고 기간이 좀 오래 걸릴지도 모른다고 말한 것이 나와 나눈 마지막 대화였다. 그 이후 35년이 지난 오늘까지 그녀가 어디에서 무엇을 하고 사는지 모른다. 아니, 다만 건강하고 행복하게 살아 있기만을 바라는 마음뿐이다.

이런저런 생각에 잠겨 있는 나는 비행기 바퀴가 미끄러지듯이 활주로에 닿는 순간에야 독일에 도착하였음을 알았다. 짐을 찾아 공항 청사를 나오니 그 옛날 독일 친구가 마중나와 있었다. "Wie geht es dir?" 오랜만에 독일말을 하려니 좀 더듬거려졌다. 우리들을 태운 차는 속도제한이 없는 Autobahn을 질주하여 금방 우리가 묵을 호텔에 도착하였다.

몇몇 동창들이 벌써 도착해 있었다. 동창회가 시작되기 전에 개인적인 친구 방문이나 다른 일에 시간이 필요한 동창들이 하루나 이틀 전에 도착한 것이다. 내일은 모든 동창들이 다 도착하기 전에 나도 옛 독일 친구 가정을 방문할 예정이었다. 30여 년 만에 다시 찾은 제2의 고향, 젊은 그때의 추억들이 내 마음을 막 흔들고 있었다.

여행의 피로와 시차관계로 잠을 설친 탓인지 몸이 가뿐하지 않았다. 아침 일찍 일어나 옛날 학창 시절에 자주 찾은 적이 있는 공원으로 산책을 나갔다. 벌써 동창 한 명이 산책을 마치고 벤치에 앉아 글을 읽고 있었다.

짧고 슬픈 결혼

벤치에 앉아 있는 친구는 나와 간호학교 동기동창이었다. 그녀는 고향 언니의 소개로 서독광부로 온 한 남자친구를 만나게 되었다. 그는 한국에서 대학을 졸업하고 더 큰 앞날을 꿈꾸며 독일 광부로 왔다고 자신을 소개하였다. '유한얼'이라는 좀 독특한 이름을 가진 그는 독립운동을 하신 할아버지께서 한국의 얼이 담긴 사나이란 뜻으로 손자의 이름을 지어주었다고 설명했다. 그리고 광산계약이 끝나는 대로 대학원에 진학할 것이라고 말하는 그의 눈에서는 불꽃이 튀기는 정열을 볼 수 있었다.

나의 친구는 유한얼 씨와 결혼한 지 두 달이 채 되기도 전에 남편을 광산사고로 잃고 말았다. 광산노동 계약 만료를 불과 3개월 앞두고. 너무도 외로운 결혼의 출발이자 슬픈 마감이었다. 그래서 그녀는 오늘 여기까지 온 기회에 그 사람을 생각하며 그이 옆에서 하루를 보내려고 한다고 했다. 그이와 사랑을 속삭이며 산책한 이 공원에서…….

손에 묵주를 들고 기도하고 있는 그녀가 앉은 벤치 옆에는 하얀 꽃다발 하나가 놓여 있었다. 눈물을 보이지 않으려고 애써 입술을 깨무는 그녀의 가슴에는 너무 많은 슬픔이 자리잡고 있었다. 그리고 친구는 읽고 있던 편지를 나에게 건네주었다.

이 편지는 사고가 나기 전날 유한얼 씨가 삼촌에게 보내려고 쓴 편지인데 결국 '부치지 못한 편지'가 되고 말았다고. 나는 친구 옆에 앉아 같이 그분의 명복을 비는 기도를 올렸다. 그리고 잠시 후 그 편지를 소리 없이 읽기 시작하였다. "가시리, 가시리 있고 날더러 어찌 살라 하고 이 머나먼 외국 땅에 버리고 가시리 있고…." 남편의 편지 옆으로 그녀가 깨알같이 적어놓은 글이었다. 편지지 한구석은 촉촉이 젖어 있었다.

내 사랑하는 동창의 남편 유한얼 씨의 글은 이렇게 시작되었다.

* * *

삼촌, 저가 결혼한 지도 벌써 두 달이 다 되어 갑니다. 20년 이상을 행복하게 살아온 기분입니다. 양가의 친척 한 분도 참석하지 못한 결혼식이었지만 너무 행복했고 축복받은 결혼이었습니다. 간호사 동창들과 광부 친구들의 축복을 받으며 성당에서 혼배성사를 받고 결혼식을 올렸습니다.

친구들이 마련한 불고기와 잡채 그리고 맥주를 놓고서 기숙사 구내식당에서 저녁을 같이 먹었지요. 이것을 피로연이라고 할까요? 춤도 추고 노래도 실컷 불렀습니다. 물론 신혼여행은 없었고 인근 싸구려 모텔에서 하룻밤을 보냈습니다. 그 다음날 저는 광산으로, 그녀는 병원으로 돌아갔지요. 일을 해야 되니까요. 약 100Km 정도 떨어진 도시에 있는 병원과 광산 기숙사에 살면서 일을 하다 보니 신혼살림을 차릴 수도 없었지만 너무 행복합니다.

그저 주말이 무척 기다려집니다. 그녀와 만나는 날이니까요. 그것도 2주에 한번. 3, 4개월 후 제가 대학원에 진학하게 되면 그녀도 나와 함께 대학이 있는 곳으로 직장을 옮겨 신혼생활을 시작한다는 설계를 그리고 있습니다.

저를 길러주신 삼촌과 숙모님께 다시 한번 감사드립니다. 물론 얼굴도 기억에서 가물거리는 아버지 어머님도 많이 기뻐하실 것입니다. 언젠가는 부모님 산소를 그녀와 함께 찾을 것입니다. 형님이 결혼한다고 사촌동생들이 많이 기뻐했다고 했지요.

보고 싶습니다.

삼촌, 이제 3개월만 더 일하면 광산노동을 마치게 됩니다. 너무 힘들고 어려웠습니다. 말씀드린 대로 대학원에 진학할 예정입니다. 엔지니어링을 공부하고 꼭 성공하여 큰 공장 사장이 되겠습니다. 아니 큰 재벌이 될 것입니다.

그래서 유한얼은 지난 3년간의 광부생활을 나름대로 적어내려가기 시작하였습니다. 삼촌께도 보여드리고 나중에 아이들이 읽어보면 내 부모의 옛 모습을 볼 수 있게 말입니다. 일기장 비슷하게 기록해 보았습니다. 삼촌, 이 편지 받으면 잘 보관해 두세요. 우리들 역사의 한 페이지!

부치지 못한 편지

한얼은 오늘도 피곤한 몸을 자전거에 태우고 집에 돌아오기가 무섭게 돼지고기 김치찌개를 끓였다. 독일에는 소금과 후추 외의 별 조미료가 없었다. 마늘은 먹지 않는다. 고춧가루나 간장도 사기 어려웠다. 그러니 남자들이 만드는 반찬이지만 맛을 내기는 더욱 어려웠다. 한국 배추도 이곳엔 없었다. 두부 한 모를 사면 잔칫날이다.

배가 출출하니 찌개에 양배추 김치면 밥이 꿀맛이다. 그러나 이름이 좋아 김치다. 맥주도 한 병 마신다. 돌아오는 길에 기숙사 사무실에 들려 편지를 찾아보았으나 언제나 반갑고 기다려지는 고향 편지는 없었다.

새벽에 나가 8시간의 아침반 작업을 마치고 돌아와 점심을 해 먹고 설거지를 마치니 벌써 4시가 다 되어 있었다. 한얼은 또 자전거를 타고 어딘가를 바쁘게 달려가고 있었다. 해가 긴 여름이라 저녁 9시까지 세차장에서 차를 닦아주고 주유소에서 기름을 넣어주며 부지런히 일했다.

오늘은 재수가 좋은 날인지 8마르크의 팁을 받았다. 한얼은 항상 한국 돈으로 환산해 보는 버릇이 있었는데, 고단한 하루도 잊을 수 있는 수입이었다. 이렇게 몇 달만 모으면 동생 등록금은 마련할 수 있을 것 같았다. 너무 기뻤다. 한얼에게는 하루가 너무 짧기만 했다.

수요일인 오늘은 주유소 일을 마치고 독일어 학원에 가야했다. 광산 일을 하면서 배운 독일어 실력으로는 대학 진학에 너무 모자라기 때문이었다. 한얼은 일주일에 두 번씩 독일어 강의를 듣고 자전거를 타고 집에 오면 밤 11시가 넘었고 그때서야 늦게 저녁을 먹었다.

낮에 남겨 놓은 돼지고기 김치찌개와 밥 한 그릇이 꿀맛 같았다. 누님이 보내주신 고추장, 그리고 양배추에 소금을 뿌리고 고춧가루를 버무려 만든 겉절이 비슷한 김치 외에 다른 반찬은 없었다.

돼지고기 찌개를 자주 끓여먹는 이유는 목구멍에 걸린 석탄가루를 씻어 내리는 데는 얼큰하고 기름기가 좀 있는 돼지고기 찌개가 최고라고 했다. 광부들의 직업병인 규폐증상이 오기 전에 말이다. 물론 돼지고기는 소고기보다 값이 싸고 찌개를 끓이기도 쉬운 것이 하나의 이유이다.

침대에 비스듬히 누워 하루를 마감하는데, 잠이 금방 비 오듯 쏟아졌다. 피곤한 몸을 억지로 일으켜 빵과 치즈, 소시지 등을 찾아내 내일 아침 먹을 것과 점심 샌드위치를 만들어 놓고 잠자리에 들었다. 늦어도 새벽 5시에는 일어나야 하니 그래도 5시간 정도는 잘 수 있었다.

독일은 벌써부터 주5일 근무제가 실시되고 있었다. 그래서 토요일과 일요일은 일을 하지 않는다. 물론 돈에 악착 같은 우리들은 노임을 2배로 받는 주말 비상근무를 자원해서 했었다. 집에서 쉬는 주말은 오히려 더 바쁘게 할일이 많았다.

금요일 밤에 친구들과 마신 맥주와 일주일의 피로가 겹쳐 토요일 아침이면 10시경에나 일어난다. 아침을 먹고 나면 빨래를 해야 하고 방 청소도 한다. 무엇보다도 고향으로 보내는 편지를 쓰는 날이다. 일주일 동안 먹을 시장도 봐야 했고 김치도 담아야 했다. 할 일들을 마치고 나면 저녁에 영화구경을 가는 시간을 낼 수도 있고 친구들과 맥주를 즐길 수도 있었다.

고마운 신부님들

한얼은 친구들과 함께 일요일에는 성당에 갔다. 이렇게 살아도 희망이 보이는 삶, 하느님의 축복이라고 믿었기에 미사에 참석하고 기도하는 자세로 살려고 노력하였다. 위를 보며 사는 것도 중요하지만 아래를 보고 내 자신을 보면 축복받은 사람으로 보인다. 앞을 보고 계속 달려야 하지만 뒤를 한 번씩 돌아보며 앞길의 방향을 바로 잡는다.

또한 성당은 독일 친구들을 사귈 수 있었고 독일말을 배우는 좋은 장소가 되었다. 외국인 노동자인 우리들을 따뜻하게 대해주는 신부님과 수녀, 그리고 교우들이 고마웠다. 한얼은 자신도 저렇게 사람들을 차별하지 않고 도우며 살 수 있을까 생각해 보았다.

특히 외국인 노동자에 대한 관심이 많은 우리 성당 보좌신부님은, 우리들을 독일 교우들의 가정 성탄 저녁 만찬에 초대받아 갈 수 있게 주선해주었다. 또 많은 교우들이 동참하면서 여러 가정에서 우리들을 한두 명씩 초대하여 같이 저녁을 먹고 선물까지 받았다.

한얼이 독일에 도착한 지 3개월이 채 되지 않았다. 외국에서 처음 맞는 성탄절이었다. 한얼은 어느 독일 교수 가정의 성탄 만찬에 초대를 받았다. 생전 처음 맛보는 칠면조 요리와 이름 모를 여러 가지 음식들이 너무나 맛이 있었다. 맵고 짠 것이 없어 조금 느끼하긴 했지만.

이럴 때 감사하다는 인사를 해야 하는데 한얼의 독일어 실력은 그 정도가 되지 못했다. 너무 답답한 마음에 갑자기 소화가 되지 않는 것같이 느껴졌다. 아니, 너무 많이 먹어서 소화가 되지 않는 것이 사실인지도 모른다.

어쨌든 한얼은 용기를 내어 독일어사전을 펼쳐들고 맛이 있었다는 말과 감사하다는 말을 찾아 마음을 전했다. 그리고 준비해간 한국 인형을 선물로 주었다. Wunderschoen(아름답다) 이란 단어를 내 사전에서 찾아 보여주며 감탄하고 고마워했다. 장난기가 있어 보이는 중학생 아들 녀석은 여자 인형을 가리키고 한얼을 보면서 새끼손가락을 쳐들어 "너 애인이냐?"는 신호를 보내는 바람에 한바탕 웃었다.

그러나 한국에 대해 알고 싶어하는 그 집 가족들에게 제대로 이야기를 해 주지 못하니 괴로웠다. 지도를 펼쳐놓고 한국이 어디 있는지를 함께 찾아보았다. 그들은 우리나라 휴전선을 보고 자기들의 동서독 분단을 가리키며 같은 처지에 있는 국가라는 표정을 지었다.

서독에는 여러 나라에서 온 많은 외국인 근로자가 있었다. 독일국민은 가난한 나라에서 온 외국인 노동자들을 큰 차별 없이 대해 주었다. 근면하고 성실한 한국인 노동자를 더욱 좋아하였다. 예의가 바르고 비교적 깨끗한 우리들의 모습에 거부감을 느끼지 않았다.

다른 외국인 근로자에 비하여 한국인 광부나 간호사는 독일말도 빨리 배웠다. 그들은 우리들의 대부분이 고등학교와 대학 출신임을 모르고 있었다. 다른 나라에서 온 초등학교 출신 근로자와 비교하고 있는 것이다. 대학을 졸업하고 광부로 왔다는 것은 그들에게 설명이 될 수 없었다.

그 다음해 크리스마스 며칠 전의 일이다. 전혀 알지 못하는 한 수녀원에서 커다란 선물 상자가 우편으로 한얼에게 배달되어 왔다. 잘못 배달된 것이 아닌가 하고 몇 번이나 확인해봤다. 아무리 보아도 정확히 유한얼 앞으로 보내진 것이었다. 이상하기도 하지만 우선 소포를 열어보았다. 예쁜 카드와 과자, 그리고 장갑, 양말, 목도리에다 내의 등이 가득 들어 있었다.

카드에는 "성탄을 축하하며 주님의 은총 많이 받기를 기도합니다." 라고 적혀 있었다. 그리고 작은 선물이지만 친구들과 나누어 가지라고 부탁하였다. 한얼은 너무 놀랍고 고마워 말을 잊었지만 이 수녀원에서 자신을 어떻게 알았는지 하는 궁금증이 계속되었다.

우리 성당 수녀님의 도움을 받아 그 수녀원을 찾아 전화를 걸었다. 한얼의 독일어는 전화로 의사소통을 하기에는 아직 많이 부족하였다. 한얼이 직접 통화한 것이 아니고 수녀님이 한 얼을 대신해 여쭈어 보았다. 그 수도원 원장수녀님은 자기도 한얼이란 교우를 모르지만 한얼을 잘 알고 자기와 같이 많은 전교 사업을 하는 수도원 Schmidt 신부님의 부탁이었다고 말하였다.

그제야 조금 감이 잡혔다. 서너 달 전에 한얼은 독일 대학원 진학을 위한 정보와 자료 수집을 위해 뮌헨(Muenchen)까지 열차편으로 여행한 일이 있었다. 그날 한얼은 옆 좌석에 앉은 한 신부님과 짧은 독일어로 대화를 나누었다. 그에게는 광부가 대학원에 진학할 준비를 한다는 한얼의 말이 믿기 어려운 모양이었다.

한얼은 식당차로 자리를 옮겨 신부님과 함께 점심을 같이 먹었다. 점심 대접을 하겠다는 한얼에게 광부보다는 신부가 힘들지 않게 그리고 많은 월급을 받으니 자기가 점심값을 내게 허락해 달라고 하였다. 그는 스파게티에 한얼은 샌드위치를 시켰고 와인도 한 잔씩 마셨다. 한국이라는 나라와 한얼 자신에 관하여 여러 가지를 많이 물었다. 한얼은 그로부터 인터뷰를 받고 있는 느낌을 받았었다.

한얼은 그분의 이름도 기억을 하지 못하지만 자신의 이름과 주소를 적어준 기억이 어렴풋이 떠올랐다. 그분이 바로 Schmidt 신부님으로 판정은 내렸지만 왜 그분이 이런 선물을 보내라고 부탁했는지를 한얼은 알 수가 없었다.

한얼은 그 후 원장 수녀님을 찾아뵙고 고맙다는 인사를 올렸다. 수녀님은 당신이 하느님 안에서 기도하고 착하게 살면 그 신부님께 그리고 하느님께 감사하는 것이라고 하였다. 끝내 그 신부님이 어디에 계시는지와 그분을 찾아볼 수 있게 안내해 주지 않았다. 수녀님이 한얼의 인사를 신부님께 대신 전하겠다고 하였다. 명예와 칭찬과 반대급부를 염두에 두고 일하는 사람들과 너무 다르게 보였다.

천당을 갈 수 있는 최소한의 학점

독일에 온 지 벌써 2년이 지났다. 이제 독일말도 어느 정도 할 수 있다. 한얼은 이번에 우리 성당 교우 50여 명과 함께 3박4일의 피정에 참석할 수 있었다. 피정 일정이 끝날 무렵 질문과 토론시간이 있었다. 한얼은 "천당을 갈 수 있는 최소한의 학점이 몇 점이냐?"고 피정 지도신부님께 물어보았다. 한얼의 엉뚱한 질문에 교우들이 와 하고 웃었다. 신부님도 좀 의아한 눈으로 쳐다보기에 한얼은 좀더 자세한 부연 설명을 부쳤다.

학교에서나 직장에서는 어느 기준을 넘어야 학년 진급이나 진학도 가능하고 승진도 한다. 학교에서는 60점 이상의 점수를 받아야 낙제를 면한다. 우등생이 되어야 일류대학에 진학도 할 수 있다. 과외공부도 하고 학원에도 간다. 재수, 삼수를 해도 좋다. 남의 것을 베껴 쓰거나 어떤 수단방법을 가리지 않고 점수만 나오면 된다. 또 들키거나 들통나지만 않으면 된다.

사회에서도 마찬가지다. 직장 상사에게 잘 보여야 하고 뇌물을 바쳐서라도 승진을 하면 된다. 온갖 부정을 해서라도 국회의원에 당선되려고 악을 쓴다. 부정이 탄로나지 않으면 그만이다.

"신부님, 나는 우등생으로 천당에 갈 수는 없을 것 같습니다. 그러나 최소한 낙제점은 면해서라도 천당에 가고 싶습니다. 그러니 그 최소한의 점수가 몇 점입니까? 그리고 어떻게 해야 그 최소한의 학점이라도 받을 수 있습니까? 혹시 이미 늦지는 않았습니까?" 한얼은 아주 진지한 표정을 지으며 신부님의 대답을 기다리고 있었다.

신부는 괴상한 질문도 다 받아본다는 표정을 지었다. 처음에는 웃으며 듣고 있다가 나중에는 조금 생각하는 모습을 보였다. 그리고 생각의 여유를 가지려고 했다. 유한얼같이 신앙심이 부족한 사람에게 어떻게 설명을 해야 할지를 생각하고 있는 듯이 보였다.

"우리는 세례를 받고 이미 하느님의 자녀가 되어 하느님의 나라에서 살고 있다. 하느님의 나라 안에서 천당과 지옥을 이야기하는 것은 어떻게 하면 하느님의 가르침을 따라 바르게 사느냐를 말하는 것이다. 그러나 원죄를 갖고 태어난 인간의 영혼이 살아있는 육신과 함께 존재하는 동안은 끊임없는 죄악의 유혹을 받게 된다. 그래서 우리는 항상 회개하고 용서하며 살아야 한다."

그리고 하느님은 당신이 천당에 갈 수 있는지를 어떤 결과에 기준을 두고 점수를 매기지 않는다. 사회나 학교에서는 결과를 놓고 점수를 매기고 그것을 기준으로 다음 단계를 결정한다. 어떤 노력과 과정을 거쳐 이런 결과를 가져왔는지는 그렇게 중요하지 않다. 당신의 말과 같이 부정이든 커닝이든 탄로만 나지 않으면 그만이다.

하느님은 당신의 노력과 그 노력을 실행하는 과정을 중요시한다. 그리고 하느님은 그 노력과 과정을 지켜보신다. 항상 당신 옆에서 당신을 버리지 않고 도와주신다. 다만 우리들이 하느님의 존재를 가끔 잊고 있을 따름이다. 노력을 했는데도 머리가 나빠 좋은 결과가 나오지 않아도 좋다. 최대한의 노력을 했으면 된다. 항상 기도하는 자세, 즉 재수나, 삼수는 노력하는 과정이므로 더 많이 필요하다. 부정은 금물이다. 하느님은 다 알고 계신다.

돈이 없어 남을 많이 도와주지 못해도 문제가 되지 않는다. 최대한의 정성으로 사랑하고 용서하며 하느님의 뜻을 따라 살면 된다. 이름을 내기 위해 1억을 기부하고, 즉 자기를 위한 조그마한 결과에 연연하면 순수한 마음으로 백 원을 낸 사람보다 적은 점수를 받는다. 두뇌가 아니라 믿음과 사랑하는 마음이다. 신부님의 말씀은 계속되었다.

하느님 안에서 이렇게 살면 최소가 아닌 최대한의 학점을 받고 천당을 갈 수 있을 것이다. 그런데 하느님은 당신이 천당 갈 수 있는 점수를 쉽게 발표하지 않는다. 다행인지 불행인지 몰라도 당신의 점수는 당신이 눈을 감는 그 순간에 발표된다.

신부님은 우리 함께 기도하자고 하였다. "하느님 도와주십시오! 천당을 갈 수 있도록 바른 마음과 자세로 하느님 안에서 살겠습니다. 최대한의 노력과 순수한 과정을 밟으며 살겠습니다."

조그마한 보람

한얼은 어느 날 갑자기 내가 지금까지 살아오면서 남을 위해 한 일이나 남에게 도움을 준 것이 있는가를 생각해 보았다. 남을 사랑하고 잘못을 용서하며 도와주고 아픔을 덜어준 적이 있는가? 아무것도 없었다. 좀 부끄러운 마음이 들었다. 나보다 더 불행하고 가난한 사람도 많이 있는데. 왜 한얼은 한 번도 그들을 위해 일했거나 도와준 적이 없었는지를 찾아보았다. 아니, 그에게는 그런 생각조차 해본 기억이 나지 않았다.

한얼은 오늘도 작업을 마친 후 자전거를 타고 집에 돌아오는 길이었다. 봄날 햇살이 가슴을 따뜻이 내려비치고 있었다. 갑자기 생각은 고향으로 달려가고 있었고 그 길목에 고아원 하나가 보였다. 옛날 유한얼이 다니던 고등학교 건너편에 자리잡고 있는 '실로암 어린이 집'을 생각하게 만들었다.

어려운 환경에서 학교를 다녔지만 한얼은 그 고아원을 지날 때마다 자신의 위치와 저기 사는 아이들의 외롭고 불쌍함을 비교하며 생각에 잠긴 적이 가끔 있었다. 한얼에게는 도시락과 책가방을 챙겨주는 어머님이 있었고 연필과 공책을 사주는 아버지가 계셨다. 학교에서 늦으면 동구 밖에서 기다리는 할머니도 계셨다.

그러나 저 고아들에게는 돌아갈 고향도 기다리는 부모형제도 없었다. 혹시 있더라도 어느 하늘 아래 있는지 모른다. 가난한 시골 농부의 아들인 한얼은 저 고아들과 비교하면 너무나 행복한 위치에 있었다. 행복의 기준이 얼마나 상대적인지 모른다. 아인슈타인의 상대성 원리는 너무나 철학적이다. 과학에는 물론 인문사회학에도 잘 적용되는 원리요 이론이라고 생각되었다.

한얼은 힘이 들 때면 그 고아들과 비교하며 용기를 내려고 노력하였다. 그것으로 자신의 불만도 잠재울 수 있었다. 그리고 한얼에게는 저 고아들이 불쌍하다는 동정심도 생겼다. 그렇지만 한얼은 그 아이들을 위해 아무것도 해준 것이 없었다.

그날 한얼은 우리 성당 보좌신부님과 면담을 신청했고 지금 오면서 생각난 고아원 이야기를 나누었다. 신부님은 내가 해 줄 수 있는 것이 없겠느냐고 물었다. 일주일간의 생각을 정리하여 다음 주일에 이야기하기로 약속하였다. 미사가 끝난 후,

"신부님, 아이들이 입을 수 있는 옷을 수집하여 그 고아원에 보내주고 싶은데 도와줄 수 있습니까?"
라고 부탁했다.

신부님과 교우들의 도움으로 많은 옷을 수집할 수 있었다. 대부분

이 작아서 못 입는 옷들이었다. 새 옷도 많았고 거의 새 옷에 가까운 것들을 모두 깨끗이 세탁하고 다려서 가져오는 교우들의 정성에 감동했다. 옷이 없는 가정에서는 운송비에 보태라며 현금으로 도와주는 분도 있었다. 반응이 너무 좋았고 서너 달 사이에 큰 트럭으로 3대 정도의 옷과 구두를 수집하였다.

신부님과 같이 차를 타고 옷을 수집하러 다니고 정리하여 박스에 넣고 포장을 할 때는 피로함도 느끼지 못했다. 운송비는 동료광부들의 기부금과 한진해운의 협조를 받았다. 한얼은 추위가 오기 전에 이 옷이 고아원에 도착하여 아이들이 조금이라도 따뜻하게 입고 건강하게 자라기를 기도하고서 잠자리에 들었다. 평생 처음 남을 위해 일을 했는가 싶었다. 그것도 다 남의 도움으로!

광부 일기

나의 동창 친구의 남편 유한얼은 힘들게 일하며 지내온 날들을 일기장에 기록해 두었다. 그리고 그는 언젠가는 이런 이야기들을 주제로 단편 드라마를 제작하여 조국과 민족에게 알리고 싶다고 하였다. 그 이야기의 일부를 오늘 삼촌에게 들려주기로 하였다.

삼촌, 참 광산 이야기 좀 들려 드릴게요. 삼촌이 너무 걱정하시고 마음 아파할 것 같아 지금까지 일부러 광산이야기는 피했었는데! 이제 광부생활도 거의 다 끝났으니 오늘은 지난 3년간의 광부일기를 적어 보내겠습니다. 석탄가루를 뒤집어쓰고 구슬땀을 흘리며 힘들게 일해 온 만큼 이제 희망의 내일이 보입니다.

*　　　*　　　*

유한얼이 일하고 있는 광산은 독일의 핵심 공업도시들이 집결해 있는 루르* 지방에 자리잡고 있었다. 인구 10만이 조금 넘는 에센(Essen)이라는 중공업 도시이다. 이 도시인구의 절반 이상이 광산노동자들이다. 석탄을 가공하는 화공 분야와 철강 산업의 공장들이 주를 이루고 있다.

유한얼은 광산이라고 하면 강원도 산골을 연상하고 있었다. 그런데 산은 보이지도 않고 도시에서 멀리 떨어져 있지도 않았다. 넓은 평지에 자리잡고 있는 이 모든 공업도시들의 땅 밑이 석탄으로 가득 매워져 있다고 한다. 아니, 바로 저 고층 건물과 아파트 단지 밑에 석탄이 수백 미터 아래로 차곡차곡 쌓여 있다고 한다.

누가 왜 채광하는 곳을 광산이라는 '산山'자를 붙였을까 생각해 보게 만들었다. 여기 있는 광산은 차라리 '광도鑛都나 광야鑛野, 아니면 석탄마을'이라고 이름 부르는 것이 맞아 보인다. 그런데 독일어에도 광산은 'Bergwerk', 분명히 '산'이란 글자가 들어 있으니 "수천 년, 수만 년 전 그 옛날에는 이곳도 산이었던가?" 어쨌든, 좀 신기하게 느껴졌다.

독일 광산은 산중턱이나 밑에서부터 굴을 파고 광맥을 따라 비스듬히 내려가거나 올라오며 채광을 하는 곳이 아니다. 수직으로 지하 1천 미터 이상을 내려가서 석탄을 캐고 화차에 담아 엘리베이터로 실어 올린다고 한다. 잘 이해가 안 된다. 나중에 보면 알게 되겠지.

---

* 라인 강의 지류를 이루고 있는 루르(Ruhr) 강은 탄광 공장지대인 독일의 중서부 지방에 있다. 운하와 같은 교통수단의 역할을 맡고 있는 이 강은 화물선박들이 쉴 새 없이 다니고 있다.

저렇게 많은 석탄을 파내고 어떻게 그 위에 공장이나 고층 건물을 짓고 Autobahn을 건설할 수 있느냐고 누가 물어 보았다. 1톤의 석탄을 캔 자리는 1톤 이상의 자갈과 흙으로 다시 메운다고 대답하였다. 그래서 석탄을 실은 기차가 올라오면 자갈을 실은 기차는 수십 개의 '샤크트(Schacht)'* 칸칸에 실려 내려간다. 진짜로 상행선 하행선 열차를 볼 수 있었다.

한얼은 연탄불을 피워본 적이 있다. 그러나 석탄을 어떻게 캐는지 또는 광산이 어떻게 생겼는지를 유한얼과 그의 동료들은 전혀 몰랐다. 그런 사람들에게 광부라는 이름을 붙여 독일에 보내 놓았으니 무엇을 알겠는가? 거기에다 노동을 해본 경험이 별로 없는 소위 학사 광부들…. 그러나 한국 광부들의 근면함과, 가난을 벗어나기 위해 선택한 이 기회를 놓치지 않으려는 정신은 독일 사람들을 놀라게 하였다.

한얼은 새벽 6시에 일을 시작하는 아침반이었다. 수백 명의 광부들이 자전거를 타고 광산 작업장 정문을 들어섰다. 점심 주머니와 커다란 물통을 들고 탈의장으로 들어가 작업복으로 갈아입는다. 더운 곳에서 일을 함으로 물통이 유난히 크다.

옷을 벗어 로커에 넣어두고 작업복으로 갈아입는 것이 아니다. 탈의실 번호가 매겨진 쇠줄을 내리면 천정에 매달려 있는 작업복이 내

---

* 지하로 내려가고 올라오는 수직의 하강 엘리베이터다. 굵은 쇠줄에 10칸 정도의 엘리베이터가 포개어져 달려 있다. 한 칸에 20명 정도의 사람이나 5톤 정도의 석탄이 담긴 화차 두 개씩을 실을 수 있다. 주로 2층의 정거장에서 조금씩 움직이며 5번 정차하여 석탄이나 광부들을 싣고 내린다. 1,000미터의 지하에까지 2~3분 안에 내려간다.

려온다. 갈퀴 모양의 옷걸이가 서너 개 붙은 쇠사슬 줄에 옷을 벗어 매달아 천정으로 끌어올리고 작업복으로 갈아입는다. 그리고 내 번호에 쇠줄을 고정시켜 자물통으로 잠근다.

위를 쳐다보면 수백 명의 목매어 죽은 사형수가 매달려 있는 기분이다. 그러나 위험한 작업장에 들어가는 시간이라 그런 생각은 빨리 지워버리고 누구에게도 말하지 않는다. 재수 없는 날이 아니기를 바라면서.

작업복으로 갈아입고 전등이 붙은 헬멧을 머리에 얹으면 얼굴은 벌써 반 이상 검어져 있다. 작업복에 붙은 석탄가루가 한얼의 얼굴을 제 마음대로 이리저리 화장을 해 놓았다. 모든 광부들이 빨리 옷을 갈아입고 절도 있게 움직인다.

많은 사람들이 출퇴근 카드(Time Card)기 앞으로 줄을 서 들어간다. 그리고 빨리 빨리 Time Card를 찍는다. 그런데 여기까지 오는 걸음걸이와 그 이후에 움직이는 속도는 너무 달랐다. 시간당 임금을 받는 사람들의 습성은 독일이나 한국 근로자 할 것 없이 다르지 않았다.

광부들의 작업복은 검정 또는 감색이다. 그러나 이 시꺼먼 먼지투성이의 채탄 굴 속에서도 슈타이거(Steiger)라고 불리는 감독자는 하얀 작업복을 입고 아주 밝은 전등을 차고 다닌다. 멀리서 불빛만 보아도 그를 알 수 있다.

광부들의 인사는 "글뤽아우프(Glueckauf)"란 말을 쓴다. Glueck '행운'이라는 말과 Auf '일어나다'라는 단어의 합성어로서 "조심하십시오, 또는 행운을 빕니다."라는 인사말이다. 광산 노동이 얼마나 위험한 일이기에 이러한 인사말이 생겼을까 생각하게 만들었다.

이미 수십, 수백 년을 채광한 광산 작업장이고 보니 요즘은 땅 밑 아주 깊은 곳에 있는 석탄을 캐고 있다. 그래서 광부들은 샤크트(Schacht)를 타고 지하 1천 미터 이상을 내려간다. 그 중간에 있는 석탄은 이미 다 캐내었다.

한 개의 샤크트에는 20명 정도가 탈 수 있는 창고같이 생긴 엘리베이터 10개 정도가 아래위로 굵다란 쇠줄에 매달려 움직인다. 전동차 10칸을 수직으로 매달아 놓은 것을 상상해 보라. 그래서 샤크트 역은 2층으로 되어 있고 승차할 때면 한번에 두 칸씩 이동하면서 다섯 번을 세운 다음에 200여 명을 태우고 내려간다. 지상 300층 건물의 높이와 비슷한 지하 1천 미터 아래로 2~3분 사이에 내려간다.

샤크트에서 내리면 사막의 열풍 같은 더운 바람이 얼굴을 스친다. 지상에서 대형 컴프레서 시설로 찬바람을 불어넣지만 1천 미터의 지하에 도착하면 갱내 채탄장에서 발생하는 열과 먼지가 함께 섞이면서 금방 30도가 넘는 더운 바람으로 변한다.

석탄을 실은 수십 개의 기차가 부지런히 지나가고 있다. 여러 가지 기계와 동발 등 자재를 쌓아 놓은 곳이 보인다. 석탄이 가득 실린 화차를 샤크트 안으로 밀어 올리고 빈 화차를 내리는 피스톤과 압축공이 새는 소리가 요란하다. 전화벨이 요란히 울리고 큰소리로 통화하는 모습이 보인다.

또 하나의 공장도시를 이 깊은 지하에서 보는 기분이다. 불이 환히 켜지고 사방으로 갈라진 터널들이 고속도로 IC같이 보이기도 한다. 광부들이 채탄, 굴진, 운송, 막장관리, 기계정비 등 각자 맡은 작업장으로 찾아간다. 작업의 능률과 안전을 위해 적어도 4~5명 이상이 1개

조가 되어 움직인다. 우리는 이곳을 공대 지하 실험실이라고 부르기도 했다.

유한얼이 맡은 일은 독일인 세 사람과 한조가 되어 광맥을 따라 그 옆으로 굴을 파는 일이다. 굴을 뚫고 철길을 깔아 캐낸 석탄을 싣고 나갈 수 있게 만드는 작업이다. 굴착기로 바위에 수십 개의 구멍을 뚫고 폭약 지뢰를 넣어 폭파시킨다. 낙석사고의 상처를 줄이기 위해 30도 이상의 더운 작업장에서도 윗도리를 입고 일한다. 대부분 바지는 벗어 버리고 팬티만 입고 일을 한다.

한얼의 몸은 땀과 먼지로 뒤범벅이 되어 있다. 말소리를 듣고 알 수 없는 사람이 찾아오면 아주 가까이 가서 얼굴을 확인해 보아야 누군지를 알 수 있다. 땀은 수건으로 닦아서 해결될 정도가 아니다. 티셔츠와 팬티를 벗어 물빨래를 짜듯이 땀을 짜내고 다시 입는다. 남자들만의 농담이 오가며 웃음을 나눈다.

지뢰를 설치한 후 광부들은 도시락과 물통을 들고 작업장에서 100미터 정도 바깥 안전지대로 나온다. 지뢰 터지는 소리가 요란히 울리고 열풍이 먼지를 동반하고 굴을 따라 멀리까지 나온다. 바윗돌이 폭파된 후 열과 먼지가 조금 가라앉을 때까지 20분 정도 휴식을 취하며 점심을 먹는다.

많이 먹어야 일을 할 수 있음으로 두툼한 보리빵에다 햄과 치즈 등을 넣은 샌드위치와 사과 한 개를 점심으로 먹는다. 너무 더운 곳에서 일을 하다 보니 각자 준비해간 2리터짜리 물통이 이미 바닥이 났다. 지금부터 10리터짜리 그룹 물통의 물을 이삼 개 조가 함께 나누어 마신다.

여기서 가끔 문제가 생긴다. 누가 아침에 김치를 먹고 들어온 모양이다. 입이 닿은 물통에서 마늘 냄새가 난다고 독일 친구가 야단이다. 옛날에 일본 사람들이 "조센징 마늘 냄새 난다."고 싫어한 것처럼…. 밀폐된 공간에서 일을 하다 보니 특이한 냄새는 비위에 많이 거슬린다. 독일 사람의 특유한 노린내도 우리들에게는 많이 거슬렸는데…….

약 2미터 정도의 깊이와 폭 5미터 정도 이내에 있는 바위가 부서져 산산조각이 나 있다. 기관차(Lokomotiv)가 밝은 불을 켜고 종을 울리며 빨리 달려왔다. 빈 화차 10개를 우리 굴착장 앞에 떼어 놓고 어디론가 사라져버린다.

지금부터 부서진 바윗돌을 삽과 괭이로 화차에 실어 내보낸다. 너무 힘든 일이다. 가끔 칼날 같은 돌이 천정에서 떨어진다. 다치지 않게 많이 조심해야 한다. 바윗돌을 실어내면서 스템펠(Stempel)이라고 불리는 반구형 쇠기둥을 양쪽으로 새우고 연결시킨다. 그 뒤와 위를 원목 토막으로 돌이 떨어지지 않게 막으면 굴이 완성된다. 4~5명이 한조가 되어 8시간 동안에 겨우 2미터 정도의 굴을 뚫을 수 있었다. 그리고 침목을 놓고 레일을 까는 일이다.

이 굴 옆으로는 탄맥이 45도 각도로 지나가고 있다. 석탄은 무진장으로 쌓여 있다. 이 굴속으로 압축공기와 물 공급시설 그리고 여러가지 기계장비가 설치되면 채탄작업이 시작된다. 지하에서는 폭발과 화재의 위험을 줄이기 위해 많은 기계를 압축공기로 움직인다. 모든 작업은 많이 기계화되어 있다.

채탄작업은 네 사람이 한조가 되어 일을 하였다. 두 사람은 압착기로 석탄을 캐고 한 사람은 뒤에서 따라오며 천정이나 벽이 무너지지 않게 나무 동발을 받쳐 세운다. 작업반장은 밑에서 화차에 석탄을 싣는 일과 감독을 한다.

기관차가 100개 정도의 빈 화차를 달고 석탄이 내려갈 아궁이 바로 밑에 와서 대기하고 있다. 작업반장이 밑에서 불빛으로 신호를 보낸다. 그 순간 막장 안의 압착기 소리가 요란하게 울리기 시작한다. 기관사와 반장이 전등불빛으로 일이 시작되었다는 신호를 주고받는다.

석탄 덩어리들이 홍수에 밀리는 것처럼 아래로 쏟아져 내려간다. 석탄가루가 온 막장을 가득 채우고 먼지에 가려 불빛이 희미하게 보인다. 숨이 막힌다. 먼지를 마시는 것이 아니라 석탄가루가 입에 씹힌다. 작업반장과 기관사는 채탄장 아궁이를 열고 닫으며 석탄이 가득 찬 화차를 한 칸 한 칸 앞으로 전진시킨다.

수십 개의 막장에서 울리는 압착기 소리와 석탄을 운반하는 기관차가 바쁘게 움직이고 있다. 한 개의 화차에 5톤 정도의 석탄이 실린다. 한 막장에서 500톤의 석탄이 불과 2~3시간 사이에 실려 나간다. 고대 땅 위의 나무가 묻히고 석탄으로 변하여 수천, 수만 년을 잠잔 후 땅 위로 올라가 처음으로 햇빛을 보는 순간이다.

땅 위로 올라온 석탄은 연료로만 쓰이는 것이 아니다. 많은 화공품을 만드는 원료로 가공 처리된다. 카본 원사로 변하여 낚싯대와 줄을 만들고 골프채가 만들어진다. 콜타르와 기름을 빼낸다. 그 중에서도 믿기 어려운 것은 석탄에서 마가린을 만들어내는 것이다. "그럴 리가?" 하고 생각해본다. 그러나 식물인 나무가 변하여 석탄이 되었으니 여기서 식물성 버터가 나오는 것은 당연한 것이 아닌가! 그래도 "한얼은 이 마가린은 먹지 않겠다고 생각했다. 아니 내 피땀이 섞였으니 더 많이 먹어야 할까? 아니면 아껴 먹어야 할까?" 생각해 보았다.

석탄이 빠져나간 동굴 같은 공간이 희미하게 보인다. 가끔 여기저기서 석탄 덩어리 떨어지는 소리가 귀에 거슬린다. 그런데 이것으로 하루의 작업이 끝난 것은 아니다. 이제부터 석탄을 캐낸 그 자리에 수십 개의 나무동발을 세운다. 텅 빈 공간의 천정이 무너지지 않게 해야 한다. 그 이후 언젠가는 이 공간이 지상에서 실어온 흙과 자갈로써 다시 메워진다.

압축공기 파이프와 호스들을 앞으로 이동시킨다. 다음 반 사람들이 일할 수 있게 준비해 두고 나가야 한다. 압착기는 걸어두고 압착핀만 가지고 나간다. 채탄 작업으로 무뎌진 날 끝을 갈아 세워서 다음날 가지고 들어와야 작업을 한다.

채탄작업은 많은 위험을 동반하고 있었다. 헬멧에 붙은 불이 먼지에 가려 앞이 잘 보이지 않는 곳에서 일을 한다. 어쩌다 막장 천정이 왕창 왕창 무너진다. 그때 잘못하여 석탄과 함께 묻혀 내려가면 흔적조차 찾을 수 없게 된다. 다행히 화차에 실리기 전에 건져내면 생명은 구할 수 있거나 시체는 찾을 수 있다.

막장의 우리 동료 한 사람이 없어졌다고 웅성대는 소리가 들려왔다. 모두들 놀라서 모여들었다. 제6광구 채탄장이 무너졌다고 한다. 일곱 사람의 우리 동료 광부들이 일을 들어갔었는데 여섯 명밖에 보이지 않는다고 한다.

그의 몸은 석탄과 섞여 이미 지상으로 올라온 것으로 추정하고 시신 발굴 작업이 바쁘게 진행되고 있었다. 6광구에서 나온 석탄을 산

더미같이 쌓아놓은 적재장으로 갔다면 시체를 찾을 가능성은 있었다. 그러나 그 석탄이 바로 다른 화차에 옮겨져 여러 석탄 공장으로 갔다면 시체를 찾기는 어렵다.

우리 모두는 적재장 근처를 오가며 마음을 태웠다. 날이 어두워지기 시작하면서 시신 발굴 작업은 중단되었고 우리도 기숙사로 돌아왔다. 너무 슬픈 일에 모두들 말을 잊고 있었다.

그 다음날도 계속된 시신 발굴 작업은 헛일로 끝나고 말았다. 한얼의 친구는 말 한 마디 남기지 않고 영원히 떠나고 말았다. 몸도 영혼도 어디론가 가버렸다. 광산 본부에서는 그곳에서 나온 석탄의 행방을 파악한 모양인데 우리들에게는 알려주지도 않았고 알고 싶지도 않았다.

주말에 광산회사에서 독일에 계신 한국 신부님을 초청하여 시신도 없는 조촐한 추도식을 가졌다. 고인의 명복을 비는 신부님의 기도와 친구가 읽은 고별사는 눈물바다를 만들고 말았다. 지금쯤 고향의 부모 형제도 이 소식을 접했을 것이라 생각하면 남의 일로만 여겨지지 않았다. 슬픔은 강물처럼, 우리는 고인의 명복을 빌었다.

다음날이면 우리는 또 그 지하로 내려간다. 그리고 묵묵히 굴을 뚫고 석탄을 캔다. 그 친구 생각이 좀처럼 지워지지 않는다. 이것이 운명이라면 너무 잔인하다고 생각되어진다. 그러나 한국이라는 나라에 태어나고 가난이 가져다준 현실을 이겨내는 것이 그의 당면 과제이다. 한얼이 할 수 있는 일은 이것뿐이었다. 오늘도 우리 모두에게 무사한 하루가 되기를 바라면서.

삼촌, 이렇게 친구를 잃은 마음이 많이 슬펐습니다. 갑자기 오늘의 심정을 한 편의 시로 적어보고 싶었습니다. 제가 어릴 때부터 문학에 취미가 있었다는 것 기억하시지요? 숙모님과 함께 읽어 보세요.

그림자

유한얼

더 이상 내려갈 곳이라고는 없는
이국땅 지하 탄광에서
40도 열풍이 석탄가루를 날린다.

앞이 보이지 않는 먼지 속에서
인생을 캐고 세월을 캐면
나는 아직 몰라라 삶의 가치를

아는가, 그대는
지하 1,000미터의 깊이를?
당신이 죽으면 영혼도 함께
겨우 서너 자 땅 밑에 묻힌다오.

햇살을 향하고 있는 사람에게는
그림자가 보이지 않는다고 하였지
저 멀리 굴속으로 스며드는
희망의 섬광을 향하고 있는 나
그래서 내 그림자도 보이지 않는다.

어느 시인이 시는 머리로 쓰는 것이 아니고 마음으로 써야 된다고 하였습니다. 그래서 생각나는 대로 마음에 있는 것을 써보았습니다. 삼촌, 아마추어 냄새가 많이 풍기지요. 먼 훗날 더 멋있게 쓰겠습니다. 문학을 좀더 공부하고 인생을 더 많이 안 후에.

하루 8시간의 작업을 마치고 지상으로 올라오는 샤크트 앞에 모이면 누가 누군지를 모르게 온몸과 얼굴이 깜둥이로 변해 있었다. 피로에 지친 몸들을 샤크트에 싣고 올라오는 동안에는 모두가 말이 별로 없다. 피로에 지쳐 이야기할 여유가 생기지 않는다.

Time Card를 찍고 탈의장으로 향한다. 쇠줄에 달린 옷을 내리면 제일 먼저 찾는 것이 담배다. 8시간 동안 한 대 태우지 못했으니 담배 맛이 꿀맛이다. 담배 연기를 실컷 빨아들이고 공중을 향해 내뱉으면 그제야 말문이 열린다. 천천히 작업복을 벗어 걸었다. 깜둥이들은 비누통을 들고서 샤워장으로 향한다.

수백 개의 샤워꼭지가 천정에 벌집같이 달려있는 넓은 홀이다. 바닥에 붙어있는 반원형의 고무 스위치를 밟으면 샤워물이 천정에서 쏟아져 내려온다. 갑자기 수십 개의 샤워꼭지에서 물이 흘러내리고 바닥은 석탄가루와 땀 냄새가 섞인 물이 시꺼먼 시궁창으로 변한다.

우선 얼굴을 씻고 머리를 감는다. 스펀지로 온몸을 닦으면 그때야 깜둥이들이 모두 흰둥이로 변한다. 남의 몸을 힐긋힐긋 훔쳐도 본다. 농담이 오가기 시작한다. 남자답게 체격이 좋고 이목구비를 갖춘 사람은 뽐을 내며 샤워를 한다. 한국 사람은 상대가 되기 어려웠다. 하루의 피로가 풀리기 시작하였다.

오늘은 금요일, 주급도 받고 이틀을 쉬는 주말이 오는 날이니 바로 T.G.I.F.(Thanks God, It's Friday)인 것이다. 샤워장에 들어서는 발길이 한결 가볍다. 샤워하는 시간이 좀 길어진다. 손톱 밑에 박힌 석탄가루까지 깨끗이 씻어낸다. 옆의 친구에게 등을 씻어달라며 스펀지에 비누를 칠하여 건네주었다.

"이번 주말에 또 한국인 간호사 만나러 가니?"

"애인이라도 하나 생겼어?"

등을 씻어주며 친구가 던지는 말이다.

"그래, 애인을 만나러가니 좀 깨끗이 닦아주어!"

"벌써 알몸까지 보여주게 되었어? 속도가 좀 빠른 것 아니야? 나도 같이 데려가 주어! 예쁜 아가씨 하나 소개시켜줘…."

"그래 등이나 잘 닦아주어, 한 번 생각해볼게."

지난 주말에는 친구 두 사람과 함께 한국인 간호사가 근무하는 병원을 찾아갔었다. 가끔 한국에서부터 알고 지냈거나 서로 연락이 닿아 만나는 사람도 있었다. 그러나 대부분이 서로 알지 못하는 사람을 무작정 찾아가는 경우가 많았다. 오늘도 재수 좋은 날이 되기를 바라는 방문길이었다.

인근 Duesseldorf 시립병원 기숙사 앞에 차를 세웠다. 조금 망설이다 약간 긴장된 모습으로 간호사 기숙사 건물 안으로 발을 들여놓았다. 수위아저씨가 어떻게 왔느냐고 물었다. '한국인 김 간호사를 만나러 왔습니다.' 김 간호사가 다섯 명인데 누구를 찾느냐며 쳐다보았다. 우선 시작은 성공이다. 김씨가 없으면 빨리 박씨로 바꿔야 하는 재치있는 임기응변의 순서는 필요없었다.

수위아저씨는 우리들의 머뭇거리는 모습이 독일말을 잘 알아듣지 못하는 것으로 판단하였다. 그는 기숙사 입주자 리스트를 보여주며 어느 김 간호사를 찾는지를 확인하라고 했다. 순진한 수위아저씨, 우리가 바로 이것을 노린 것인데! 두 번째 단계도 성공이다. 30여 명의 한국인 간호사 명단에 네댓 명의 김씨 성을 가진 간호사 이름이 보인다. 김현숙, 김순옥, 김영애… 알파벳순으로 나와 있었다.

K 다음이 L. 그러니 그 바로 밑에 이씨 성을 가진 몇 명의 이름도 보였다.

김현숙, 바로 이 사람입니다. 손가락으로 그 이름을 가리켰다.

수위는 전화 다이얼을 돌렸다.

"김현숙 간호사, 손님이 면회 왔습니다. 내려오세요."

"손님이라니, 누구예요?"

"나도 몰라요. 한국 남자들 같아요."

대화하는 소리가 수화기를 통해 들렸다. 전화가 끊기고 수위는 우리들을 응접실에서 기다리라며 안내해 주었다.

지금까진 성공. 그러나 우리는 긴장된 모습으로 응접실에 앉아 김현숙을 기다리고 있었다. 여러 가지로 궁금한 시간이 흐르고 있었다. 우선 우리가 기다리는 김현숙이 나타나야 한다. 그리고 김현숙이 우리의 데이트 신청을 받아주어야 한다. 그다음에는 친구 두어 명을 데리고 와야 한다.

여기서 몇 가지 원칙이 적용된다. 첫째, 우리가 찍은 김현숙이 우리들이 좋아하는 타입의 미인이라야 된다. 만약 자유당 소속 박호순 그룹 멤버라면 문제가 생긴다. 실망은 실망의 연속을 가져올 가능성이 높기 때문이다.

그다음, 김현숙이 우리들의 데이트 신청에 응해주고 친구들을 동행한다면 현숙이는 자기보다 나은 친구를 데리고 나오지 않는다는 것을 알아야 한다. 그래서 첫 번째 찍힌 현숙이는 기득권을 행사하고 앞으로의 방향을 결정하는 중요한 인물이 된다.

물론 우리들의 시나리오는 많은 옵션을 준비하고 있다. 경우에 따라선 이 자리에서 간단한 인사와 이야기로 끝낼 수도 있다. 우리들의 선택이다. 물론 우리가 그러한 위치에 놓일 때도 있다는 것을 알아야 한다. 약 10분 정도의 시간이 지났다. 노크소리가 나면서 문이 열렸다.

"안녕하세요? 누구신가요?"

"예, 우린 이 근처 광산에서 일하고 있습니다."

"주말이라 고향생각도 나고 맥주나 한 잔 하면서 이야기도 하고 식사대접이라도 했으면 하고 찾아왔습니다. 시간 내어줄 수 있겠습니까? 초면에 실례인줄은 알지만 초대에 응해주었으면 고맙겠습니다."

"어떻게 알고 찾아왔어요?"

"저를 어떻게 아시나요?"

김현숙은 상당히 의아해하는 모습이었다.

"예, 천천히 말씀드리겠습니다."

"우선 친구 두어 명 데리고 나오세요. 같이 나가 맥주나 한 잔 하면서 이야기하면 좋겠습니다."

당황하던 그녀의 모습은 조금씩 안정을 되찾고 있었다. 그리고 약간 머뭇거렸다.

"여기서 기다려주세요."

"잠깐 올라갔다 오겠습니다."

성공! So far so good! 지금까진 모든 것이 잘 나가고 있었다. 김현숙의 날씬한 몸매에 미소를 띤 갸름한 얼굴과 교양 있어 보이는 말솜씨… 나이도 어려 보인다. 합격이다. 놓치면 안 된다.

그런데 30분이 지나도 아무도 내려오지 않는다. 조금 불안한 마음이 들었다. 옆의 친구가

“여자들은 화장하고 또 친구들 연락하여 모이는 데 시간이 많이 걸린다. 조용히 기다려라.”

며 꽤 점잖게 말했다.

이렇게 기다리는 동안 내가 먼저,

“야, 미스 김, 내가 찍었다.” 하고 다른 친구들의 눈치를 살피며 말했다. 내가 또 한수 늦었네. 약간 언짢게 여기는 모습의 충청도 친구가 말했다.

“그래, 미스 김 상당히 미인이더라. 너에게는 좀 과분하겠는데! 그러나 미스 김이 데리고 오는 다른 친구들을 보고 딴소리하면 안 돼.”

김현숙은 친구 두 사람을 데리고 내려왔다. 서로 인사를 나누었다.

“안녕하세요? 이수경입니다.”

충청도 사투리가 약간 섞인 애교담긴 목소리였다. 현숙이 못지않은 미인이었다.

“충청도에서 왔습니까?”

“예, 청주가 고향입니다.”

“아이고, 저가 청주고등학교 출신입니다.”

옆의 친구가 신나게 말했다.

이수경 간호사의 얼굴이 약간 붉어 올랐다.

친구가 빨리 나가 기숙사 앞에 차를 갖다 세우고 문을 열어주는 예의를 갖춘다. 조그마한 차 앞 뒷좌석에 세 사람씩 앉으니 많이 비좁다. 그러나 기분 100%! 숙녀들의 향수 냄새와 서로의 스킨이 약간

씩 닿으니 너무 좋았다. 벌써부터 고압선 전류가 흐르고 있었다.

호프집에서 맥주를 마시며 고향 이야기를 나누었다. 식당으로 자리를 옮겨 저녁식사를 맛있게 먹으며 독일생활의 이모저모를 이야기했다. 가족사항에 대한 이야기를 들으면서 김칫국부터 먼저 마시는 친구가 흥분해 있었다. 시간이 너무 늦기 전에 다음 주에 다시 만나자는 약속을 받아내었다. 기숙사에까지 모셔다 드리는 예의를 정중히 갖추고 헤어졌다.

돌아오는 차안에서 세 명의 간호사 인물평으로 웃음꽃을 피운다. 미스코리아 대회심사나 한 것처럼. 인물에서 교양과 말솜씨, 그리고 몸매에서 걸음걸이까지 많은 심사평이 오간다. 물론 그녀들도 지금쯤 우리와 비슷한 이야기를 하고 있으리라 생각하면서.

지금까지 우리들의 작전은 성공이었다. 속도 역시 무척 빨랐다. 그러나 다음 만남에서부터는 방향이 결정된다. 그런데 한얼이 찍은 김현숙은 유한얼을 다시 만나주지 않았다. 그것만으로도 유한얼은 많이 섭섭하였는데 나중에 알고 보니 그녀는 한얼의 가장 친한 친구를 찍은 것이 아닌가! 그녀가 배신자는 아니었지만 유한얼의 투자실패! 드디어 한얼은 아픈 가슴을 치유하기 위해 또 다른 병원을 찾아야 했다.

먼 나라에서 외롭게 지내다보니 서로 마음에 맞게 되면 데이트의 속도는 상당히 빨랐다. 속도제한이 없는 독일의 아우토반을 달리는 것처럼. 도와주는 사람도 없었지만 방해하거나 충고하는 사람도 없었다. 그래서 가끔 말썽도 있었지만 대부분이 행복한 가정을 이룰 수 있는 시작이 되었다.

부모형제나 주위에서 주선해주어 만날 수 있는 기회도 없었고 상호간 선택의 폭도 제한되어 있었다. 이미 다 성인이 된 나이였고 개방된 서구문화와 섹스 개념은 남녀 간의 교제를 급속도로 자극시켜 주고 있었다. 짧을 대로 짧아진 미니스커트와 어울려 보이는 독일 처녀들의 날씬한 몸매와 긴 다리는 말초신경을 자극시킨다. 서구사회에서는 해도 문제, 안 해도 문제가 되는 것이 아니라는 말을 들었다. 우스운 이야기들이다.

멋있게 생긴 독일 처녀와 연애도 한 번 해보고 싶었다. 그러나 아직까지 우리들의 독일어가 수준 미달이고 보니 연애하기도 쉽지 않았다. 연애하는 데 무슨 말이 필요하냐고 한 친구가 말했다. 연애는 말로 하는 것이 아니라고 그는 열을 올렸다. 물론 에로틱한 연애는 말이 별로 필요하지 않을 수도 있겠다. 그러나 아름다운 마음으로 고운 말을 하는 사람은 아름다운 연애와 사랑을 할 수 있을 것이다. 그래서 누가 뭐래도 같은 말을 하고 생각이 비슷한 동족이 좋았다.

이번 토요일에 비가 많이 내리고 있었다. 우체국에 가는 것도 송금을 하기 위해 은행에 가는 것도 월요일로 미루었다. 시장 보는 일은 내일로 미루었다. 유한얼은 자신의 생활을 일기 비슷하게 기록해 두는 노트에 몇 가지를 적어 두고 싶었다. 그리고 저녁에는 친구들과 맥주를 마시며 독일 대 영국 월드컵 축구 결승전 중계방송을 시청할 것이다. 맥주와 축구, 독일의 대명사가 아닌가?

우리는 영국에서 열린 1966년 월드컵 경기 중계방송을 독일에서 볼 수 있었다. 북한이 강호 이탈리아를 따돌리고 8강에 진출했을 때 가슴이 벅차오르는 기쁨을 느꼈다. 남과 북, 이것은 나의 문제가 아니었다. 같은 한민족의 자부심, 피는 물보다 진했다. 응원해주고 축하해주고 싶었다. 북한을 적으로만 알고 있는 우리가 처음으로 한 핏줄을 받은 동족임을 깨닫게 해주었다.

8강 경기에서도 북한이 포르투갈을 3:0으로 전반전을 리드할 때 우리는 흥분의 도가니에 빠지고 말았다. 결국 후반전에서 지고 말았지만. 강호 브라질에게도 패하여 4강 진출에는 실패했지만 많은 이변을 일으켰다. 유한얼과 그의 친구들은 북한 팀을 응원했다고 정보부에서 잡아갈지도 모른다고 말했다.

한얼과 친구들은 함께 북한팀을 목이 터지게 응원했고, 또한 결승전에 진출하여 영국과 대결하는 서독팀을 열심히 응원했다. 팔은 안으로 굽는 것이 확실하였다. 독일 친구들과 맥주를 마시며 중계방송을 시청했다. 거리에는 사람도 차도 볼 수 없었다. 동독도 서독을 응원했다. 영국이 4 : 2로 승리하자 맥줏잔이 날아가고 호프집은 수라장으로 변하고 말았다.

독일 사람들은 별 안주도 놓지 않고 맥주를 천천히 즐기며 마신다. 땅콩이나 감자칩스가 고작이다. 합창을 좋아하고 많이 떠들며 이야기를 한다. 우리와 같이 얼큰한 매운탕이나 찌개를 곁들여 시원하게 마시고 먹지 않는다.

금방 아기를 분만한 산모의 첫 밥상에 맥주 한 병이 따라 나오는 곳이 독일이다. 산모가 맥주를 마셔야 모유가 많이 나온다나. 세상에서 처음 들어보는 우스운 소리다. 물론 알코올이 거의 없는 Dunkel Malz Bier(맥아, 엿기름 맥주)라고 한다. 아무리 그래도 산모에게 미역국을 먹여야지 맥주를 주다니. 독일 사람들이 맥주를 좋아하는 이유를 조금 알 수 있을 것 같았다.

맛 좋은 독일 맥주가 병물 값보다 싸다. 한국 최초의 OB 맥주 만드는 방법도 독일 기술자가 가르쳐 주었다고 들었다. 소주나 막걸리는 구할 수도 없었지만 맥주가 더 좋았다. 우리는 한국에서 비싼 맥주를 일 년에 한두 번 마시기가 어려웠다. 훗날 누가 이 글을 읽으면 무슨 뜻인지 잘 모를 것이다. 유한얼은 국민소득 76달러 시대의 이야기를 계속하였다.

부지런한 친구가 돼지 족발을 한 솥 삶아 놓았다. 토요일 저녁 술안주로 준비한 것이다. 우리가 즐겨먹는 족발을 독일 사람들은 별로 먹지 않았다. 값도 아주 쌌다. 소금으로 간을 맞추고 생강을 넣어 누린내를 빼낸 족발은 일품요리보다 낳았다.

족발을 뜯으며 맥주를 실컷 마셨다. 고국 소식과 일주일 동안의 이야기를 밤늦게까지 나누며, 가끔 아껴 둔 오징어나 고추장이 안주로 나오기도 했다. 술이 얼큰해지면 언제나 노래는 부르게 되어 있다. 즐거운 노래로 목청을 높이다가 고향이나 슬픈 노래가 나오면 분위기가 달라져버린다. 그래서 고향을 생각하게 만드는 노래는 애써 피하려고 했다.

한국 최초의 인력 수출

유한얼이 독일로 떠나던 1964년은 동경 올림픽이 열린 그해였다. 박정희 군사정권이 들어선 지도 3년이 되었다. 서울시내에는 아직도 고물 전차가 다녔고 한 개뿐인 남대문 지하도에 이어 광하문 지하도를 막 개통하려고 했다. 거지들과 지게꾼들이 먹을 것과 일거리를 찾아 시내를 해매고 다녔다. 너무도 가난한 나라, 비참한 생활 속에 굶주리는 사람이 너무 많았다.

권력을 잡은 박정희 정권은 국가경제 재건을 우선 목표로 설정하였다. 그러나 아무리 계획을 세워도 자본이 없으니 실행에 옮길 수 없었다. 외국 자본을 원조나 차관 형식으로 들여오는 것이 유일한 자본 확보의 방법으로 정책을 수립했다.

첫 목표지는 역시 미국이었다. 우리의 우방이라는 미국으로부터 박정희 정부를 인정받고 경제 원조나 차관을 받아오기로 하고 미국

방문길에 올랐다. 조선시대 왕위 책봉을 인정받기 위해 명나라에 사신과 조공을 보내는 것과는 사뭇 다르지만 비슷한 점도 찾아볼 수 있는 방문이었다. 그러나 박정희 정부 일행은 문전박대를 받고 서럽고 분해 눈물을 삼키며 돌아왔었다.

국민을 위한, 국민에 의한 국민의 정부, 세계 제일의 자유민주주의를 자랑하는 미국의 케네디 대통령은 박정희 군사 쿠데타 세력을 인정하지 않았다. 즉 국민에 의해 세워진 국민의 정부가 아니라는 것이다. 그리고 이들을 인정하면 다른 후진국에서도 비슷한 상황들이 일어날 것과 그 후의 문제들을 우려하고 있었기 때문이었다.

미국 정부에 박정희 소장에 관한 부정적인 측면이 정보기관을 통해 많이 보고되었다고 한다. 또한 정치군인들과 쿠데타 그리고 한반도의 불안정한 사태는 미국이 앉아서 보고 있을 일이 아니었다. CIA뿐만 아니라 민주당 정권의 장면 국무총리를 옹호하는 미국과 국내 가톨릭 채널이 있었다. 케네디 대통령은 결코 원조는커녕 박정희 장군을 만나주지 않았다.

사실 많은 사람들이 박정희 소장의 과거 행보는 여러 사람들의 의심을 받기에 충분하다고 말한다. 장교로 임관한 경로에서부터 여순반란사건 등 군 복무 시절의 기록이 말해주고 있다고 한다. 그것을 잘 알고 있는 그 자신은 군사 쿠데타를 혁명으로 정당화시키고 정권의 토대를 마련하기 위해서라도 경제건설, 국가재건에 전념해야 한다고 믿었다.

할 수 없이 미국 외의 다른 나라로부터 차관이나 원조를 구하기로 방향을 잡아보았다. 미국의 눈치를 보아야 하는 경제 대국들은 어느 나라도 쉽게 한국의 군사정권을 인정하고 경제적 원조나 차관을 약속하지 않았다.

지푸라기라도 잡는 심정으로 이리 뛰고 저리 굴러보았다. 경제 원조를 구하는 길만이 살 길이다. 자본 없이 어떻게 공장을 짓고 고속도로를 건설한단 말인가? 미국, 영국, 서독, 캐나다, 프랑스, 이태리 선진 경제대국들을 매일같이 점검해 보았다. 일본도 생각하고 있지만 국민정서를 감안하면 한일관계는 아직 시기상조다.

혁명에 협조하는 경제와 정책 전문가를 총동원하여 계획을 세우고 나름대로 많은 준비를 하여 마지막으로 택하여 접선이 된 곳이 서독이었다. 우리와 같은 분단국가, 해외 노동력을 많이 필요로 하고 있는 나라, 그리고 미국의 정책에 무조건 찬성만을 하지 않는 나라, 서독을 택한 것이다.

김종필을 단장으로 한 특사 일행을 서독으로 보냈다. 그들은 드디어 독일의 Adenauer 수상과 만날 수 있게 되었고 애원하다시피 원조를 부탁하였다. 서독 정부는 "무엇을 담보로 당신 나라에 돈을 빌려주겠느냐."고 물었다. 그 물음만 분석해 보아도 조그마한 가능성이 보이기 시작했다. 그러나 우리 정부의 행보를 파악한 미국은 벌써 서독 정부에 압력을 넣고 있었다고 한다.

구체적인 계획을 가져와서 한 달 후에 다시 상의하자는 약속을 받았다. 처음 회담은 일단 성공적이라고 판단했다. 다음 회담이 우리들의 마지막 기회다. 양국이 다 분단국가라는 감상적인 이론이나 공산주의와의 대치 등 사상적인 문제에서 벗어나 무엇으로 실질적인 담보를 제공할 수 있을까를 찾기로 했다. 그들이 필요로 하는 이 무엇인가를 찾아야 했다.

한국까지 갔다 다시 돌아오는 여비보다 모텔비가 싸니까 특사일행은 대사관 숙소와 싸구려 모텔에서 라면을 끓여 먹고 한 달을 머물면서 만반의 준비를 했다. 여기서 나온 아이디어가 "인력 수출"이다. 우리가 담보로 제공할 수 있는 것은 이것뿐이고 독일은 많은 노동력을 필요로 하고 있다.

드디어 경제 각료들을 대동한 Adenauer 수상과 만나는 날이다. 모두들 긴장하였다. 오늘 실패하면 갈 곳이 없었다. 회의실에 앉자마자 서독 수상은 그래, 당신네들이 어떠한 보증을 우리에게 제시하겠느냐고 물었다. 우리나라 근로자들을 담보로 당신들의 노동력 문제를 해결해 주겠다고 단도직입적으로 제안했다.

Adenauer 수상은 고개를 끄덕이고 있었고 경제부처 장관들 몇 명의 얼굴에 미소가 피고 있음을 보았다. 잠깐 침묵의 순간이 흐른 후 재무장관이 얼마의 차관이 필요하고 어떤 노동력을 얼마나 우리에게 보내줄 수 있는지 구체적으로 제시해 보라고 했다.

이미 방향을 잡은 Adenauer 수상은 이제부터는 참모들이 할 일이다. 수상은 그렇게 한가한 사람도 아니며 세부적인 일은 내가 할 일이 아니라는 리더의 스타일을 보여 주었다. 그는 다음 회의에 참석해야 한다며 양해를 구하고 자리에서 일어났다. 그리고 오늘 여기 있는 각료들과 상의하여 결정하면 자기는 그 결정에 따르겠다는 말을 잊지 않았다.

이것이 바로 한국의 '인력 수출'의 시작이었다. 한국 대표단은 기쁨에 어쩔 줄 몰랐다. 광부와 간호사를 보내줄 수 있느냐는 질문에 우리는 얼마나 필요하느냐는 물음으로 답을 했다. 차관 금액은 어느 정도로 생각하고 있느냐는 질문에도 많으면 많을수록 좋다고 답하여 한바탕 웃었다고 한다.

드디어 1억4천만 마르크의 상업 차관 약속을 받았다. 그 당시 우리에게는 엄청나게 큰돈이었다. 회의가 끝나기도 전에 김종필 씨는 박 대통령에게 보고하였다. 두 사람은 전화기를 들고 기쁨에 눈물을 흘렸다고 한다. 독일 광산에서 일할 우리나라 광부 8,000명과 병원에서 근무할 간호사 5,000명 그리고 기타 독일에서 필요한 인력 2,000명 도합 15,000명을 파견하고 그들의 봉급을 지급보증으로 상업 차관 계약을 체결한 것이다.

이 돈으로 경제재건의 기틀을 마련하고 고속도로를 건설하였다. 철없고 어린 간호사들의 고운 손이 말도 통하지 않는 독일 병원에서 제일 험한 일을 도맡아 하게 되었다. 석탄이 검은지도 붉은지도 잘 모르던 대학 출신들이 광산에서 비 오듯 땀을 흘리며 일하게 되었다. 그들의 노동이 국가 경제 건설에 원동력이 된 것이다.

요즘 같으면 외국에 갈 광부도 없겠지만 당시는 일자리가 턱없이 부족한 시절이었다. 500명 광부 모집에 100대 1, 4만6천여 명이 지원을 했다. 노동청에서 고졸 학력에 광산노동 경력을 가진 자를 기준으로 모집하였다. 그러나 합격자의 반 이상은 대학 중퇴나 졸업자에 가짜 광부들이었다.

그들은 진짜 광부임을 증명하려고 고운 손에 시꺼먼 연탄을 비비고 손톱 밑을 새까맣게 물들였다. 거친 손을 내보이며 면접시험에 합격하려고 온갖 수단을 다 부렸다. 노동청에서도 이 사실을 뒤늦게야, 아니, 어쩌면 처음부터 파악했지만 어떤 사람을 독일에 보내는 것이 좋을지를 놓고 고민하였다.

그 당시 진짜 광부들의 대다수는 학력 수준이 높지 않았다. 그러니 시험에 합격한 많은 사람은 적어도 고등학교 이상을 졸업한 엉터리 광부들이었다. 정부에서는 결국 궁여지책으로 출국하기 전에 한 달 동안 광산 실습과 광산 견학이라도 시켜 독일로 보내기로 결정하였다.

유한얼은 평생 처음으로 강원도 정선탄광에 한 달 동안 실습을 받기 위해 도착하였다. 각각 한 집에 1~2명씩 함께 민박을 들었다. 노동청에서 하숙비를 지불해주니 주민들은 방을 비우고 서로 민박을 치려고 야단이었다. 광부들은 무슨 유학이라도 가는 것처럼 자랑하고 다녔다. 이곳 처녀들은 미끈하게 생긴 총각들을 보고 정신을 잃어버렸다. 정말 독일로 가야할 현지 광부들은 기가 죽어 있었다.

예고도 없었던 요지경 속의 사랑과 연애의 태풍이 장대비를 몰고 이곳 정선마을을 덮쳐오고 있었다. 열아홉 순정이 가슴을 파고드는 폭풍에 옷자락을 휘날리며 방향을 잡지 못해 헤매고 있었다. 뇌성번개와 함께 내려 붓는 소낙비를 어떻게 감당해야 할지 몰랐다. 비를 맞으면 감기몸살을 앓게 되니 조심하라는 부모님의 말씀은 귀에 들리지 않았다.

우산을 가지러 갈 시간도, 피할 마음의 준비도 없었다. 얇은 옷은 소낙비에 흠뻑 젖어버렸고 그들의 순정을 고스란히 드러내 보여주고 말았다. 순결이 바위에 부딪치고 흙탕물 속에 씻겨 내려가는 것도 알 겨를이 없었다. 그들은 굶주린 이리 떼 앞에서 온몸을 떨고 있는 한 마리의 토끼같이 보였다.

"가서 빨리 편지 하이소. 그리고 건강해야 됩니더." 그들은 손수건이나 양말을 선물로 건네주었다. 정선탄광을 떠나는 날 이곳의 처녀들이 부모님 몰래 숨어 하는 인사말이었다. 서독이 어디 붙어 있는지도 모르는 순진한 강원도 시골 아가씨들! 그녀의 이름이나 주소가 어딘지도 기억하지 않고 떠나는 이 사람들에게…….

가난에서 벗어날 수 있다면 무슨 일이라도 할 각오가 되어 있는 간호사와 광부를 태우러 온 비행기가 김포공항에 도착했다. 전송 나온 가족과 친구들이 눈에 보인다. 떠나는 사람, 보내는 사람 모두가 숙연해 있었다. 먼 지방에서 전송하러 온 사람 하나 없이 홀로 쓸쓸히 떠나는 사람도 보였다. 부인과 자식들을 두고 가는 사람들의 발길은 너무 무거웠다. 유한얼을 배웅나온 사람은 아무도 보이지 않았다. 어느 누구에게도 알리지 않고 떠나는 유한얼은 그래도 혹시 누가 나오지 않았나 하는 쓸쓸한 모습으로 공항 대합실을 둘러보았다. 그리고 말없이 여러 사람들 속에 묻혀 비행기에 오르고 있었다.

한국에서 온 부지런한 광부, 코리아에서 온 친절한 백의의 천사 간호사들, 그들은 다 예의바르고 용모 단정하며 친절하고 똑똑한 사람들이라는 칭찬과 소문이 전 독일에 울려 퍼졌다. 말은 못해도 눈치로 두들겨 잡고 힘이 모자라면 악으로 해내는 우리 한국 사람이 아닌가! 우리끼린 욕하고 싸워도 외국인에게는 관대하고 친절한 우리 민족이 아닌가!

한국 청년들은 돈을 벌기 위해 이 모든 칭찬을 받도록 행동하고 또 그렇게 보이려고 노력하였다. 한얼과 그의 친구들은 칭찬받을 일을 했으면 우리는 Koreaner 이라고 세 번 네 번 확인시켜 주었고 잘못이 있으면 중국이나 일본 사람으로 변해버렸다. 그래야 우리들의 후진들이 계속 올 수 있었다. 절실한 욕구와 현실이 맞아떨어진 것이다.

유한얼과 함께 간 광부들의 시간당 노임은 10DM(마르크 – Deutsch Mark) 정도였다. 그 당시 독일 돈 4마르크는 1US 달러에 해당했다. 거기다 악착같이 오버타임 작업까지 하면서 그들은 돈을 벌려고 노력하였다. 당시 환율과 물가를 비교하면 그들 광부들은 한국 대기업 중역 이상의 월급을 받은 것으로 알고 있다.

그런데 여기서 한얼은 한 가지 의문이 생긴다고 믿었다. 한국은 독일로부터 1억4천만 마르크의 차관을 빌렸다. 서독 파견 광부와 간호사의 노임을 지불보증으로. 연 3%미만 이자에 10년 거치 상환. 그런데 한국은 앞으로 10년이 걸려도 상환능력이 부족하다.

차관은 무상원조가 아니다. 빌려준 것이다. 빌려준 돈은 상환해야 한다. 갚는 방법의 하나로 또는 상환하지 못할 경우를 대비해 지불보증을 세운다. 그 지불보증이 광부와 간호사의 봉급이었다.

그러면 이 차관은 무엇으로 언제 어떻게 갚았나? 인력 수출은 3년 노동 계약에 연 10년, 총 인원 15,000명 수출. 논리적으로 보아서 이 담보물은 10년 이내에 없어진다. 그래서 이 차관은 받은 날로부터 시작하여 원금과 이자를 조금씩 상환하는 조건으로 체결되었다.

그 다음, 한국 광부와 간호사의 시간당 평균 노임이 10마르크. 임금의 약 30%에 해당하는 금액은 3마르크이다. 연인원 15,000명이 3년간, 하루 8시간 노동, 매 시간당 3마르크씩을 공제하여 모은 돈이면 상업차관 액 1억4천만 마르크와 3%의 이자를 합해도 연 10년 이내에 충분이 갚을 수 있게 된다.

즉 광부와 간호사가 실제 받은 노임은 계약상의 임금과 차이가 있었다는 논리가 생긴다. 그 돈이 임금이 아닌 독일 정부가 파독 광부에게 지급해야할 연금과 연계된 것이라도 결론은 마찬가지다. 그 차액은 우리 정부의 차관 상환으로 사용되었다. 한얼은 지극히 논리적이고 수학적인 계산을 하고 있을 따름이었다. 이 문제의 정확한 답을 한얼은 잘 모르고 있었다.

고도의 정치적 답변이 베일에 가려 있을 것인지도 모른다. 박정희 대통령의 눈물에 그 답이 담겨 있었을까? 그러나 유한얼은 그의 친구 광부들이 제3공화국 개국공신, 즉 국가유공자 명단에 오를지도 모른다고 생각해 보았다. 과거사 진상규명 차원에서 어느 누가 정답을 찾아낼지도 모른다. 그러면 그만 박 대통령의 독일 방문 이야기를 들어보기로 하자.

1964년 12월 서독 뤼프케(Luebke) 대통령의 초청으로 박정희 대통령은 독일을 국빈 방문하였다. 당시 우리나라에는 대통령 전용기가 없었다. 미국 노스웨스트 항공사와 전세기 계약을 맺었지만 미국 정부의 압력으로 취소되었다. 쿠데타 세력에게 협조하지 말라는 지시였다. 이 일을 알게 된 독일은 자기들의 대통령 전용기를 보내주었다. 지금도 고맙다고 말하고 싶다.

유한얼은 이런 말들을 들었을 때 너무 화가 나고 슬퍼졌다. 피는 물보다 진하다는 말이 생각나고 팔은 안으로 굽어지고 있었다. 미국을 한 번 살펴보자. 그들은 노예를 쇠사슬에 묶어 부리고 인디언으로부터 땅을 강탈하였다. 흑인을 학대하고 다른 인종을 차별하는 너희들의 행동을 어떻게 설명할 것인가? 너희들은 어떻게 이 나라의 주인이 되었고 이 땅에 좀 늦게 온 사람은 왜 불법체류자냐?

그리고 너의 나라는 무엇이 그렇게 대단하냐고 묻고 싶었다. 너희들의 남북전쟁도 재조명해 보아라. 온 세계를 휘두르며 근사한 명목 아래 청부 전쟁은 다하고 다니면서. 아, 힘의 위력! 그래서 우리도 힘 있고 좀 잘 사는 경제대국이 되련다. 무엇이 잘못이냐? 혼자 핏대를 올렸다.

박 대통령이 독일을 방문했을 때 광부와 간호사들이 환영을 나갔다. 환영식장이 눈물바다로 변했다는 것은 잘 알려진 사실이다. 광부도 대통령도 목이 매어 애국가를 부르지 못했다.

동해물과 같은 눈물은 백두산을 적시고 조국을 사랑하는 무궁화 연정이 이국땅을 숙연하게 만들었다. 박 대통령도 울었고 뤼프케 서독 대통령도 울고 말았다. 숙소로 돌아오는 차안에서 박 대통령이 계속 눈물을 흘리자 뤼프케 대통령이 손수건을 건네주며 손을 잡았다고 한다.

한국인 광부와 간호사들로부터 감명을 받은 서독 국민들과 정부는 한국을 돕는 데 인색하지 않았다. 라인 강의 기적이 한강의 기적으로 연결되기를 바라면서 한국의 경제 재건에 원동력이 되어 주었다.

1960년대 초, 한국은 자원도 경제력도 없는 세계에서 제일 못사는 나라들 중의 하나였다. 빈곤한 아세아 국가 중에서도 태국의 국민소득이 220달러, 필리핀이 170달러, 한국은 겨우 76달러였다. 당시 우리보다 못사는 나라는 유엔에 등재된 120여개 국가 중에서 단지 인도뿐이었다.

1964년 우리나라 국민소득이 1백 달러를 기록했다. 1965년에는 수출 1억 달러 목표 달성을 위해 머리카락을 잘라 가발을 만들어 수출했고, 플라스틱 폐품으로 조화를 만들고 인형을 만들어 수출했다. 전국에 쥐잡기 운동을 벌여 쥐털로 만든 일명 코리안 밍크를 수출했다.

아무튼 돈이 되는 것이면 다 만들어 수출했다. 한국의 1억 달러 수출 기록은 세계를 놀라게 했다. 서독 파견 간호사와 광부들은 받는 월급의 거의 전액을 고국으로 송금하였다. 1967년 당시 서독 파견 광부와 간호사가 본국으로 송금한 돈이 한국 무역수출의 35%에 해당하는 금액이었다. 5천만 달러에 가까운 돈, 이 얼마나 큰돈이었는가? 명분보다 실리, 즉 자본이 필요했던 그때에 이 모든 노력은 국가 재건에 기폭제가 되었다.

한국은 1965년에 월남전에 파병을 시작하면서 또 다른 인력 수출의 역사를 기록하였다. 일을 하고 노력해서 돈을 벌어들이는 광부나 간호사들의 수출과 목적은 같았어도 군인들이 맡은 임무와 그 수행과정은 너무 다르다.

철학적인 가치관에도 큰 차이가 있다. 그들은 목숨을 걸고 상대를 죽여야 하는 전쟁터에 보내어진 인력 수출이었다. 물론 그들은 월남 정부로부터 노임을 받은 것도 아니다. 그들의 전쟁 참여는 승리가 아닌 패배로 끝나고 말았다. 공통점은 원인과 목적이 같았고 결과는 둘 다 나름대로 조국의 발전과 경제건설에 이바지한 사람들이다. 그런데 그들 중에 많은 사람들은 국가 유공자 명단에 올라 있다고 들었다.

삼촌, 조카 한얼이가 지금까지 적어둔 광부일기를 보내드립니다. 그러나 혹시 너무 가슴 아파 하실까 걱정도 됩니다. 다음 편지는 우리들의 신혼살림 이야기와 대학원 진학 소식으로 장식하게 될 것 같습니다. 좋은 소식 기다려 주십시오.

* * *

이렇게 끝맺은 '부치지 못한 편지' 친구 남편 유한얼 씨의 글을 읽으며 나도 울었다. 부치지 못한 편지는 오늘도 주인을 잃고 있었다. 쓴 사람도, 받을 사람도 가고 없는 이 자리에서. 슬픔을 안고 사는 내 동창만 홀로 남아 있었다. 언젠가는 그녀가 이 글을 가슴에 품고 편지의 주인공을 찾아갈 것이다.

어떻게 친구를 위로해 주어야 할지 모르겠다. 같이 호텔로 돌아가자고 했으나 오늘만은 그이와 함께 있고 싶으니 먼저 가라고 한다. 혼자 두고 내려오는 내 발걸음이 너무도 무거웠다.

아쉬움을 남기고 간 친구

옷깃을 가다듬고 머리를 손질한 후 옛날 독일 친구를 만나기 위해 호텔 로비로 다시 내려갔다. 친구의 남편이 병원에 입원해 있기에 그녀와 함께 병원 방문하기로 하였다. 당시 중학생이었던 딸이 중년 부인이 되어 엄마와 같이 왔는데 알아보기 어려웠다. 많이 귀여웠는데 삶이 어려운지 같이 늙어가고 있는 모양이었다.

점심을 먹으면서 옛이야기를 많이 나누었다. 그 자리에는 카리비안 유람선상에서 우연히 만난 친구 부부도 함께 하였다. 두 가정이 다 우리 간호학교가 있는 도시에 살고 있었다. 그래서 이 친구는 우리들 모임에 많은 메신저 역할을 해 주었다. 넓고도 좁은 세상을 실감케 하였다.

친구의 남편이 침대에 앉아 나를 반가이 맞이하였다. 한동안 손을 잡고 인사를 나누었다. 건강을 빌었다. 너무 오랜만의 만남, 그것도 병원에서 이루어지고 보니 반가움과 슬픔이 교차되어 한동안 서로의 얼굴만 쳐다보며 두 손을 꼭 잡고 있었다.

다음에는 꼭 건강한 모습으로 만나자는 인사를 드리고 병실을 나왔다.

환자로서의 안색이 좋다고 말했더니 말기 암환자들은 혈색이 좋아 보인다고 했다. 그렇게 되면 운명의 시간이 다가온다고 일러주었다. 나는 믿지 않으려고 그럴 리가 없다고 말했다. 그런데 동창회와 구라파 여행을 마치고 한 달 만에 집에 돌아와 보니 친구의 남편이 며칠 전에 사망했다는 연락이 와 있었다.

인생의 허무함이 느껴졌다. 마지막으로 보고 온 그의 얼굴이 생생하게 떠올랐다. 30여 년 전에 독일을 떠난 후 처음으로 만난 것이 마지막이 되었다. 그의 명복을 비는 기도를 올렸다. 마음을 좀 가라앉힌 후 내일쯤 친구 부인에게 위로전화를 하기로 마음먹었다.

30년 만의 동창회

내일이면 드디어 30년 만의 동창회가 시작되는 날이다. 오후 늦게 호텔로 돌아와보니 로비 건너 바에 옛 모습들이 보인다. 포도주 잔을 들고 이야기의 꽃과 웃음바다를 이루고 있었다. 벌써 많은 동창들이 도착하였다. 이제 막 또 한 동창부부가 도착한 모양이다. 서로 부둥켜안고 떨어질 줄 몰랐다.

"언니, 잘 있었어요?"

"그래, 오랜만이야. 동생은 어땠어?"

손을 잡고 얼굴을 맞대고, 이미 두 눈은 촉촉이 젖어 있어도 얼굴엔 웃음이 활짝 피어 있었다. 너무나 그리웠고 반가운 얼굴들이었다. 우리는 서로의 얼굴을 쳐다보며 내심 놀라고 또 안타까워했다.

20대의 젊음은 흔적이 없고 주름과 흰머리가 웬 말인가? 화장을 해서 감추고 염색한 머리로 곱게 보이려 했지만 몇몇 동창은 몰라보게 할머니가 되어 있었다. 지나온 세월이 순탄치 않아 보였다.

동창들의 인사와 웃음소리로 호텔 로비가 왁자지껄했다. 같이 온 남편을 소개시킨다. 외국인 남편을 가진 동창도 손을 잡고 들어온다. 그들도 한국말로 "안녕하세요. 처음 뵙겠습니다. 또는 오랜만입니다." 인사 정도는 유창히 할 줄 알았다. 그들은 외롭게 살아온 자기 부인이 옛 친구들과 해후를 하는 장면에 흐뭇해 하고 있었다.

주위에 있는 독일 손님들이 아랑곳없이 떠들어대는 우리들을 힐끔힐끔 쳐다본다. 무슨 오랜만의 모임인가 보다 했을 것이다. 또 그들에게는 가끔 섞여 나오는 우리들의 독일말이 좀 신기하게 들리기도 했을 것이다.

포도주 잔을 들고 바쁘게 돌아다니며 이 동창, 저 친구와 이야기를 나눈다. 카메라 플래시가 연신 터지고 있었다. 30년간의 이야기를 한 시간 만에 다 하려고 야단이었다. 한국, 미국, 스위스, 그리고 벨기에 사는 동창들은 다 도착하였다. 독일에 사는 동창 몇 사람은 내일 아침에 도착한다고 연락이 왔다.

저녁 식사시간이 되었다. 아직도 몇몇 동창이 도착하지 않았다. 예약된 식당으로 자리를 옮겼으나 모두가 식사보다는 이야기에 정신을 잃고 있었다. 우정의 꽃이 만발하였다. 추억의 앨범을 한 장 한 장 펼치고 있었다. 이번 동창회가 아직 시작되지도 않았는데 다음 모임은 언제 어디서 할 것이냐는 성급한 친구의 물음에 핀잔을 주었다.

아들딸, 손자손녀까지 10여 명이 넘는 대가족을 이루고 사는 한 친구가 가족사진을 꺼내 놓고 자랑을 했다. 미혼으로 혼자 사는 친구가 "나는 나이 육십이 다 되었어도 삼십대 숙녀같이 젊어 보이지 않니? 이게 다 혼자 사는 맛이야." 하고 대꾸했다. 꿈 깨라고, 꿈 깨! 웃음이 터져 나왔다.

별로 말이 없이 듣기만 하며 미소짓고 있는 동창들도 보였다. 벌써 남편을 잃은 동창도 있었다. 외롭고 어려운 표정을 애써 감추고 있었다. 고생이 많았으리라 생각해본다. 우리는 그들과 어울리려고 부산떨었다. 술이 취하면 혹시 울지나 않을까 걱정도 해 보았다.

한국말을 잘하지 못하는 독일 남편 한 사람이 좀 지루했던 모양이다. 그도 이 자리에 끼어들고 싶어 꽤 웃기는 독일 유머를 한 마디 해본다. 역부족이었다. 이 자리를 돈을 주고도 바꿀 수 없는데 조크 하나로… 어림도 없지!

반응이 신통치 않았다. 몇 사람이 그의 용기와 참여의식에 찬사를 보내며 손뼉을 치고 웃어 주었다. 그는 조금 멋쩍어하면서 머리를 긁고 있었다. 포도주를 한 모금 마신 후 "에이, 너무 썰렁해." 하면서 자리에서 일어섰다. 그 소리에 우리는 모두 와 하고 웃었다.

오랜만에 먹어보는 독일 슈닛젤(Schnitzel) 구이와 버섯 요리가 일미였다. 추억에 비비고 기쁨에 걸쳐서 먹었다. 밤이 깊어 가는데도 아무도 자리에서 일어나지 않는다. 식당이 문을 닫을 시간이어서 다시 호텔 바로 자리를 옮겼다. 빨간 포도주에 추억을 띄워 마시며 이야기의 꽃은 밤이 가는 줄 모르고 피었다.

우리는 아침 일찍이 호텔을 나와 거리를 거닐어 보았다. 이 고장의 명물인 공중 전차(Schwebebahn)*가 새로운 모습으로 단장하고 달리고

* Schwebebahn, 공중전차 또는 현수철도라 부른다. 계곡 위로 철길을 놓고 전동차는 철길에 매달려 달린다. 자연환경을 잘 이용한 친환경 교통수단이다.

있었다. 계곡을 따라 형성된 이 도시는 푸른 물이 흐르는 계곡 위로 공중 전철을 놓고 거기에 전동차가 매달려 다닌다. 좀 특별한 교통수단이다. 손을 흔들며 인사를 보냈으나 바쁜 출근길의 사람들은 무관심으로 지나갔다.

40년 전 내가 거닐던 공원과 거리가 말없이 나를 맞이해 주었다. 또 한 동창 부부가 손을 잡고 공원을 거닐며 이쪽으로 오고 있었다. 그들은 아주 정답게 보였다. 함께 호텔로 돌아오는 길에 빵집에 들려 커피 한 잔을 마시며 오랜만에 독일 신문을 읽어 보았다.

아침식사를 위해 식당으로 한 사람 한 사람씩 모여들고 있었다. 어제 저녁 늦게 도착한 동창 몇 사람의 얼굴이 보인다. 인근 도시에 사는 동창 언니는 새벽에 일어나 지금 막 헐레벌떡 도착했다고 한다. 약속한 동문은 다 모였다. 또 왁자지껄해지기 시작했다.

나는 독일에 사는 한 언니 옆 좌석에 자리를 잡았다. 형부는 안 오셨어요? 몸이 불편하여 혼자 왔다고 했다. 형부 보고 싶었고 그동안의 서독 생활이 어떠했는지 이야기 듣고 싶었었는데. 그 분이 바로 1960년대에 서독으로 탈출한 북한 출신 동독 유학생 중의 한 사람이다. 나는 그 사람들을 환영하며 대사관에서 만난 기억을 잊을 수 없었다.

서독으로 탈출한 북한 유학생

북한은 1961년 베를린 장벽이 세워지기를 전후하여 서독으로 망명하는 사람들이 늘어나자 동독 유학생들을 모두 소환하기 시작하였다. 이 무렵에 이북에서 온 동독 유학생 20여 명이 자유를 찾아 서독으로 탈출해 나왔다. 그들은 이미 동독에서 이공 계통 박사학위를 받았거나 곧 받을 김일성대학 출신 엘리트들이다. 그들의 부모형제는 다 북한에 살고 있다. 그들은 정말 어려운 결정을 내린 것이다.

자유, 자유를 빼앗겨 본 적이 있는 사람은 그것이 얼마나 소중한지를 안다고 한다. 우리는 그들이 서독에서 자유는 되찾았다고 하지만 얼마나 값비싼 대가를 치렀는지를 모른다. 그들이 또한 마음의 고통 속에 살고 있음을 알아야할 것이다.

이렇게 망명해온 북한 출신 20여 명의 유학생들을 환영하는 자리를 서독 주재 한국대사관에서 마련하였다. 그들을 위해 대사관 내에 있는 영빈관에서 만찬을 갖게 되었다. 서독 유학생들 전원이 초대받았다. 이 자리에만은 꼭 참석하고 싶었다. 그들을 환영해 주고 싶었다. 그리고 그들에 관한 나의 호기심은 더욱 더 많았다.

리셉션 자리에서 그들을 만났다. 간단한 인사를 나누는 그들은 상당히 말을 아꼈다. 얼굴에 미소를 띠기보다는 좀 긴장감이 감도는 환영식장이었다. 와인잔을 들고 삼삼오오 모여 이야기를 나눈다. 그들은 주로 우리 이야기를 듣고만 있었다. 아니, 우리가 저들의 이야기를 들으려고 왔는데… 이야기 소리보다 피아노 연주 소리가 조용한 만찬장에 메아리치고 있었다.

간단한 국민의례에 이어 애국가를 불렀다. 그들은 입을 다물고 점잖게 서 있었다. 환영 만찬이 시작되었다. 최고급 요리와 와인이 준비되어 있었다. 그들과 정부 고위인사 및 대사, 영사, 그리고 교포 유지들이 헤드 테이블 쪽에 자리잡았다. 나는 식사보다는 그들과 대화하고 싶었고 그들의 이야기를 많이 듣고 싶었다.

이렇게 조용한 만찬 행사를 나는 처음 보았다. 포크와 나이프 소리가 이야기 소리보다 훨씬 크게 들렸다. 모두가 말이 없었다. 좋은 요리와 고급 포도주도 맛을 제대로 모르고 먹었다. 후식과 커피가 들어오면서 식사가 거의 끝나고 있었다.

그때, 서독주재 최덕신* 한국 대사의 환영사가 시작되었다. 공산

---

* 아이러니한 것은 당시 최덕신 대사는 독일과 차관 협상을 성공적으로 이루고, 광부와 간호사 파견 등 인력 수출에 많은 공을 세웠으나 동백림 간첩사건, 동독 유학생 탈출사건 등 어려운 문제들이 좀 껄끄럽게 처리되었다.
이런 일들이 복합적으로 작용한 것인지, 그는 말년에 박정희 정부와 불편한 관계에 있었다. 육군 중장 출신에 외무장관 및 서독 등 여러 나라 대사직과 천도교 교령을 지낸 그는 1987년 결국 월북하고 말았다. 국민은 그를 국방의 보루로 또한 정치적

독재의 나라 북한을 뒤로하고 자유를 찾아온 여러분들을 대한민국 국민과 정부를 대신하여 진심으로 환영합니다. 환영사는 계속되었다.

자유를 찾아 망명의 길을 택한 훌륭하고 귀하신 분들에게 여러분의 조국 대한민국은 그 용기와 결단에 찬사를 보냅니다. 조국의 품이 여러분을 기다리고 있습니다. 오늘부터 우리와 함께 자랑스러운 대한민국 국민으로 자유민주주의의 조국을 재건하는 대열에 참여하기를 바랍니다.

그리고 "여러분은 이제 훌륭한 대한민국의 국민임을 선포합니다. 저는 지금 이 자리에서 여러분의 대한민국 국민을 증명하는 여권을 드리겠습니다. 이 분들을 환영하고 대한민국 국민됨을 축하하는 뜻에서 우리 다 함께 축배를 올립시다."라는 말로 환영사를 맺었다.

샴페인 병이 요란히 터지고 잔을 부딪치며 '건배'를 외쳤다. 축하합니다. 건강을 빕니다. 감사합니다. 서로 인사를 나누었다.

대사관 직원이 봉황 무늬가 새겨진 상자에 담긴 그들의 여권을 한 사람 한 사람 앞에 갖다 놓았다. 그 순간 환영식장은 적막에 가까울 정도로 조용해졌다. 침묵이 흐르고 있었다. 이상한 공포의 느낌이 온몸을 눌렀다. 손끝 하나 움직이는 사람이 없었다.

저 사람들이 지금 무슨 생각을 하고 있을까? 대한민국 여권을 받을 것인가? 그리고 한국 정부는 언제 어떻게 저 사람들의 여권을 만들어 왔는지가 궁금해졌다. 그들의 사진은 어떻게 구했을까? 하기야, 대한민국 정보부, 알아줘야지. 숨을 죽이고 저들의 반응을 살펴보며 다음에 일어날 일이 무엇인가에 호기심과 긴장감을 감추지 못

지도자의 한 사람으로 믿고 있었다.

하고 있었다.

그때 망명 유학생 중 한 사람이 조용히 자리에서 일어섰다. 환영에 대한 답사를 할 모양이다. 준비한 원고는 보이지 않았다. 얼굴에는 잔잔한 긴장이 감돌고 있었다.

존경하는 대사님, 그리고 저희들을 환영해 주기 위해 이 자리에 참석하신 모든 남조선 동포 여러분, 감사드립니다. 그리고 이렇게 만나게 되어 반갑습니다. 천천히 그러나 아주 카랑카랑한 목소리로 인사를 시작했다.

저는 남조선에서 태어나 서울에서 국민학교를 다녔고 부모님을 따라 북한으로 가게 되었습니다. 남조선에 태어난 것이 나의 선택이 아니었다면 북한으로 간 것도 결코 내가 선택한 길은 아니었습니다. 그러나 저는 나름대로 남조선도 알고 있으며 아직도 내 부모형제가 살고 있는 북한은 물론 잘 압니다.

여기 초대받은 우리 동료 20여 명은 공산 사회주의와 민주 자본주의가 무엇인지, 그리고 어떻게 다른지를 잘 알고 있습니다. 자유가 무엇인지는 우리가 여러분보다 더 뼈저리게 알고 있다면 아이러니하게 들릴지 모르겠습니다. 그렇지 않다면 생명을 걸고 베를린 장벽을 넘어 탈출하지 않았을 것입니다.

그런데 문제는 우리가 말하는 남조선, 여러분의 대한민국은 불행하게도 동독보다 자유가 보장되지 않는 것으로 알고 있습니다. 당신들이 공산국가라고 말하는 동독보다도 자유와 인권이 제한받고 유린당하고 있다고 알고 있습니다.

그러니 북한에서 동독으로, 동독에서 서독으로 자유를 찾아 탈출한 우리가 어떻게 대한민국 국적을 받겠습니까? 감사하지만 정중하게 사양하겠습니다. 그들 앞에 놓여진 20명의 여권은 최덕신 대사의 손에 되돌려 보내졌다.

"이럴 수가!"

"이게 무슨 일이야?"

"너무 충격적이었다. 아니 내가 동독이나 동구 공산국가를 이렇게 모르고 있었단 말이야!"

"내가 아는 한국, 나의 조국은 무엇이냐?"

너무 서먹하고 이상한 분위기 속에 모두가 말을 아끼며 자리에서 일어나기 시작했다. 환영행사는 예고없이 끝나고 있었다. 항상 건강하시고 다음에 또 만나자는 인사를 나누며 헤어지고 있었다. 그 분들을 모시고 갈 리무진이 도착하고 있었다. 우리도 함께 대사관을 나오며 손을 흔들고 그들을 보내드렸다.

그들은 끝내 대한민국 국적을 받지 않았다. 서독은 무국적을 하나의 국적같이 인정해주고 무국적자를 자국민같이 보호해주는 국가다. 이제 그들은 조국도 부모형제도 포기한 이방인이 되었지만 오직 "자유"의 품안에서 새 삶을 시작하였다.

나는 이 젊고 유능한 인재들이 떠도는 유랑별처럼 살지 않아야 될텐데 하는 왠지 모를 기우를 갖게 되었다. 신변에 위험은 없어야 할텐데. 그들의 앞날에 좋은 일만 있기를 바라는 마음이었다.

오늘 이 환영식에서 일어난 일은 우리 모두에게 큰 충격과 교훈을 남겼다. 조국 분단이 가져다 준 너무나 큰 불행들이다. 한국전쟁의 소용돌이 속에서 인간의 삶을 사회적, 역사적 흐름에서 파악한 최인

훈의 소설 ≪광장廣場≫을 보는 듯해 가슴이 아팠다.

세월이 흐른 후 그들의 대부분이 독일 국적을 취득하였고 몇 사람은 영국과 프랑스로 이주하였다고 들었다. 물론 한국으로 간 사람은 아무도 없었다. 한국에서 온 간호사나 유학생과 결혼하여 독일에서 가정을 이루고 있는 분은 몇 사람 있었다.

북한 출신 동독 유학생 서독으로 탈출, 동백림 간첩사건 등으로 한국 정부는 독일에서 망신을 당하고 있었다. 일이 너무 힘들다 보니 서독 파견 광부와 간호사들 수백 명이 미국이나 캐나다로 도망치고 있었다. 자국 국민을 잡으러 다니는 정보부 요원과 한국인을 보호하려는 독일 경찰의 숨바꼭질이 벌어지고 있었다. 슬프게도 주객이 전도되어 있었다.

1960년대 말에 빌리 브란트(Billy Brandt)* 수상이 이끄는 좌파 진보 성향의 사회민주당이 집권하게 되면서 한국 정부에 많은 압력이 가해졌다. 박 정권에게 자유와 인권을 존중하라는 메시지를 계속 보냈었다. 한국에서 종신형을 받은 동백림사건 주모자를 독일로 올 수 있게 석방시켰고 독일 국적을 받아 귀화하도록 도와주었다.

평화주의자인 브란트 수상은 동 구라파와 공산 동독을 재조명하는 정책을 수립하고 유럽 최고의 지도자로 부상하였다. 통일 독일의 기틀이 마련되고 있었다. 유태인 학살을 무릎 꿇고 사죄하였다. 그는 국내 보수주의자들로부터 공격을 받았지만 2차 대전 후 독일과 독일

---

* 빌리 브란트(Billy Brandt) 서독 수상은 1971년에 노벨 평화상을 받았다. 그 이후 분단 45년 만에 독일의 통일은 이루어졌다. 한국의 김대중 대통령도 2000년에 노벨 평화상을 받았다. 그러나 한반도의 통일은 아직 요원하다.

국민의 위상을 한 단계 올려놓았다.

그때 우리는 브란트 수상이 언젠가 노벨 평화상을 받으리라 생각했었다. 국경을 초월한 평화와, 자유, 인권, 그리고 분배를 기조로 한 사회주의 철학과 활동이 노벨 평화상의 기본 요구사항으로 믿어진다. 보수 성향의 이념이나 성장 중심의 정책은 국지적, 한시적 호응은 받지만 노벨 평화상의 대상이 되지 못한다. 그래서 노벨 평화상은 지극히 이상적이다.

한반도에도 이런 사람이 나오면 통일과 함께 노벨 평화상도 받을 수 있을 것인데 생각해보았다. 소련이 쌓아올린 베를린 장벽을 동서독 국민이 함께 무너뜨렸다. 다른 나라 사람이 부셔준 것이 아니다. 우리는 이것을 알아야 한다. 어느 쪽에서 나와도 좋다. 평화통일이라야 된다. 얼마나 바라는 우리들의 통일인데…. 머지 않은 앞날에 금강산에서 백두산으로 그리고 서울에서 평양을 거쳐 베를린으로 가보고 싶어진다.

이 소설 같은 이야기들을 그 주인공의 한 사람인 형부를 통해 한번 다시 듣고 싶었다. 몇 번을 들어도 또 듣고 싶은 스릴이 있고 가슴 아픈 이야기였다. 또 그가 그동안 서독에서 살아온 인생 여정에도 관심이 많았다. 그런데 그분이 참석하지 못해 무척 아쉬웠다.

St. Petrus 가톨릭 간호학교

늦게 시작한 아침식사가 10시가 넘어서야 끝났다. 오늘부터 우리들을 태우고 모교와 병원을 방문하고 동창회가 끝날 때까지 함께 갈 관광버스가 호텔 앞에 들어섰다. 버스는 낯설지 않은 길을 따라 언덕 넘어 병원 앞에 멈추었다.

태극기와 독일 국기를 앞세우고 병원 원장과 간호대학 학장 수녀님, 그리고 많은 간호사와 후배 학생들이 박수를 치며 우리들을 환영했다. 간호학교 강사로 있는 우리 후배가 바쁘게 움직이고 있었다. 그는 우리들의 모교 방문을 준비하느라 수고가 많았다.

병원 건물과 학교가 몰라보게 달라져 있었다. 천주교 재단이 아닌 주정부에서 운영하고 있다고 했다. 병원 이름도 성 베드로 가톨릭 병원이 아닌 부퍼탈(Wuppertal) Nordrheinwestfallen* 주립병원, 그리

---

* 독일 라인 강 주변 북서부 지방의 한 주 이름. 강을 따라 많은 공업도시를 가진

고 간호학교도 새로운 간호대학으로 승격되어 있었다. 인근에 새로 생긴 의과대학과 더불어 최신식 종합병원 시설과 교육시설을 갖추고 있었다.

우리들은 병원 대강당으로 안내되었다. 곧이어 병원장의 환영 인사와 병원과 학교의 역사와 현황 소개가 영상물과 함께 나왔다. 1960년대 우리들의 사진과 기록이 나오자 놀라는 웃음이 터져 나왔다. 다들 스크린에서 눈을 떼지 않고 있었다.

스무 살 처녀 때 사진을 보고 애환을 느꼈다. 옆에 앉은 할머니 동창을 쳐다보았다. 그녀의 눈에 이슬이 맺혀 있었다. 나도 저렇게 늙었겠지 생각해 보았다. 한심한 마음이 들었다. 젊음을 보낸 이곳, 여러 가지 고난과 외로움을 가슴에 안고 공부한 추억들이 너무 생생하게 나타나고 있었다.

병원과 학교를 둘러보았다. 군데군데 낯익은 것들을 발견하고 옛이야기를 하느라고 바쁘다. 그 옛날의 낯익은 건물도 몇 개 보였다. 새로 지은 기숙사 옆으로 옛날에 우리가 살던 기숙사 건물이 보였다.

내가 쓰던 3층 315호실 기숙사 방을 찾아가 보았다. 가슴이 두근거렸다. 갑자기 눈물이 흘렀다. 고향이 그리우면 이불을 뒤집어쓰고 엉엉 울었던 방이다. 이 방에서 부모형제에게 보내는 편지를 썼던 곳이다. 20대의 젊음이 외로움에 잠못 이룬 이 방을 우리는 이제 할머니가 되어 다시 찾았다.

구내식당에 마련한 점심 대접을 받았다. 여기서 우리 동창 대표가 감사의 인사를 올렸다. 그것도 독일말로. 오랜만에 하는 독일어라

독일 경제와 산업의 심장부이다. 독일 광산의 90%가 이 주에 있다.

조금 더듬거렸다. 그리고 모교의 발전과 병원의 암 병동 증축을 위해 모금한 성금을 전달했다. 예의바른 한국인! 그 옛날에도 받았던 칭찬을 또 한 번 받았다.

옛날 수녀 선생님 몇 분도 참석했다. 80이 다 넘었으나 건강해 보였다. 인근에 사는 독일 간호사 동창 친구들도 참석했다. 딸보다 어린 간호대학 후배 독일 학생들이 우리들의 음식을 날라주고 사진을 찍고 있었다. 호기심이 많아 여러 가지 질문들을 했다. 오랜만에 독일 친구들과 섞여 앉아 이야기를 나누었다.

후배들이 독일 남편과 결혼한 언니에게 많은 관심을 보였다. 동양인 간호사가 이곳에서 가정을 이루고 자녀를 기르며 행복하게 사는 것이 궁금하였는가 보다. 내 동창의 남편이 한국 남자와 결혼하면 더 좋다며 농담을 던졌다.

추억을 담은 에피소드

이야기는 옛 추억에 초점이 맞추어지고 있었다. 간호학교 시절 실습할 때의 에피소드들이 터져 나왔다. 나도 처음 이곳에 와서 말이 잘 통하지 않을 때의 황당한 사건이 생각나 피식 웃었다. 이런 나를 보고 옆의 친구가 물었다.

"왜 혼자 싱겁게 웃어?"

"글쎄, 내가 담당하고 있는 병실 환자가 무슨 말을 하면서 오렌지 몇 개를 나에게 주더라고. 그것으로 주스를 만들어 달라는 말이었나 봐. 그런데 나는 내게 주는 것으로 알고 신나게 까먹어 버린 거야. 나중에 환자가 불렀어. 맨손으로 들어오는 나를 본 환자는 무슨 말을 나에게 하였고 알아듣지 못하는 나를 보고 웃고 말았어."

그때서야 눈치로 알아차리고 얼마나 창피하던지. 그 환자 앞에 고개를 들고 가볼 수가 없었어. 아침 식사 때 한 개씩 나오는 오렌지를 먹지 않고 며칠 동안 모아 주스를 만들어 갖다 주고서야 마음이 조금 편해졌어. 빌어먹을 독일말은 왜 그렇게 어렵던지.

모두들 한바탕 폭소를 터뜨렸다.

사실 독일어는 우리가 배우기에 좀 어려운 말이다. 명사名詞의 성性을 알아야 말을 하고 글을 쓸 수 있다. 즉 Der, Die, Das, 남성, 여성, 중성명사를 알아야 der, des, dem, den, 격변화를 시킬 수 있다. 이것을 알지 못하면 말이나 문장이 제대로 되지 않는다.

Der Mann(남자), Die Frau(부인, 여자), 그리고 Das Auto(자동차) 정도는 이해가 된다. 그런데 소년은 Der Junge 남성인데 소녀는 Das Maedchen 중성이라니 내가 어떻게 이것을 알 수 있을까? 또 복수명사로 전환시킬 줄 알아야 한다.

한 남자 ein Mann가 두 남자 zwei Maenner, 한 여자는 eine Frau가 두 여자 zwei Frauen으로, 그리고 한 대의 자동차 Ein Auto는 zwei Autos로 변화시킬 줄 알아야 한다. 독일어를 읽는 것은 영어와 달라 쓰여 있는 그대로 정확히 읽으면 된다. 두세 개의 명사를 합해서 독일어 알파벳 30자를 다 써도 모자라는 긴 복합명사를 많이 만든다.

독일어에는 100개의 문법과 규칙이 있으면 10개 정도의 예외가 있을 뿐이다. 그래서 독일어는 한번 완벽하게 마스터해 놓으면 오랫동안 써먹지 않아도 쉽게 잊어먹지 않는다. 영어에는 100개의 문법이 있다면 80개에 가까운 또 다른 예외가 있다.

영어에는 쓰여 있는 그대로 읽지 않는 단어가 너무 많다. 당신이 영어로 'Ghoti'라고 쓰인 것을 보고 'Fish'로 발음하여 읽지 못하고, 또한 그 이유와 해설을 모른다면 당신의 영어나 나의 독일어 실력이 거기서 거기 일 것이다. 물론 'Ghoti'는 'Fish'라는 단어와 비슷한 뜻을 가진 것도 아니다.

그래 그건 그렇다고 치고 재미있는 이야기나 계속 하자.

또 다른 동창이 자신이 저지른 이야기를 꺼냈다.

휠체어에 몸무게가 100킬로가 넘는 뚱보 환자가 앉아 있었어. 이 환자를 X-Ray 촬영실로 밀고 가야 하는데 아무리 밀어도 꿈쩍도 않는 거야. 그러자 환자가 조금 창피하기도 하고 미안했는지 휠체어에서 벌떡 일어나지 않겠어.

나는 당황하여 일어서고 걸어가면 안 된다고 말했어. 그러나 이 환자는 벌써 빈 휠체어를 밀고 가고 있었어. 그 뒤를 쫄랑쫄랑 쫓아오는 나를 보고 그는 싱긋이 웃었어. 나의 얼굴이 붉어져 있었어. 동료들이 박장대소하였다.

다른 선배가 내 이야기 좀 들어보라고 야단이다. 이제는 이야기의 연속이다. 무서운 이야기니 임신한 사람은 조심하라고 능청을 떨었다.

하루는 야간근무를 하고 있었다. 드디어 중환자실의 할아버지가 숨을 거두었다. 의사의 사망진단이 내려졌고 가족에게 통보되었다. 나와 수간호사 언니가 시신을 영안실로 옮겨야 했다. 영안실은 이 병동에서 바깥으로 나가 채플 옆에 위치하고 있다. 둘이서 같이 침대를 밀고 가던 언니는 영안실 문을 열고 촛불을 밝히기 위해 앞서갔다.

나 혼자서 시체를 밀고 가야했다. 비가 부슬부슬 내리는 깜깜한 밤에 무서워 발이 잘 떨어지지 않았다. 약간 경사진 길에 커브를 돌아야 하는데 그만 잘못하여 침대가 미끄러지고 시신이 땅바닥에 내동댕이쳐졌다. 세상에 이럴 수가!

나는 정신이 완전히 나가버렸다. 놀라서 누가 보기 전에 빨리 시체를 침대에 올려 실어야겠다는 생각뿐이었다. 혼자서 시체를 들어보았다. 꿈쩍도 하지 않았다. 드디어 나는 시체를 안고 엉엉 울었다. 사랑하는 남편을 보내는 청상과부처럼.

수간호사 언니가 달려왔다. 둘이서 간신히 시신을 침대에 올리고 영안실로 옮겼다. 나는 온몸이 떨리고 오금이 펴지지 않았다.

"야, 지금도 소름이 끼친다. 아이, 무서워." 한 언니가 말했다. 그래서 임신한 사람은 듣지 말라 했잖아! 아, 그런데 지금까지는 서론이야. 본론은 더 무서워. 드라큘라 같은 이야기는 계속되었다.

그런데 병실에서 깨끗이 닦아 온 시신의 얼굴에 피가 묻어 있었다. 아까 떨어지는 순간에 그렇게 되었는가 싶었다. 큰 죄를 짓고 영혼을 모독한 것 같은 죄책감이 들었다. 알코올에 거즈를 적셔 그의 얼굴을 닦아주기 시작하였다.

코밑의 피를 닦아내고 입가와 뺨에 묻은 피를 닦는 순간 나는 또 한 번 놀라고 말았다. 내가 그의 뺨을 닦을 때마다 시신은 나를 보고 눈을 한 번 번쩍 떴다가는 감고, 입을 삐쭉거리며 웃고 있지 않는가! 아니 이게 어찌된 일이야? 거즈 통이 내동댕이쳐지고 나는 영안실 바닥에 넘어져 기절하고 말았다.

제대 앞을 손질하던 수간호사 언니가 놀라서 영안실 밖으로 뛰어나갔다. "사람 살려!"라는 고함을 질렀다. 비 오는 한밤중에 사람 살리라는 여자의 비명소리! 권총을 빼든 병원 경비원과 동료 간호사 몇 명이 달려왔다. 인근 병동에 불이 켜지고 환자들이 바깥을 살피고 있었다. 나는 빨리 병실로 옮겨졌고 검진을 받은 후 진정제 주사를 맞았다. 모든 사람들이 내가 깨어나기를 기다리고 있었다.

무슨 일이 있었는지를 본 사람은 아무도 없었다. 그러니 더욱 궁금해졌다. 영안실은 고요하기만 하다. 시신은 아무 일도 없었던 것처럼 누워 있다. 나는 잠에서 깨어났지만 지금도 무서움에 떨고 있었다. 의사와 간호부장이 무슨 일이 있었는지를 기억하느냐고 물었다. 나는 고개를 끄덕였다.

많은 사람들이 내 이야기를 기다리고 있었다. 나는 물을 한 모금 마시고 떨리는 몸을 진정해가면서 그 악몽의 이야기를 해야만 했다. 그래도 시체를 떨어뜨린 이야기는 빼고 말이다. 모두들 그럴 리가 있느냐는 듯이 듣고 있었다. "그 시체가 정말로 나를 보고 웃었다니까!" 나는 화를 내며 말했다.

시체를 전문으로 다루는 노련한 남자 간호사가 의사와 다른 간호사들을 데리고 영안실로 향했다. 그는 무엇인가 감이 잡힌다는 표정을 짓고 있었다. 권총을 찬 병원 경비 아저씨도 같이 갔다. 그는 아무 거리낌없이 영안실에 바로 들어갔다. 같이 간 다른 사람들이 영안실 문앞에서 약간 망설였다.

그는 알코올이 묻은 거즈로 시신의 얼굴을 한두 번 닦아본다. 교수가 학생들에게 실험이라도 해 보이는 자세로. 환자가 숨을 거둔 지 얼마 안 되었으니 근육이 아직도 굳어지지 않았다. 그래서 거즈로 누르고 얼굴을 닦으면 피부가 따라 움직이고 시신의 눈이 번쩍 뜨이고 입이 삐쭉 열렸다.

그 뒤로부터 나는 제발 시체 운반만은 시키지 말아달라고 애원했다. 간호학교를 졸업 못하는 일이 있어도 영안실에는 안 간다고 하였다. 이 이야기는 간호대학 실습 교과서의 일부분처럼 지금도 전해 내려오고 있다고 하였다.

우리는 일어설 생각을 않고 이야기와 웃음꽃을 피웠다. 기사 아저씨가 빨리 떠나야 한다며 찾아왔다. 학교와 병원측에 고맙다는 인사를 남기고 관광버스에 올랐다. 학장 수녀님과 병원 원장, 후배들과 독일 친구와 동창들이 손을 흔들며 우리를 전송했다. Aufwiedersehn! Bleiben Sie gesund! 다시 만납시다, 그리고 건강하세요.

우리들의 아쉬움을 모르는 버스는 곧 아우토반에 들어서면서 속력을 내고 있었다. 동창회 만찬장으로 향하는 길이다. 중간에 쾰른(Koeln) 시내에 들렸다. 쾰른 대성당과 그 주위를 구경하며 짧은 휴식 시간을 가졌다.

이제 한 시간 정도만 더 가면 그리운 라인 강, 그 강변의 전원도시 호텔에서 동창회 만찬의 밤이 시작된다. 버스 안에서 독일 노래를 불러보았다. 로렐라이에 보리수, 우리들의 귀에 익은 노래들을.

동창회의 하이라이트

호텔에 도착한 우리는 각자 배정된 방으로 들어가 간단한 휴식을 취했다. 젊은 청춘들이 아니니까! 그리고 저녁 6시에 만찬장으로 나오라는 안내를 받았다. 오늘 저녁 Dress Code는 턱시도에 이브닝 가운 등 정장을 하라는 안내와 함께.

호텔 앞으로 라인 강이 흐르고 유람선이 지나가고 있었다. 석양에 비친 포도밭이 너무 아름답게 보인다. 산 위에 있는 고대 성곽 건물이 노을을 받으며 독일의 역사를 자랑하고 있었다. 강을 따라 산책하는 사람들, 호프집에서 맥주를 즐기는 사람들이 보인다. 한 폭의 그림이 펼쳐지고 있었다.

만찬장에 들어서니 귀에 익은 클래식 음악이 피아노와 바이올린 협주로 울려 퍼지고 있었다. 우리 동창의 아들 David가 친구와 함께 바이올린을 연주하고 있었다. 멋있는 총각, 우리 동창의 아들이다.

그의 모습과 연주에 모두 반해버렸다. 그리고 고마웠다. 작년에 독일인 남편을 잃고 홀로된 어머니가 아들의 대견한 모습을 쳐다보고 있었다.

라인 강변의 포도주, 마셔보지 않은 사람은 그 맛을 모른다. 잔들을 들고 이야기를 나누며 이리저리 움직인다. 자리에 앉아 달라는 방송이 나왔다. 그리고 이 모임을 주선하고 수고한 동창의 간단한 인사말이 있었다. 여기저기서 샴페인 병 터뜨리는 소리가 요란했다.

드디어 잔을 들어 축배를 올렸다. 만찬 저녁식사가 나왔다. 소고기와 생선, 두 가지 요리가 나왔다. 와인을 마시며 먹는 요리의 맛이 너무 좋았다. 후식으로 나온 유명한 독일 치즈 케이크에 커피까지 마시고 나니 배가 너무 불렀다.

음악에 맞춰 춤을 추었다. 오랜만에 Wiener Waltz에 맞추어 춤을 추었다. 신나는 차차차와 탱고가 좋았다. 밤이 깊어가고 있었다.

함께 모여 그룹 사진을 찍었다. 가까운 친구들과 모여 사진을 찍었다. 수십 장의 사진을 찍는 플래시가 연신 터지고 있었다. 아무도 잠자리에 들려고 생각하지 않았다. 우리는 강을 따라 산책을 나갔다. 노래를 부르며 와인을 마시며 내일은 유람선을 타고 라인 강을 따라 여행하는 날이다. 할 수 없이 밤 2~3시가 넘어서 겨우 잠자리에 들었다.

그리운 라인 강

유람선 타는 시간을 늦게 잡아 놓았으니 다행이다. 아침 8시가 지나도 아무도 보이지 않았다. 커피와 빵으로 간단하게 아침식사를 때우고 10시 유람선을 겨우 탈 수 있었다. 우리를 태운 유람선이 고동을 울리며 라인 강을 따라 내려가고 있었다.

수십 개의 계단식으로 되어 있는 강변의 포도밭이 그림같이 보였다. 꽃과 숲속에 묻혀 있는 전원주택들이 너무 평화롭게 보였다. 언덕위에 자리잡은 수도원에서 종소리가 메아리치며 울리고 있었다. 강바람이 콧등을 간질이면서 나부꼈다.

두 시간쯤 내려가니 물살이 급해지면서 강은 가파른 바위산 언덕 밑을 타고 돌았다. 금발의 처녀가 바위 끝에 앉아 머리를 빗으며 부르는 노랫소리에 넋을 잃은 사공이 배가 뒤집히는 줄도 모르고 지나가다 강물에 빠져 죽었다는 '전설의 로렐라이 언덕'이 저만치 보였다.

유람선에서 로렐라이 노래가 스피커를 통해 울려 나왔다. 우리도 다같이 로렐라이 민요를 합창했다. 'Miss Lorelei'라는 분홍색 띠를 어깨 너머로 두른 금발의 미녀가 미소를 지으며 선상으로 올라와 춤을 추었다. 동창의 남편들이 그녀와 손을 잡고 함께 춤을 추었다.

라인 강은 아름다운 관광지이자 독일 경제의 대동맥 같은 운송 역할을 맡고 있다. 우리는 '라인 강의 기적'이라는 말을 잘 알고 있다. 드디어 유람선은 유명한 포도주의 고장인 강변의 한 전원도시에 우리들을 내려놓았다.

라인 강의 진주라 불리는 뤼데스하임(Ruedesheim). 이 마을에는 5백년이 넘은 건물들이 잘 보존되어 있었고, 아기자기한 골동품과 기념품들을 팔고 있는 가게들이 좁다란 골목길을 따라 즐비했다. 라인 강 지방 와인의 원조 본고장이다.

이 골목길을 따라 올라가면 아담한 음식점들이 나온다. 이곳 포도주와 맞는 독일 전통 음식을 맛볼 수 있었다. 뒤로는 영글어 익어가는 포도송이가 주렁주렁 달린 포도밭이 끝없이 보인다.

이곳은 아침에 안개가 많이 끼고 일조의 온도차가 심하다. 남향의 포도밭은 토질이 좋고 봄에 비가 많이 오며 여름에 햇볕이 세게 내려쪼인다. 포도 재배에 좋은 모든 조건을 다 갖추고 있다.

가을에 첫서리를 맞고 살짝 얼은 포도를 손으로 하나하나 골라 따서 만든 아이스 와인(Eiswein)은 아주 달콤하고 맛이 좋은 고급 포도주다. 한 병에 3~4십만 원을 호가하고 있다.

독일 와인은 생산지에 따라 크게 세 가지로 구분된다. 맛이 다름은 물론이고 색깔이나 모양이 다른 병에 담는다. 라인 강변에서 나는 포도주는 브라운색 병에, 모젤 와인은 초록색, 그리고 다뉴브 강변을 중심으로 독일 남부 지방의 Franken 와인은 조선시대 백자 모양의 동그란 유리 항아리 병에 담는다.

우리는 포도주 시음장에 들어갔다. 서늘한 양조장 지하실에 수백 개의 참나무 드럼이 보인다. 이곳에서 2백 년 동안 6대에 걸쳐 양조장을 운영하는 사장님 아들이 직접 나와 포도주에 관한 설명과 자기네 포도주의 맛을 자랑했다. 대여섯 가지의 포도주를 시음했다.

잔은 어떻게 잡아야 하고, 포도주를 한 모금 마시면 입과 혀끝을 어떻게 굴리며 음미하는지를 설명했다. 치즈가 와인과 맞는 안주다. 포도주 병은 왜 눕혀 보관해야 하는지를 설명하였다. 배운 것도 많았다. 나는 대여섯 가지의 포도주 맛이 서로 어떻게 다른지는 잘 알 수 없이 얼큰히 취해 있었다. 맛이 아니라 가격에 맞추어 한두 병의 와인을 사들고 이곳을 나왔다.

언제 다시 만나랴!

오늘 저녁은 쾰른(Koeln) 근처 동창이 운영하는 골프장 클럽하우스에서 파티를 갖게 되어 있다. 한국식사에 노래자랑, 그 말에 귀가 번쩍 띄었다. 일행 중 많은 사람들이 뤼데스하임에서 버스가 떠나자마자 잠을 잔다. 좀 피곤한가 보다. 기분이 좋아 콧노래를 부르는 친구도 있었다. 오늘 하루 골프를 즐기는 남편들은 저녁식사 시간에 이곳으로 바로 오게 되어 있었다.

한국 음식 재료가 많지 않은 곳이라 준비하는 동창의 수고가 많았을 것이다. 불고기와 김치, 잡채 등이 일품 요리였다. 된장찌개에 소주까지 나왔다. TV 스크린에 남산타워가 보이고 대중가요가 흘러나왔다. 노래자랑! 동창회의 피날레가 열리고 있었다.

노래 잘 못 부르는 한국 사람이 없다. 그러나 우리 동창들의 노래는 수준 이상이다. 한국, 영어, 독일, 프랑스 노래 못 부르는 곡이 없었다. 흘러간 옛 노래에서 현대 외국 가요에 이르기까지. 연말 가요대상이 무색할 정도다. 푸짐한 상품이 노래자랑의 열기를 더욱 돋웠다.

여기까지 동행한 남편들에게도 상을 주기로 결정했다. 우리들을 위해 많은 심부름을 하며 따라 다녔다. 왕비들을 모시고 다닌다고 했다. 버릇없이 형부들을 '내시'라고 불렀다. 예, 마마, 하고 대답하며 농담과 웃음을 주고받았다. 그러니 당연히 상을 주어야 했다.

노래를 잘 부른 형부에게 인기상을 주기로 했다. 상품은 비아그라(Viagra) 한 박스. 나이 많은 형부가 상을 받았다. 그런데 형부는 그 약이 필요 없다고 언니가 방송을 했다. 웃음이 터져 나왔다. 누가 "아직 안 먹어도 된다는 말이냐?"고 물었다. 언니는 "먹여도 소용이 없다니까!"라고 말했다.

3박4일의 동창회가 서서히 막을 내리고 있었다. 내일 아침이면 또 다시 해어져야 한다. 일부는 새벽에 터키와 그리스로 관광을 떠난다. 미국과 한국으로 돌아가야 한다. 공항호텔로 향하는 버스가 클럽하우스 앞에 도착하고 있었다.

서편의 달이 호숫가에 질 때면… 친구, 내 친구 편히 가시오… 이별의 노래가 흘러나왔다. 눈시울이 젖는다.

"언니 잘 가요. 그리고 건강하세요."

"그래 동생도, 다음에 또 만나자. 종종 연락해."

아쉬운 마음은 버스에 쉽게 올라타지 않고 망설인다. 서로 부둥켜안고 눈물을 글썽이며 만남의 기쁨, 이별의 정을 계속 나누고 있었다. 30년 만의 동창회, 처음이자 마지막이 아니기를 기대해 보면서.

아름다운 사람들의 아름다운 모임이었다. 또 하나의 아름다운 추억으로 남게 될 것이다.

제7장

베를린의 교훈

재독한인동포사회
독일은 게르만족의 나라
베를린의 교훈
하나 된 베를린

재독한인동포사회

이번 동창회에 참석하는 길에 우리는 통일 독일의 수도 베를린을 구경하기로 하였다. 베를린에는 동서의 장벽이 무너지기 전 1970년대에 가본 후 이번이 처음이다. 나는 그 분단과 통일의 현장을 내 눈으로 다시 보고 싶었다. 그리고 독일에 거주하는 또 다른 몇 사람의 친구들을 찾아보기로 하였다. 독일 친구도 있지만 그 옛날 고국에서부터 알고 지낸 몇 사람의 친구가 아직도 이곳 독일에 살고 있었다. 나는 그들에게 인사를 하지 않고 돌아가기엔 너무 아쉬운 마음에 그들을 찾았다. 우리는 이들을 찾아보고 동포사회를 알아보기로 계획하였다.

독일에는 3만5천여 명의 동포가 살고 있다고 한다. 영국에 사는 동포 4만여 명과 그 외의 유럽국가 동포들을 합하여 구라파에 사는 동포는 10만여 명이 조금 넘는다. 약3백만의 중국동포와 재미동포

250만에 비하면 아주 적은 숫자이다. 재외동포의 총인구는 850만 정도가 된다고 한다. 4천8백만 한국 인구의 17%에 해당하는 숫자다. 서울인구가 1천만을 조금 넘었다고 하는데 재외동포가 850만이다. 이들은 물론 지구의 방방곡곡에 흩어져 살고 있다.

1950년경에서부터 시작하여 극소수의 한국 유학생이 독일에 발을 들여놓게 되었다. 1960년대 중반에 한국 간호사와 광부가 독일에 파견되기 이전까지는 동포사회가 유학생을 중심으로 되어 있었다. 1975년경에 정부 차원의 근로자 독일 파견은 막을 내렸다. 그 당시를 전후하여 대부분의 간호사와 광부들이 귀국하거나 제3국으로 이주하였고 또한 상당수가 독일에 계속 체류하기 시작하였다. 이들이 오늘날 3만5천 재독한인동포들의 주축을 이루고 있다.

재독한인동포들은 다른 나라에 사는 동포들과 다른 점이 많이 있다. 지구의 구석구석에 흩어져있는 재외동포들의 이민생활을 한마디로 종합해보면 그들은 콤플렉스 속에 살고 있다. 이민이란 이미 형성되어 있는 특정 사회구조를 뒤로하고 새로운 삶을 찾아나온 사람들이 가는 곳이다. 재독한인동포들의 대부분은 원래 이민을 온 사람들이 아니다. 그래서 재독한인동포들은 어제도 오늘도 향수에 젖어 살고 있다고 볼 수 있다. 비교적 단순하고 순진한 마음을 가진 서로 비슷한 계층의 동포들이 살고 있는 곳이 독일이다.

재독한인동포는 3개 그룹으로 분류할 수 있겠다. 유학생과 전문직에 종사하는 동포들과, 지사, 상사 직원 등의 기업인, 그리고 광부, 간호사 출신 소규모 자영업자나 근로자 계층으로 볼 수 있겠다. 물론 처음 두 그룹에 속하는 동포는 극히 제한된 숫자이다.

재독한인동포사회는 비교적 화합되어 지내고 있다. 말썽 많은 미국이나 중국, 일본의 동포사회와는 많이 다르다. 독일동포사회는 천차만별의 경력이나 학력 또는 재력을 가진 사람이 모인 곳이 아니다. 이들은 근면검소와 절약하고 살며 철저한 준법정신을 이곳에서 배운 사람들이다. 미국같이 기회의 나라는 아니지만 일한 만큼 받을 수 있고 뿌린 만큼 거두어 들일 수 있는 원칙이 지켜지고 있음을 이 나라 이 민족으로부터 배웠다. 그러나 그들은 무엇보다도 독일이 그들의 제2의 마음의 고향이 될 수 없다는 것을 잘 알고 있기에 더욱더 향수를 느끼며 살고 있다.

독일은 이민으로 형성된 나라도 아니고, 원칙으로 이민을 받는 국가가 아니다. 재독한인동포의 겨우 10%정도가 독일 시민권 소유자라는 것이 독일의 이민정책과 우리 이민의 역사를 말해주고 있다. 이들 동포들은 이곳에 오래 살다보니 그저 편의와 필요에 의해 영주권을 신청하고 시민권을 받은 것이다. 처음부터 이민을 목적으로 독일에 온 동포는 별로 없는 것으로 알고 있다. 간호사나 광부도 처음부터 이 나라에 살려는 계획으로 이민 온 사람들이 아니다.

지금은 독일로 가는 한국 근로자도 없지만 유학생의 숫자도 상대적으로 줄어들었다. 또한 독일로 이민을 간다는 말도 들어보지 못했다. 옛날에는 독일이나, 영국, 프랑스 등지로 유학한다는 것은 동경의 대상이었다. 이공 계통 공부를 하려면 독일에 가야 한다고 말했었다. 음악이나 철학공부도 단연 독일에서였다. 독일이 화려한 학문과 예술의 역사를 가지고 세계의 첨단 산업국가로 자리잡고 있을 때의 이야기였다. 세계의 여러 언어들 중에서 독일어가 차지하는 비중이

상당히 높은 시대였다.

지금은 많이 달라졌다. 20세기 후반에 접어들면서 세계의 모든 주도권이 미국으로 이양되었다. 한국 이민이나 유학생의 발걸음도 미국으로 향하게 되었다. 미국의 힘과 전세계 공통언어로 자리잡은 영어권이 독주하고 있는 세대이다. 그러다보니 재한된 재독한인동포들의 숫자는 제자리걸음을 하고 있었다. 재독한인동포사회는 기성세대의 감소와 앞으로 2세들의 출산에 의한 자연적인 증가 외에 인위적인 변화는 별로 없을 것으로 보인다.

국지적인 문화와 생활권이 급속히 세계화되면서 예술과 철학이 있는 곳으로 유학을 가야한다는 개념이 깨어진 것이다. 오히려 예술과 철학이 또한 그것을 전달해 줄 수 있는 학자는 가르쳐줄 수 있는 환경과 가르침을 받을 수요가 있는 곳으로 찾아가고 있었다. 현대사회와 시대는 윤리와 철학의 가치를 무시하고 인간의 존엄마저 경시하며 첨단기술만이 지상의 과제인 것으로 생각한다. 불행히도 이러한 생각과 현실이 모인 곳으로 다음의 세대들이 유학을 가고 이민을 가는 것이다.

최근 한국의 대학 독문학이나 불문학과에 지원하는 학생이 정원미달이라고 들었다.

영어를 비롯하여 중국어나 일본어가 한국 사람들이 배우려는 외국어의 주종을 이루고 있다. 한국을 잊고 살지 않는 재독한인동포들 2세의 언어교육이 큰 문제로 부상하고 있다. 동포 2세들의 조국이 비록 한국은 아닐지라도 그들의 뿌리가 어디에 있는지를 확인시켜주어야 한다. 정부 차원의 지원이나 국내기업의 독일 진출도 동포들에게는 큰 도움을 주지 못하고 있다. 종교단체들의 활동은 노년층의 신앙생활과 상호친목에는 도움을 주고 있지만 기성세대와 2세들의 갈등을 초래하기도 한다.

지금도 독일에는 인근 국가나 구 동구권 나라들로부터 많은 노동자들이 들어오고 있다. 이들이 독일의 3D직업에 부족한 노동력을 해소시켜준다. 그러나 독일민족은 이들을 독일 시민으로 생각하지 않는다. 독일은 독일민족을 위한 나라라고 철저히 생각하고 있다. 물론 인근 프랑스 같은 나라도 비슷하다.

독일국민은 자기들이 필요하고 도움이 되는 일을 해줄 수 있는 외국인 정도는 받아줄 준비가 되어 있다. 그저 일이나 하고 돈이나 벌며 살다 너의 나라로 돌아가라는 것이 독일 사람들의 바람이다. 이들이 독일의 경제나, 사회, 정치, 문화 등의 어느 특정 부문에 확고한 자리 잡기를 원치 않는다. 차이나타운이나 코리아타운이 세워지는 것을 원치 않는다. 독일인 외의 민족이 자기들의 특정 부문을 리드하거나 독점하는 것을 절대 용납하지 않는다. 역사가 말해주고 있다.

독일은 게르만족의 나라

독일 나치들의 유대인 학살을 살펴보면 알 수 있다. 유대인들이 남의 나라, 즉 독일에 들어와 돈을 벌고 장사를 하는 것까지는 좋았지만 독일의 상권을 넘어보고 점령하게 되자 문제가 생긴 것이다. 또한 유대인들의 장사나 돈을 버는 지독함은 옛날이나 오늘에도 잘 알려진 사실이다. 유대인들은 유대인 자신과 이스라엘 외에는 별로 생각하지 않는다. 또한 그들이 살고 있는 타민족국가에서 돈을 버는 만큼 사회에 환원하고 기여하지 않는 것도 유대인들이었다. 이런 것들이 독일 사람들의 비위와 자존심을 건드리고 독일 정서에 맞지 않게 된 것이다.

물론 독일 나치 세력이 유대인을 학살한 것은 잘못된 일이라고 독일국민도 인정하고 있다. 그러나 그것은 하나의 잘못된 과거의 불행한 결과이고 그 원인과 원인 제공이 어디에 있었는지를 독일인들은 자기들끼리만 말없이 묻고 있다. 유대인들이 독일을 위해 무엇을 했느냐고 그들은 묻고 있다. 그리고 독일국가와 민족은 그들이 부를 축적할 수 있는 장소와 여건을 제공해 주었고 그들이 돌아갈 수 있는 시간도 충분히 주었다고 생각하고 있는 것이다. 무엇보다도 독일은 그들의 나라가 아니라는 메시지를 보내고 있었다.

독일에서 근무하는 한 외국인 엔지니어가 직장에서 해고를 당했다. 그는 직장에 다닐 때 독일 국민과 똑같이 모든 세금을 내고 사회보장기금까지 납부하며 살았다. 그가 정부로부터 실업자 수당을 받고 있을 때 한 독일인 이웃사람이 찾아왔다. 그는 외국 사람인 당신은 조금 낮은 생산직 직장을 얼마든지 찾아 일할 수 있는데 왜 우리나라에서 놀고먹느냐며 타일렀다. 독일 국고를 축내지 말라며 아주 못마땅하게 뱉고 간 말이었다.

재독한인동포사회가 이곳에 뿌리를 내릴 수 있을까? 우리는 답을 여기서 찾을 수 있을 것이다. 종속적이고 지엽적이며 외적인 존재로는 가능할 수 있을까? 바꾸어 말하여 우리도 주류사회의 일원이 될 수 있을까? 독일민족과 국가는 지극히 보수적이고 배타적이다. 역사의 수레바퀴는 돌고 있음을 독일 국민은 알고 있다. 그래서 독일에는 이민정책이 존재하지 않는다.

프랑스나 영국에서도 비슷한 보수주의 사상을 느낄 수 있다. 독일, 영국, 프랑스, 이태리 모두 개성이 뚜렷하고 민족과 역사와 문화가 다르다. 이런 나라들이 미국에 대항하는 하나의 방법으로 유럽연합을 결성하였다. 물과 기름을 한데 섞어놓은 것과 비슷한 합성체이다. 그래서 궁극적으로 유럽연합이 한 개의 국가와 같은 단체로 성공할 수 없는 이유가 여기에 있다. 또한 세계가 원하지 않고 그들 자신도 원치 않는다. 이들이 성공하려면 그 중 어느 나라에서 강력한 지도자가 나와야 하고 리드해야 하는 위험이 따르기 때문이다.

미국과 재미한국동포들의 존재가 재독한인동포들의 위치와 다른 점이 여기에 있다.

미국은 이민으로 이루어진 나라다. 각기 다른 민족의 문화와 이념이 혼합되어 이루어진 합중국이다. 이 나라에 사는 사람은 누구나 다 내가 주인이라고 생각한다. 미국사람의 단결심과 나라사랑이 강한 이유도 여기에 있다.

미국은 이민자에게 새 출발의 기회를 가져다 준 나라이다. 개척자의 정신으로 이민 온 사람들이 노력하여 성공할 수 있는 곳이다. 경쟁도 심하고 승리만이 정의인 것처럼 착각도 한다. 고향이 그리우면 새로운 땅에 고향을 재현시킨다. 그래서 차이나타운이 존재하고 코리아타운이 생긴다. 다민족문화를 바탕으로 이해하며 서로 하나될 수 있는 길을 찾는 것이 미국이다. 우리는 주인이고 너는 손님이라고 생각하는 구라파 국가와 다른 점이 여기에 있다.

재독한인동포들의 주축을 이루고 있는 사람들은 아직 독일 주류사회에 진출하지 못하고 있다. 독일사회가 그들을 쉽게 받아들이지도 않고 우리 동포들의 여건이 아직도 거기에 미치지 못하고 있다. 한정된 경제적인 위치와 문화적인 차이를 극복하지 못하고 있다. 동포2세들은 그들이 코리언이란 아이덴티티를 찾는 데 혼란을 느끼고 있다.

사고방식의 차이는 언어의 장벽을 더욱더 노출시킨다. 체계적으로 독일어를 배우지 않은 기성세대의 재독한인동포들은 체류 기간에 상관없이 지금도 Broken German의 언어에 시달리고 있다. 이제 그들의 한국말까지도 Broken Korean으로 되어 가고 있다. 물론 미국한인 동포사회에서도 볼 수 있는 현상이다. 미국 온 지 10년 20년이 넘어도 영어 한마디 제대로 못하는 한국인을 많이 볼 수 있다.

상사 지사 주재원이나 유학생 출신 전문직업인을 제외한 재독한인 동포들의 많은 사람이 자영업이나 근로자로서 직장생활을 하고 있다. 큰 발전을 꿈꾸고 있는 것이 아님으로 동포 서로 간의 경쟁의식도 비교적 적다. 한곳에 수천, 수만 명이 밀집해 사는 곳도 없다. 유럽을 여행하는 한인 관광객들도 이태리, 프랑스, 영국들을 주로 돌아보지만 독일은 그저 지나가면서 하루 정도 머무는 것이 고작이다. 이러한 구조는 교민들끼리 서로 만나면 반갑게 정을 나눌 수 있도록 만들었고 동포사회의 화목과 친근감을 갖게 해주는 원인이 되고 있다.

어느 이민사회에서나 볼 수 있는 한인회가 이곳 독일에도 있다. 처음에는 유학생들의 친목단체로 발족한 오늘의 재독한인연합회는 현재 20여 개의 지방 한인회를 구성하고 있다. 그들의 목적과 활동은 동포들의 친목과 유대를 증진시켜 상부상조하는 것이다. 한인회 외에 다른 이민사회에서는 볼 수 없는 단체, 글뤽아우프 친목회(Glueckauf-광산동우회)를 볼 수 있었다. 재독동포사회의 제일 큰 단체로서 그들의 우정을 과시하고 있다고 들었다. 이들은 한국 경제발전의 밑거름이 되어준 서독 파견 광산 근로자들의 모임이다. 한국 정부가 보관하고 있는 18억 원의 파독 광부 적립금은 그들의 몫으로 보아야 한다. 그들의 회관을 구입하고 활동기금으로 쓸 수 있게 하루 빨리 지급해주기를 바라는 마음이었다.

그들의 말에 의하면 한국 남해에 가면 독일마을이 있고 그곳에 사는 많은 사람들이 옛날 독일에서 간호사로서 또는 광산에서 일한 동료들이라고 한다. 독일 남편 또는 부인을 가진 부부도 있었다. 이들은 처음에 두 개의 둥지를 둔 기러기처럼 두 개의 고향을 드나들며 회환을 풀어보고자 그곳에 집을 짓고 이사를 했다. 그런데 그들이 30년 만에 돌아간 곳에는 아무리 돌아봐도 고향은 없고 오직 가슴속의 고향만 보이더라고 하였다. 가는 곳마다 고향은 없는데 가는 곳마다 보이는 고향을 찾아 지금도 독일과 한국을 오가며 마음의 떠돌이로 살고 있다고 하였다.

대학에서 한국어를 가르치는 친구를 만났다. 한국의 국제적인 위상이 높아진 탓인지 한국어 강의를 듣는 학생 수가 최근 20년 사이에 4~5배로 불었다고 하였다. 옛날에는 고작 한국이나 동양학생 몇 명이 학점이나 채우기 위해 한국어 강의를 들었었는데 지금은 수강생의 대부분이 독일 학생이라고 말했다. 그는 〈조선시대와 춘향전의 연구〉라는 논문으로 학위를 받고 독일대학에서 근무하고 있었다. 독일이 한국이나 한국문학을 너무도 모를 때의 이야기이다.

베를린의 교훈

친구의 전송을 받으며 오늘은 베를린을 구경하러 가는 날이다. 옛날에 김포공항에서 출발하여 도착한 프랑크푸르트 공항은 어리어리했었다. 가난한 나라에서 온 우리에게는 독일의 첨단문명사회가 너무 부러웠다. 그런데 지금의 프랑크푸르트 공항은 너무도 초라해 보였다. 모든 것이 인천공항에 비교가 되지 않았다. 전철이나 기차는 한국의 것과 비교가 되지 않았다. 지하철은 그라피티로 더럽혀져 있었고 타고 내리는 정차표시 지점도 알 수 없었다. 기차도 마찬가지였다. 우리나라 KTX 운행은 유럽의 TGV보다 훨씬 나았다. 한국의 급속한 발전을 실감할 수 있었다.

베를린은 격동의 20세기 역사의 현장이다. 1차 대전을 거쳐 2차 대전을 유발한 주인공인 제국주의 독일의 수도로서 전쟁의 마지막 순간까지 진두지휘한 곳이다. 2차 대전의 비극, 유태인 학살의 역사가 이곳에 기록되어 있다. 또한 패전국으로서 동서로 분단되어 자유민주주의와 공산사회주의가 대처한 냉전시대의 발자취를 이곳에서 실감할 수 있는 곳이다. 동독을 시작으로 공산주의가 몰락한 배경을 이곳 베를린에서 찾아볼 수 있다. 그리고 40여 년의 분단의 아픔을 뒤로하고 통일로 향한 로드맵을 볼 수 있는 곳도 이곳 베를린이다.

베를린에서 우리들을 생각하게 만든 것이 통일 독일의 수도 한복판에 자리잡은 유대인 학살 추모 공원이었다. 수천 평의 광장에 시체를 담은 관을 세운 모양의 검은 대리석을 비석같이 수백 개 세워 놓았다. 그 비석들의 높이를 서로 다르게 위치하여 물결이 치는 모습을 보이고 있었다. 죽은 사람은 말이 없다는 뜻인지 이 비석에는 아무런 글자 한 자도 적혀 있지 않았다. 바로 그 옆으로 독일연방정부 건물들이 위치하고 있고 그 앞에는 신축하는 미 대사관 건물이 자리잡고 있었다.

안내원은 유태인 단체가 아닌 독일 사람들이 자발적으로 이 유대인 추모비를 세운 것이라고 말했다. 외형적으론 그것이 사실일 것이다. 물론 독일 수상이 유대인 학살을 무릎 꿇고 사죄한 것도 사실이다. 그러나 이것은 미국을 등에 업은 이스라엘과 유태계 미국인들의 끈질긴 노력의 결과임을 알아야 한다. 미국의 옹호와 협력 아래 이루어진 일들이다.

미국 공화당이나 민주당의 정강정책 중에 공통되는 점이 하나 있다. 그들 모두가 이스라엘이 우방이라고 외친다. 미국의 대통령이 되려면 미국에 사는 유태인들의 지지를 받고 이스라엘을 제일의 동맹국이라고 외쳐야 한다. 그만치 유태인들의 로비가 무섭다. 유태계 미국인들은 미국의 언론과 경제계 및 정계에 상당한 영향력을 행사하고 있다. 중동전쟁에는 미국과 이스라엘이 항상 직접 간접적으로 개입되는 이유도 여기에 있다.

그런데 베를린 시내에 자리잡은 유태인 추모비는 베를린 시민들의 조용한 반발을 일으키고 독일 국민의 감정을 자극시킨다고 익명을 요구한 독일 학자 한 분이 나에게 말해주었다. 무슨 뜻이냐고 묻는 나에게 그는 "한국의 힘이 강하여 동경의 메이지공원 한복판에 한국인 학살이나 강제징용 위령탑을 세우거나 아니면 일본의 야스쿠니 신사를 허물고 그곳에 위안부 추모비를 세웠다면 일본인의 감정은 어떻겠느냐?" 고 나에게 오히려 되물었다. 그러면 한국의 극우파 보수주의자들이 마음 시원해 할지 모른다. 그러나 현명한 한국 국민은 그렇게 하는 것만이 잘하는 것이 아니라고 생각할 것이다. 라고 그는 말했다.

"화해를 하고 용서를 구하며 죄에 대한 벌은 받아야 한다. 그러나 그 과정과 방법 그리고 실행이 잘못되면 다음에 또 다른 원인을 제공하고 좋지 못한 결과를 초래한다." 죄의 용서를 보복의 형태로 강요받게 되면 또다른 보복의 연속이 될 수 있다는 논리였다. 예수를 죽인 유태인들에게 오늘의 크리스천들이 그들의 죄를 물어 유태교의 사원을 허물고 십자가를 세운다면 그들은 어떻게 생각할까? 그래서 베를린 시민들은 말없이 그 공원을 지나가며 무슨 생각을 하고 있는지 궁금해졌다.

위안부 문제를 놓고 지금도 일본의 사죄 한번 똑바로 받아내지 못하고 있는 우리에게 많은 생각을 할 수 있는 기회를 주었다. 일본은 지금도 위안부 문제가 미국의회에서 거론되지 못하게 온갖 로비를 다하고 있다. 미국의회에서 위안부의 잘못된 지적과 일본의 사죄를 권고하는 법안 통과를 위해 재미한인동포들이 로비를 벌이고 있는 활동은 너무 미약하다.

아직 우리 동포사회는 유태계 미국인과 같은 역량이 부족하고 한국을 이스라엘 같은 우방이라고 부르는 미국정치인도 드물다. 이럴 때면 우리 조국이 하루 빨리 통일된 강대국이 되어 일본 수상이 무릎 꿇고 사죄하는 모습을 보고 싶은 마음이 간절해진다. 베를린 방문이 이렇게 많은 생각을 하게 할줄 미처 몰랐다.

하나 된 베를린

허물어진 베를린 장벽의 현장을 보는 한국인의 감회도 남다르다. 20세기 중반 냉전시대에 분단된 독일과 동서베를린의 철조망과 장벽을 보수하고 정비한 것은 동독이었다. 서독은 동독으로 갈 사람은 가라고 내버려두었고 서독으로 넘어오는 동독사람들을 철저히 보호해 주려고 노력하였다. 동독 국경수비대는 서독으로 넘어가려는 자국 국민들을 잡아들이거나 사살하였다. 여기서 나는 또 한 번 나이브한 생각을 하였다. 만일 우리가 남북한 휴전선을 서독과 같이 관리한다면 어떠한 상황이 벌어질까 생각해 보았다.

옛날 동베를린이었던 지역에 오스텔이라는 이름의 호텔이 나의 호기심을 불러 일으켰다. 독일어로 동쪽(Ost)이라는 말과 호텔을 합하여 만든 호텔 이름이다. 옛 아파트 건물을 개조하여 만든 이 호텔은 관광객들에게 옛 동독 모습을 재현하여 보여주려고 노력하고 있다. 심플하고 초라하게 꾸며놓은 호텔 로비에는 동독 수상 호네커의 초상화가 걸려 있다. 옛날 60년대의 다이얼식 전화기와 케케묵은 계산기, 그리고 타이프라이터도 보인다.

재미있는 것은 이 호텔의 몇 개의 객실에 도청장치가 설치되어 있다고 한다. 비밀정보원이 다음 첩보원에게 전달하기 위한 암호로 된 문서조각이 이 객실의 어느 구석에 숨겨져 있다고 한다. 손님이 이 방에서 비밀문서와 도청장치를 찾아내면 호텔에서 식사와 술을 공짜로 제공한다고 했다. 그래서 이 방은 오래 전에 예약을 해야 했었다. 지금까지 이 도청기를 찾아낸 사람에게는 증명서와 다음에 다시 방문하면 싸게 해준다는 할인증서를 발급해준다. 재미있는 아이디어이다.

포츠담 회담이 열린 회의실 건물이 있는 베를린 교외의 도시를 방문해 보는 것도 의미있는 일이었다. 미국의 트루먼 대통령과, 영국의 처칠 수상 그리고 소련의 지도자 스탈린이 한자리에서 2차 대전 이후의 독일을 어떻게 할 것인가를 논의한 곳이다. 국기가 꽂힌 원형 테이블이 놓인 회의실이 중간에 있고 그 옆으로 각국의 참모들이 모여 의논하는 세 개의 서제가 있었다. 여기서 자기들의 비밀 전략을 수립하고 협상준비를 하는 곳이었다. 휴게시간에는 이 방에서 지난 미팅의 결과를 종합 검토하고 커피를 마시며 다음 회의를 준비하였다.

여기서 독일을 동서독으로 분단시키고 동독 안에 있는 베를린을 다시 동서로 나눈 것이다. 해방 후 우리나라도 내부 단결과 지도력의 부족으로 외세에 의해 남북으로 나누어지게 된 것을 생각하게 만들었다.

히틀러의 벙커가 있었다는 곳에는 설명서와 벙커 내부를 도면으로 설명한 안내판 한 개가 잡초가 우거진 아파트 단지 한구석에 있었다. 벙커는 사방으로 연결된 통로와 상당히 넓은 곳에 여러 개의 무기고와 통신장비 등을 비치한 방이나 회의실을 갖고 있었다. 제2차 세계대전이 독일의 패배로 끝날 무렵 히틀러는 이 벙커 안에서 자살한 것으로 알려져 있다. 지금은 그 안을 들어가 볼 수도 없고 밖에서 보는 벙커는 여기가 바로 2차 대전의 마지막 총지휘본부라는 실감이 나지 않았다.

동독이 베를린 장벽을 쌓을 때 이 벙커와 연결되어 있는 지하통로의 몇몇 지점에 수백 톤의 콘크리트를 부어 넣고 막아버렸다. 동독 국민이 이 지하통로를 이용해 서베를린으로 탈출하는 것을 막기 위해서 한 공사였다. 히틀러 벙커를 원상복구하고 관광객들에게 개방 못하는 이유가 여기에 있다고 한다. 너무 두꺼운 콘크리트 벽으로 막힌 터널이 있는 벙커는 아파트 단지에 둘러싸여 있고 이 수많은 아파트를 철거하지 않고는 콘크리트 벽의 철거도 어렵다고 말했다.

원래 베를린 시민은 프로이센 지역 주민이 주를 이루고 있다. 프로이센지역 주민은 독일의 동북부지방 출신으로 비교적 말이 많고 행동이 좀 경솔하다고 말한다. 그를 비유하여 베를린 시민들은 입이 크다는 농담이 있다. 그들은 베를린어봐이스(Berlinerweiss)란 맥주를 즐겨 마신다. 맥주에 레몬주스를 섞어 거품을 내고 약간 시큼하고 시원하게 만든 것이다. 산딸기 즙을 첨가한 Berlinerweiss는 빨간색, 그리고 민트를 넣은 것은 녹색을 내고 있다. 여름철 음료수로 즐겨 마신다. 베를린에 간 추억으로 한 잔 마셔볼 만한 술이다.

통일 독일이 된 후 동베를린의 모든 것이 서구식으로 바뀌고 있었다. 여기에 동베를린 시민들이 거부감을 갖기 시작하였고 요즘은 다시 옛날의 베를린 풍조를 최대한 보존하려는 경향이 보였다. 횡단보도 신호등을 옛 동베를린 것으로 다시 바꾸고 있었다. 붉고 푸른 동그란 신호등 대신에 검은 바탕에 양팔을 벌린 십자가 모양의 붉은색 사람이 정지신호이고 뛰어가는 모양의 녹색 사람이 횡단할 수 있는 신호이다. 그런데 그 인형 모양이 너무 귀엽다. 무조건 동독 것이라고 다 없애지 않고 좋은 것은 보존하려는 것이다.

베를린 시내에 있는 큰 건물들을 보면 하나같이 큰 연통처럼 생긴 철제 관들이 건물 옆에 달려 있다. 별로 보기 좋은 모습은 아니다. 베를린 시는 낮은 늪지대 비슷한 곳에 위치하고 있다. 그래서 건물 밑의 많은 지하수를 펌프로 빼어내는 배수관이 고층건물 옆마다 달려있는 것이다.

동서 베를린 장벽이 허물어진 길을 따라 자전거 전용도로를 만들기 시작하였다. 시민이나 관광객들이 자전거를 타고 돌아다니며 분단의 현장을 체험할 수 있도록 하기 위함이다. 아직도 군데군데 남겨둔 장벽의 표시나 벽의 일부를 역사의 기록으로 볼 수 있는 곳이다. 눈물나는 동독 탈출 사진들이 이곳저곳에 전시되어 있다. 1960년대에 북한 출신 동독 유학생 20여 명도 자유를 찾아 베를린 장벽을 넘어 서독으로 탈출해왔었다.

제8장

코카콜라의 위력

미국대통령의 구상
세계 제일의 물장사
콜라에 무너진 공산주의
평양 상륙작전
콜라에도 녹지 않는 철의 장벽

미국대통령의 구상

베를린은 분단된 조국을 가진 우리들에게 많은 교훈을 주고 있었다. "Freedom is not free." 즉 자유는 공짜로 얻어지는 것이 아니라는 것을 이곳 베를린은 알려준 것이다. 2차 대전 이후 세계는 자본주의와 사회주의 체제로 나누어져 냉전시대를 거치면서 미국을 중심으로 한 서구의 자유민주주의 국가는 공산주의의 국가들을 해방시키기 위해 모든 노력을 아끼지 않았다. 자유와 인권의 이념을 앞세워 정치적으로, 경제적으로, 또는 사상적이고 사회적인 개방을 시도해 보았다. 때로는 힘으로 공산국가를 무너뜨리려고 전쟁도 불사하였다.

그러나 서구 자본주의 국가가 무력으로 공산주의를 무너뜨리고 개방시키는 데는 많은 시행착오를 범하고 있었다. 무력의 힘은 체코나 유고 같은 동구 공산국가를 무너뜨리는 데도 큰 효력을 발휘하지 못했다. 월남이나 한국전에서도 마찬가지였다. 그러면 우리는 어떻게 공산국가를 개방시킬 수 있을 것인가? 공산국가의 이념과 국민의 정신구조를 해체시키지 않고는 공산주의로부터 개방시키기 어려움이 있음을 알았다. 공산국가 국민들의 정신을 무장해제시킬 총알보다 강하고 마약같이 무서운 그 무엇이 필요한 것이다.

미국은 어느 특정 공산국가를 개방시키겠다는 목표를 정하면 제일 먼저 실행하는 한 가지 사업이 있다. 이 사업은 아주 천천히 그러나 눈앞에 환히 보이는데도 아무도 느끼지 못하게 진행되고 있었다. 그 효과는 돌이킬 수 없는 어느 시기에 도달하면 자유의 물결에 휘말려 버린다. 여기서 말한 그 무엇의 효과를 우리는 베를린에서 눈으로 볼 수 있었다. 철의 장벽을 녹이고 공산주의를 무장해제시킨 그 무엇의 위력을 알 수 있었다.

1999년 1월 1일, 20세기 마지막 해의 첫 날이 밝았다. 클린턴 대통령은 하얀 눈에 덮인 백악관 집무실에서 조용히 새해를 맞이하고 있었다. 백악관의 아침은 이 지구상의 모든 일을 진두지휘하고 감시하는 컨트롤센터 답지 않게 조용한 아침을 맞이하였다. 그러나 클린턴 대통령의 심기는 그렇게 고요하지는 못했다.

그는 여성문제 스캔들로 탄핵 소송에 만신창이가 되어 있었다. 한국 남성들이나 정치가들의 성추행이나 우리 사회의 인식에 비교해보면 클린턴 대통령이 여성문제로 탄핵 소송에 걸리게 되었다는 그 자체가 이상하게 들린다. 온 세계의 대통령이라는 명예와 권한을 가진 은발의 미남 클린턴 대통령은 많은 여성들이 자리를 한 번쯤 같이 해 보고 싶어하는 대상이었다. 누가 누구에게 추행을 당하는 것인지 애매하다고나 할까.

1960년대 케네디 대통령도 마찬가지였었다. 서로 다른 점은 케네디는 모든 것을 철저히 통제하여 소문도 못나게 할 줄 알았지만 클린턴은 비상한 자기 능력을 과대평가하는 자만심에 너무 많이 의지하고 있었다. 물론 그는 자신이 내린 성행위의 법적정의에 의해 탄핵소송에서까지 빠져나왔다. 그러나 성 도덕의 기준이 애매한 미국에서 그가 받은 윤리적이고 도덕적인 지탄은 감당하기 어려웠었다.

새해 아침 클린턴 대통령은 혼자 오발 오피스에 앉아 무엇인가를 구상하고 있었다. 그는 여론을 여성문제로부터 어떻게 돌리고 대통령으로서 두 번째 4년의 마지막으로 가는 한 해를 잘 마무리할 수 있을까를 구상하고 있었다. 비서실장과 한두 명의 참모들만이 옆방에서 커피를 마시며 신문을 보고 있었다. 항상 요란하게 울리는 수십 대의 전화도 잠을 자고 있었다.

호황을 누리던 국내 경제발전이 둔화되는 조짐이 보이기 시작하고 있었다. 그러나 그의 임기는 2년밖에 남지 않았으니 별로 신경쓸 문제가 아니었다. 중동이나 테러문제가 가장 큰 골칫거리다. 그런데 이 문제는 쉽게 그리고 1~2년 내에 풀어지는 문제도 아니다. 구라파 지도자들은 미국 말도 호락호락 듣지 않는다.

이것을 잘 알고 있는 클린턴 대통령은 뭔가 좀 색다른 외교정책을 구상하고 있었다. 쉬운 말로 "역시 클린턴 할 수 있는", 한번 히트 칠 수 있는 무엇을 찾고 있었다. 한반도 평화와 북한 핵 문제 파일을 살펴보던 클린턴 대통령은 갑자기 무릎을 쳤다. 바로 이것이다.

그는 비서실장을 불렀다. 빠른 시일 내에 코카콜라 사 Douglas Ivester 회장을 백악관으로 초청하라고 지시하였다. 예, 각하, 그분과

회담할 주제는 무엇이라고 말씀드릴까요? 그냥 "국제시장에서의 코카콜라 위상"이라고 할까? 그 정도로 이야기하세요. 그런 이야기라면 다른 대기업의 총수들도 모인 자리에서 같이 면담하는 것이 좋지 않을까요? 아니, 그냥 그분만 부르세요.

다음날 전화를 받은 Ivester 코카콜라 회장은 클린턴 대통령의 초청 이유를 찾아보고 있었다. 무슨 일로 대통령이 독대를 하자는 것일까? 특별한 어젠더나 회담 목적을 쉽게 알 수 없었다. 공화당 소속인 Ivester씨는 George Bush 전 대통령에게 전화를 걸었다. 부시 전 대통령은 클린턴 대통령이 국정 수행에 어려움을 겪고 있으니 도와줄 수 있으면 협조하라는 당부를 잊지 않았다.

클린턴과 조지 부시는 소속 정당이 다르고 정치철학이 다르다. 뿐만 아니라 클린턴은 부시가 1992년 재선에 도전하였을 때 패배의 쓴잔을 안긴 사람이다. 그러나 부시는 현 대통령에게 전직 대통령이자 국가원로로서 훌륭함을 보여준 것이다. 또한 클린턴 대통령의 요청이 국가를 위하고 세계평화와 자유민주주의를 위하는 일이라면 적극 도와주라고 부탁하였다.

세계 제일의 물장사

Ivester 회장은 백악관 귀빈실에서 클린턴 대통령을 만났다. 한 사람은 정치가로서 또 한 사람은 기업가로서 승승장구의 화려한 출세의 길을 걸어온 사람들이다. 그러나 지금 한 사람은 정치적 사형선고를 눈앞에 두고 있었고 다른 한 사람은 사양길에 접어든 청량음료시장과 기업경영의 부실로 어려움에 처해 있는 공통점을 갖고 있었다. 그래서 둘 다 극약처방으로 위기를 극복할 수 있는 길을 찾고 있었다.

"어서 오십시오. 회장님."

클린턴 대통령은 악수를 청했다.

"각하, 안녕하십니까?"

"새해 복 많이 받으세요."

Ivester 회장의 인사였다.

"감사합니다. 비즈니스는 어떻습니까?"

"아시다시피 별로 좋지 못합니다."

"그런데 Ivester씨, 지금까지 역대 코카콜라 회장들이 해온 정치활동에 비해 현회장단의 정치활동이 좀 부진한 것 같지 않습니까?"

Ivester 회장은 무슨 말인지 선뜻 이해가 되지 않았다.

민주당 출신 대통령이 공화당 소속 기업인에게 정치자금을 부탁하는 것도 아닐 거고. 뿐만 아니라 백악관 집무실 안에서는 정치자금 모금은 금지사항이며 그런 이야기를 하지 않는 것이 불문율로 되어 있다.

"정치야 대통령께서 하시는 것이지 우리 같은 장사꾼이야……."

코카콜라 회장은 뭔지 모를 함정에 끌려 들어가는 기분이었다. 그는 몸을 바짝 낮추고 대통령의 다음 말을 기다리고 있었다.

"대통령께서는 40년 이상의 평생을 정치를 하신 분이 아니십니까?"

Ivester씨, 당신과 내가 회장과 대통령직에 있는 동안에 할 일이 있소.

"회장께서는 내 임기가 끝나기 전에 북한을 개방시키시오. 내가 시키는 대로만 하세요. 적극 도와드리겠습니다."

클린턴 대통령은 특유의 웃음을 지으며 명령과 질책 비슷한 주문을 보냈다. 그리고는 아주 의미심장한 말을 했다.

"이것이 우리 두 사람이 처해 있는 위기에서 헤어날 수 있는 좋은 기회일지도 모릅니다."

그제야 Ivester 회장은 감이 잡혔다. 그는 한숨과 웃음을 함께 터뜨리면서 좀 편한 자세로 앉았다.

"각하, 이 일에는 저 자신도 우리 코카콜라 회사도 각하 못지않게 관심을 갖고 있습니다. 오랜 시간을 두고 준비하고 있음을 잘 알고 계시지 않습니까? 각하를 위하여 우리 회사의 명예를 걸고 노력하겠습니다."

120년의 역사를 자랑하는 코카콜라는 세계 제1의 청량음료 회사다. 코카콜라는 물장사를 하는 회사다. 물론 생수를 파는 것은 아니다. 물에 화학 감미료를 첨가하고 화려하게 포장하여 전 세계를 누비고 있다. 그러나 역사로 보면 세계에서 제일 처음 물장사를 시작한 사람은 우리나라의 봉이 김선달로 전해지고 있다. 봉이 김선달은 약 500여 년 전에 대동강 생수를 병에 담을 필요도 없이 찾아오는 사람들에게 팔았다고 한다.

콜라에 무너진 공산주의

코카콜라는 20세기 중반에서부터 미국을 대표하는 기업으로, 그리고 자본주의 시장경제의 표본으로 자리잡았다. 또한 그때부터 자유민주주의를 대표하는 상징적인 의미를 가지고 공산국가에 선보이게 되었다.

이차대전이 끝나고 동서냉전시대인 1950년대에 미국은 코카콜라를 동구공산국가에 진출시켰다. 미국은 자유민주주의의 선봉장으로 코카콜라를 공산국가에 상륙시켜 개방을 유도하려는 계획을 세웠다. 콜라시장은 서서히 넓혀져 나갔고 그 맛을 한번 본 사람은 계속 콜라를 찾았다.

3~4년이 지나면 공산국가 사람들은 시원한 코카콜라, 자유민주주의의 맛에 중독이 될 것이다. 그들은 자본주의의 원리에다 자유와 평등의 재료를 섞어 만든 청량음료를 마시며 개인의 권리와 행복을

찾을 수 있는 기분을 느꼈다.

이른바 분배와 평등의 원칙을 재료로 하여 잘 섞여지지 않는 것들을 휘저어 만든 공산사회주의 콜라보다는 코카콜라 맛이 너무 좋았다. 코카콜라는 공산국가 국민들의 가슴을 시원히 열어젖히고 자유와 자본주의로 갈 수 있는 개방의 문을 두들기도록 유혹하였다.

신기한 것은 코카콜라가 상륙한 지 10년 내에 무너지지 않은 공산국가가 없었다는 것이다. 그래서 미국은 다음의 목표국가를 정하고 코카콜라를 상륙시켜 10년이란 세월을 보내며 꾸준히 공격하였다. 그러면 공산사회주의는 10년이 가지 않아 콜라 앞에 무릎을 꿇고 항복하였다. 하룻밤 사이에 공격하여 승부를 노리는 노르망디 상륙작전과는 사뭇 거리가 있었다.

동독을 시작으로 하여 체코슬로바키아, 헝가리, 유고슬라비아, 불가리아, 루마니아 등 동구권 공산국가들은 코카콜라가 상륙한 지 10년 이내에 다 무너졌다. 옛 소련이 그 뒤를 따라 무너졌고 중국도 콜라가 상륙한 지 7년이 채 못 되어 개방되고 말았다. 미국은 월남전쟁에서 패했지만 월남에 꾸준히 남아 있은 코카콜라는 오늘날 월남을 개방의 길로 이끌어내었다.

베를린 장벽이 무너질 때 동독국민들은 콜라를 마시며 통일을 외쳤다. 프라하의 광장에 모인 체고 시민들은 자유를 외치다 목이 마르면 콜라를 찾았다. 천안문 광장에 모인 한 청년은 콜라를 마시지 못했지만 탱크를 멈추게 했다. 그들의 지도층은 이미 콜라 맛에 취하여 있었기 때문이었다. 코카콜라는 공산주의자들의 정신을 무장해제 시키는 무서운 약이 되었다.

이러다 보니 공산국가 지도자들은 코카콜라의 위력에 겁을 먹게 되었다. 그들은 코카콜라를 제국주의 콜라(Imperial Cola) 또는 식민지 콜라라고 불렀다. 그들은 자본주의의 첨병인 콜라의 공산 진영 진출을 나름대로 막아보려고 노력하였다. 그러나 태풍처럼 순식간에 불어오는 것이 아니고 단비처럼 촉촉이 파고드는 코카콜라의 힘을 느끼고 막으려 하면 이미 때는 늦어버린다. 자신들이 콜라의 위력에 먼저 무릎을 꿇고 있는 것을 미처 느끼지 못했기 때문이었다.

공산국가 국민들은 이미 마약보다 무서운 자본주의의 중독에 걸리기 시작한 것이다. 사실 콜라를 마약에 비유해도 무리는 아니다. 콜라 한 잔에는 약 50mg의 카페인이 들어 있고 이 카페인은 공격형 호르몬의 분비를 촉진시킨다. pH 3.0 이 안 되는 코카콜라에 고기 한 덩이를 넣어두면 이틀이 안 되어 다 삭아버린다. 또한 길이 3cm 크기의 못을 3~4일 이내에 녹일 수 있다. 자동차 유리를 닦고 녹슨 배터리를 청소하는 데도 콜라가 최고다. 그러나 13%의 설탕과 시원한 탄산수는 계속 그들을 유혹하고 있었다. 이정도면 콜라는 녹슨 공산주의 심장을 깨끗이 씻어내리는 데는 최고의 처방약이 될 수 있었다.

20세기 말에 들어서면서 콜라라는 청량음료수가 건강에 좋은 것이 아니라는 것이 서서히 알려지기 시작하였다. 그러면서 늦게 상륙한 공산국가에서는 코카콜라의 위력이 좀 약해보였다. 그러나 이 마약 같은 콜라는 꾸준히 팔리고 있다. 물장사를 하여 연간 80억 달러의 매출을 올린다. 콜라 구경도 못하는 후진국 사람들까지 합하여 세계 총인구가 65억 정도인데 6조의 캔에 담긴 분량의 코카콜라가 매년 팔린다니 대단한 것이다.

평양 상륙작전

뒤늦은 1991년에 코카콜라는 북한에 상륙하였다. 그것도 중국에 거점을 두고 어렵사리 간접 상륙을 시도한 것이다. 21세기의 시작인 내년이면 10년이 다 되어가고 있다. 그러나 북한에서의 개방의 움직임은 아직 싹수가 보이지 않는다.

이것이 코카콜라사의 고민이자 클린턴 대통령의 기회라고 생각되었다. 그러나 코카콜라 Ivester 회장은 "이렇게 지독한 나라는 처음이다."며 머리를 휘저었다.

"각하, 아시다시피 우리는 실패한 적이 없습니다. 북한의 개방은 너무 어렵습니다. 무슨 좋은 아이디어라도 있으십니까?"

"코카콜라의 농도를 좀더 진하게 만드세요."

클린턴 대통령은 웃으며 농담으로 답했다.

그리고는 정색을 하며 낮은 목소리로 속삭이듯 말하였다.

"내가 어떤 사람을 소개시켜 주겠소. 그 사람을 만나 그가 당신을 위해 일하도록 도와주세요. 그러면 그는 당신을 위해 북한을 방문할 것이오. 그리고 그의 보스와 김정일의 정상회담을 성공시킬 것이오."

그때야 대통령 비서실장이 들어왔다. 그는 대통령의 지시에 따라 아래 사항을 주지시켰다.

"물론 그 사람의 이름이나 나의 부탁은 국가 1급 기밀입니다. 내달 초순에 당신과 그가 뉴욕에서 만날 수 있게 준비해 줄 것이오. 정해진 시간과 장소에 가면 그 사람이 유엔대사와 당신을 기다리고 있을 것이오."

그 사람은 오랫동안 뉴욕에서 가발장사를 해온 한국인이었다. 그는 철저한 반 박정희 정부를 외치는 사람이다. 그러나 박 정권의 수출정책의 수혜자로서 톡톡히 돈을 벌고 있었다. 아이러니하게도 그가 가발을 팔아 번 돈은 반 박정희 운동 주동자에게 활동자금으로 다 갖다 바쳤다. 그가 선생님이라고 부르는 그 사람을 교주같이, 신같이 모시는 광신도였다. 30년을 미국에 살면서도 영어를 제대로 구사하지 못하는 그의 생계는 구멍가게를 하는 부인이 꾸려가고 있었다.

그 당시 그의 선생 또한 제대로 검증받지 못한 사람이었다. 그의 사상이나 정치철학은 한국 국민들의 많은 의심을 받고 있었다. 그러나 클린턴 대통령이 보기에는 이 사람이 북한과 접선하는 데는 둘도 없이 좋은 인물이었다. 또한 이 가발장사는 그 사람의 꼬봉을 자처하며 그 사람 옆에 붙어 있었다.

Ivester회장은 그 가발장사를 뉴욕에서 몇 번 만났고 비밀리에 한국을 방문하였다. 물론 북한도 그 가발장사와 함께 극비리에 다녀왔었다. 클린턴 대통령의 밀서가 김정일의 손에 전해졌다. 필요한 돈과 물품이 차떼기, 배떼기로 한국으로 건너오고 있었다.

콜라에도 녹지 않는 철의 장벽

그러나 코카콜라의 위력은 쉽사리 나타나지 않았다. 정말 김빠진 콜라같이 보일 때도 있었다. 1999년 연말이 가까워 오면서 클린턴 대통령과 코카콜라 회장 두 사람은 마음이 다급해지기 시작하였다. 클린턴 대통령의 임기는 겨우 1년 남짓이 남았다. Ivester회장에게도 심상치 않은 바람이 불어닥치고 있었다. 회사의 경영실적이 부실하고 회장 자리를 내놓아야 될 분위기가 조성되고 있었다.

이것을 잘 아는 북한은 더 거북이걸음을 하고 있었다. 그들은 손해 볼 것이 없었다. 오히려 전임 후임에게 양다리 걸치며 더 많이 받아먹자는 속셈이었다.

화가 난 클린턴 대통령은 너무 많이 받아먹기만 하는 가발장사를 불러 족치라고 명령하였다. 코카콜라 회장도 실망의 메시지를 그에게 전했다. 그렇다고 그 많은 자금을 돌려받을 수도 없었고 어떻게 썼는지 물어봐야 소용없는 일이었다. 물론 가발장사의 보스가 돈에는 지독한 사람이라는 것은 잘 알려진 사실이다.

2000년 새해가 밝아지기 며칠 전 가발장사는 극비문서 한 장을 가지고 뉴욕으로 왔다. 그로부터 반년이 지난 후 남북한은 평양에서 정상회담을 가지게 되었다. 클린턴 대통령도 코카콜라 회장도 축배를 올렸다. 콜라가 북한에 상륙한 지 10년에 접어드는 해였다. 드디어 코카콜라가 위력을 발휘한 것일까?

남북의 정상이 악수를 했다. 그 사진이 남한의 초등학교 교과서에 실렸다. 이산가족이 다시 만나기 시작하고 쌀이나 비료를 싣고 평양으로 향하는 트럭의 행렬이 시작되었다. 수백 마리의 소가 줄을 지어 휴전선을 넘어가고 있었다. 국민들은 곧 통일이나 될 것같이 들떠 있었다. 북한도 "개벽천지 프로젝트"로 명명된 신의주 경제특구의 설정 등 조심스런 개방을 시도하는 척 하였다.

그러나 이것도 하나의 깜짝 쇼였다. 그들의 모임은 얻어먹고 받아먹는 사람들의 잔치로 끝나고 말았다. 달라진 것은 아무것도 없었다. 금강산 생수에 밀려나는 제국주의 콜라의 위력도 힘을 잃고 말았다. 북한은 주민들이 더이상 코카콜라의 맛을 볼 수 없게 고삐를 바짝 조였다.

코카콜라의 역사에 미완성으로 남은 것이 북한의 개방이다. 드디어 콜라와 같은 청량음료수가 생수에 도전받고 있는 시대가 오늘이다. 코카콜라는 제국주의 콜라가 아닌 새로운 건강음료를 가지고 북한의 개방에 다시 한번 도전할 것이다. 그때는 10년의 세월이 걸리지 않을 것이다. 그러나 가장 큰 문제는 우리 자신이 콜라에 너무 많이 의존하고 있음을 모르는 것이다.

이성재 수필집

初心

The First Promise

인 쇄 / 2009년 8월 20일
발 행 / 2009년 8월 25일

지은이 / 이 성 재
발행인 / 서 정 환
발행처 / 수필과비평사

출판등록 / 1984년 8월 17일 제28호
주 소 / 서울시 종로구 익선동 30-6
운현신화타워 빌딩 2층 208호
전 화 / (02) 3675-5633, (063) 275-4000
팩 스 / (063) 274-3131
E-mail / essay321@hanmail.net

값 15,000원

ISBN 978-89-5925-591-7 03810